Workbook Incoterms® 2020

by the International Chamber of Commerce (ICC)

Praxisfälle zur Fortbildung im Unternehmen

Workbook Incoterms® 2020 by the International Chamber of Commerce (ICC)

Praxisfälle zur Fortbildung im Unternehmen

von

Prof. Dr. jur. Christoph Graf von Bernstorff

Reguvis

ICC GERMANY INTERNATIONAL CHAMBER OF COMMERCE
The world business organization

Bibliografische Information der Deutschen Nationalbibliothek
Die Deutsche Nationalbibliothek verzeichnet diese Publikation in der Deutschen Nationalbibliografie; detaillierte bibliografische Daten sind im Internet über http://dnb.d-nb.de abrufbar.

Reguvis Fachmedien GmbH
Amsterdamer Straße 192
50735 Köln
www.reguvis.de

Beratung und Bestellung:
Tel.: +49 (0) 221 97668-315
Fax: +49 (0) 221 97668-271
E-Mail: wirtschaft@reguvis.de

ISBN (Print): 978-3-8462-1110-6
ISBN (E-Book): 978-3-8462-1111-3

Herstellung: Günter Fabritius
Lektorat: Marieke Stöcker-Pritz
Satz: Cicero Computer GmbH, Bonn
Druck und buchbinderische Verarbeitung: Digital Print Group O. Schimek GmbH
Printed in Germany

Vorwort

Der Nutzen der Incoterms ist unbestritten! Sie sind über viele Jahrzehnte immer weiterentwickelt worden und ermöglichen es den Nutzern, eindeutige und verbindliche Zuordnungen von Kosten und Gefahren im Zusammenhang mit der Abwicklung von Liefergeschäften zu vereinbaren.

Gewöhnt hat man sich auch daran, dass die jeweiligen Incoterms-Klauseln (in den Incoterms 2020 sind es 11 Klauseln) in jeweils 10 Incoterms-Regeln, jeweils getrennt nach Regeln für den Verkäufer (A1 bis 10) und Käufer (B1 bis 10), festlegen, welche Rechte und Pflichten die Parteien haben. Einige Begriffe, die für das Verständnis der Incoterms wesentlich sind, werden in den Regeln selber oder aber in den vorangehenden „Hinweisen für den Nutzer" erläutert.

Viele wichtige Begriffe dagegen werden nicht weiter kommentiert. Dabei ist es gerade für die Praxis wichtig, exakt zu wissen, was unter der „Gefahrtragung", dem „Liefer- oder Erfüllungsort" oder den „Kosten" eigentlich ganz exakt zu verstehen ist. Für die Import- und Exportabwicklung ist es ferner von großer Bedeutung, wie sich die Verwendung von Incoterms-Klauseln beispielsweise auf die Exportdokumentation, auf die Exportkontrolle und die Zollwertberechnung auswirken.

Das Buch ist als „Workbook" konzipiert. Es erläutert wichtige Begriffe der Incoterms und stellt sie in den Zusammenhang der Praxis von Import- und Exportabwicklung. Checklisten zu jeder einzelnen Incoterms-Klausel geben Hilfestellung für die Auswahl der für das jeweilige Geschäft geeigneten Klausel. Ein Glossar am Ende des Buches stellt alle wichtigen Begriffe, Definitionen und Erläuterungen in einer Schnellübersicht zusammen.

Dieses Buch ergänzt damit in idealer Weise die Kommentierung der Incoterms 2020, die als reiner Textkommentar der Incoterms-Klauseln ebenfalls von Reguvis Fachmedien aufgelegt worden ist.

Der Herausgeber

Bremen, im Sommer 2020

Prof. Dr. Christoph Graf von Bernstorff

Inhaltsverzeichnis

Vorwort ... V
Abkürzungsverzeichnis ... XXI

Teil 1: Praxisbeispiele für *allen* Incoterms-Klauseln zugrunde liegende Begriffe ... 1

1. Begriff „Benachrichtigung“ ... 3

Fall 1: Fehlende Zuordnung der Ware ... 5
Lösungsweg ... 5
1. Pflicht des Lieferanten bei CIF ... 5
2. Anforderung an die Anzeige ... 5
2.1 Anzeigepflicht bei Sammelsendung ... 5
2.2 Inhalt der Anzeige ... 6
3. Ergebnis ... 6
Hinweis zum Zollwert ... 7

2. Begriff „Erfüllungsort“ ... 8
2.1 Bestimmung des Gerichtsstands unter Heranziehung des Erfüllungsortes ... 8
2.2 Erfüllungsort beim Versendungskauf ... 8

Fall 2: Ermittlung des Erfüllungsorts über Incoterms ... 9
Lösungsweg ... 9
1. Anwendbarkeit der EuGVVO ... 9
1.1 Ausdrückliche Gerichtsstandsvereinbarung ... 9
1.2 Gerichtsstand des Erfüllungsortes ... 10
2. Incoterms zur Vertragsauslegung ... 11

3. Begriff „Gefahrtragung“ ... 13

Fall 3: Unvorhergesehenes Embargo ... 15
Lösungsweg ... 15
1. Ausgangsfall ... 15
2. Zusatzkosten auf Transportweg ... 15
Hinweis zum Zollwert ... 16

Fall 4: Unvorhergesehener Generalstreik ... 17
Lösungsweg ... 17
1. Regelung nach CPT ... 17
2. Zusatzbestimmungen nach CISG ... 17
3. Verantwortlichkeit auch nach Gefahrübergang ... 18

Fall 5: Vollcontainer-Ladung ohne Zwischenumschlag 19
Lösungsweg 19
1. Regelung nach FOB 19
2. Zusatzbestimmung FCL 19
3. Verantwortlichkeit des Verkäufers nach Gefahrübergang 20
3.1 Verfrachter 20
3.2 Verkäufer (Absender) 20
4. Begriff „Lieferort" 21
Hinweis zum Zollwert 22
Fall 6: Wesentliche Abweichung beim Lieferort 24
Lösungsweg 24
1. Begriff „Lieferort" 24
1.1 Lieferort 24
1.2 Übereinstimmender Lieferort 25
1.3 Dissens bei Vereinbarung des Lieferortes 25
2. Wesentliche Abweichung beim „Lieferort" 25
2.1 Schweigen als Annahme von Ex Works? 26
2.2 Unwesentliche Abweichung 26
Fall 7: Lieferortvereinbarung durch Incoterms-Klausel? 27
Lösungsweg 27
1. Zuständigkeit des Gerichts 27
2. Entgegenstehende Lieferortvereinbarung 28
2.1 Ausdrückliche Vereinbarung 28
2.2 Sonstige Kriterien 28
3. Ergebnis 29
5. Begriff „Lieferung" 31
Fall 8: Nachweis der Übergabe an den ersten Beförderer 32
Lösungsweg 32
1. Lieferung 32
2. Ergänzende Festlegungen bei Anwendung des CISG 33
2.1 Art. 30 CISG 33
2.2 Übergabe nach Art. 67 CISG 33
2.3 Nachweis der Übergabe 33
3. Ergebnis 33
6. Begriff „Transportpapier" 35
Hinweise zum Zollwert 35
Fall 9: Fehlende Unterschrift auf Konnossement 37
Lösungsweg 37
1. Anspruch auf Schadensersatz 37
1.1 Pflicht des Verkäufers nach FOB 37

1.2 Üblicher Nachweis ... 37
1.3 Voraussetzungen für das Transportdokument ... 38
2. Rechtzeitige Heilung der Vertragswidrigkeit ... 38
3. Ergebnis ... 38
Fall 10: Unreines Konnossement und CFR ... 39
Lösungsweg ... 39
1. Pflicht des Lieferanten bei CFR ... 39
2. Unrein-Vermerk auf dem Konnossement ... 39
3. Ergebnis für CFR ... 40
7. Begriff „Übernahme" ... 42
Fall 11: Mängelrüge nach FOB-Übernahme der Ware ... 44
Lösungsweg ... 44
1. Übernahme der Ware ... 44
1.1 Wirksamer Kaufvertrag nach CISG ... 44
1.2 Wirkung der FOB-Klausel ... 44
2. Rüge nach Übernahme ... 45
Hinweis auf den Zollwert ... 45
8. Begriff „Verladung" ... 48
Fall 12: Verladefehler des Absenders ... 51
Lösungsweg ... 51
1. Grundsätzliches ... 51
2. Geltung der CMR ... 51
2.1 Haftung nach Art. 17 CMR ... 51
2.2 Haftungsbefreiung nach CMR ... 52
3. Ergebnis ... 53
Fall 13: Verpackung bei Verladung im Container ... 54
Lösungsweg ... 54
1. Verpackungspflicht ... 54
2. Container als Verpackungsmittel ... 54
3. Ergebnis ... 55
Fall 14: Verkäufer schließt Transportvertrag ab ... 56
Lösungsweg ... 56
1. Verantwortung für die Verladung und Incoterms ... 56
1.1 Käufer organisiert den Transport ... 56
1.2 Verkäufer organisiert den Transport ... 56
2. Ergebnis ... 57

9. Begriff „Transportversicherung“ 58
Hinweise zum Zollwert 59
Fall 15: Versicherungspflicht und Handelsbrauch 60
Lösungsweg 60
1. Versicherungspflicht nach CIF 60
2. Weitergehende Pflicht gemäß Art. 32 Abs. 2 CISG 60
2.1 Grundsätzliche Pflicht 60
2.2 Geltung von „Gebräuchen“ 61
3. Ergebnis 61
Fall 16: Versicherungspflicht nicht vereinbart 62
Lösungsweg 62
1. Versicherungspflicht des V 62
1.1 Versicherungspflicht nach CIF 62
1.2 Versicherungspflicht auch ohne vereinbarte Lieferbedingung? 62
3. Schadensersatzpflicht 63
4. Ergebnis 63
10. Begriff „Ware“ 65
10.1 Bewegliche Sache 65
Hinweise zum Zollwert 66
Fall 17: Verlust einer Marktstudie während des Transports 67
Lösungsweg 67
10.2 Software 68
Hinweis zum Zollwert 69
Fall 18: Software und UN-Kaufrecht 70
Lösungsweg 70
1. Anwendbarkeit des CISG auf Softwarekauf 70
2. Käuferansprüche bei unvollständiger Software 71

Teil 2: Praxisbeispiele für alle Incoterms-2020-Klauseln 73
1. EXW Ab Werk (benannter Lieferort) 73
Anwendung der Klausel „EXW“ 74
Fall 19: Grundlagen zu EXW 76
Lösungsweg 76
1. Rechte und Pflichten des Verkäufers unter EXW Incoterms 2020 76
1.1 Grundsätzliches 76
1.2 Wesentliche Pflichten des Verkäufers 77
2. Gefahrübergang 78
3. Kosten 78
4. Welche wichtigen Vertragsvereinbarungen umfasst EXW nicht? 78

Fall 20: Bereitstellung zur Abholung 80
Lösungsweg 80
1. Abholung und Verladung der Ware 80
1.1 Abholung 80
1.2 Verladung 80
2. Verpackung der Ware 81
2.1 Unverpackt oder Spezialverpackung 81
2.2 Verpackt 81
3. Zollrechtliche Pflichten 82
3.1 Genehmigungen und Formalitäten 82
3.2 Sicherheitsfreigaben 82
Fall 21: Scherben aus dem Nachbarland... 84
Lösungsweg 84
1. Incoterms 84
2. CISG 85
3. Ergebnis 85
Fall 22: Zollwert einer Lieferung aus Indien 86
Lösungsweg 86
Fall 23: Zollwert bei Änderung der Lieferbedingung 87
Lösungsweg 87
1. Vertragsänderung 87
2. Ergebnis 88
3. Praxishinweis 88
2. FCA Frei Frachtführer (benannter Lieferort) 89
Anwendung der Klausel FCA 90
Fall 24: Zollformalitäten bei Weiterverkauf 92
Lösungsweg 92
Fall 25: Üblicher Liefernachweis 93
Lösungsweg 93
1. Anforderungen von C- und F-Klauseln 93
1.1 F-Klauseln 93
1.2 C-Klauseln 94
2. Ergebnis 94
Fall 26: Übergabe an einen Frachtführer 95
Lösungsweg 95
1. Beauftragung eines Frachtführers 95
2. Frachtführer – Spediteur 95
3. Voraussetzungen der FCA-Klausel 96

Fall 27: Pumpen in den Osten ... 98
Lösungsweg 98
1. Ausfuhr-/ Einfuhrabfertigung 98
2. Erfüllung/Nichterfüllung der Ausfuhrfreimachung 99
Fall 28: Pandemie – Pflicht zur Vertragserfüllung, Vertragsaufhebung oder Schadensersatz? 101
Lösungsweg 101
1. Force Majeure 101
2. Vertragliche Lösung 102
3. Befreiung von vertraglicher Verpflichtung? 102
3.1 CISG 102
3.2 Deutsches Zivil- und Handelsrecht 103
4. Force-Majeure-Klausel im Vertrag 104
3. CPT Frachtfrei (benannter Bestimmungsort) 105
Anwendung der Klausel CPT 106
Fall 29: Fehlerhafte „ESumA" im Importgeschäft 108
Lösungsweg 108
1. Summarische Eingangsmeldung 108
2. Verantwortliche Person 108
3. Ergebnis 109
Fall 30: Zusatzkosten des Beförderungsvertrags 111
Lösungsweg 111
1. Erhöhung der Transportkosten 111
2. Zusätzliche Transportkosten nach Gefahrübergang 111
Fall 31: Wo ist der „Bestimmungsort"? 113
Lösungsweg 113
1. Transport bis zum Bestimmungsort 113
2. Ergebnis 114
Fall 32: Die Papiere fehlen... 115
Lösungsweg 115
1. Transportdokument 115
2. Pflicht des Verkäufers zur Dokumentenverschaffung 116
Fall 33: Zahlungspflicht des Empfängers bei bloßer Übernahme der Fracht? 117
Lösungsweg 117
1. Grundlage § 421 Abs.2 HGB 117
2. Voraussetzungen 117
3. Ergebnis 119

Fall 34: Fehlende Unterstützung des Käufers 120
Lösungsweg 120
1. CISG 120
2. Zugangsprinzip 121
3. Ergebnis 122
Fall 35: Transport ohne Versicherung 123
Lösungsweg 123
1. Grundsätzliches 123
2. Ansatz in CPT A5 Satz 2 123
3. Praxishinweis 124
Fall 36: Das „handelsübliche" Transportpapier 125
Lösungsweg 125
1. „Dokumente" 125
2. CISG 126
3. Handelsüblich 126
4. Ergebnis 126
4. CIP Frachtfrei versichert (benannter Bestimmungsort) 128
Anwendung der Klausel CIP 129
Fall 37: Bedeutung des Transportdokuments 131
Lösungsweg 131
1. Elektronisches Dokument 131
2. Elektronisches Konnossement 132
3. Ergebnis 133
Fall 38: Transportschaden vor Ankunft am Ausgangshafen 134
Lösungsweg 134
1. Lieferpflicht nach CIP A2 134
2. Unterschied zu CFR und CIF 135
3. Transportdokument nach CIP A6 135
Fall 39: ICC – „Institute Cargo Clauses" 136
Lösungsweg 136
1. ICC 136
2. Die neue Deckungshöhe in CIP 136
3. Institute Cargo Clauses 137
Fall 40: Versicherung nach „DTV Güter" 139
Lösungsweg 139
1. DTV Güter 139
1.1 Nur zusätzlich versicherbar 139
1.2 Nicht ersatzpflichtige Schäden 140
2. Verpflichtung des Verkäufers nach CIP 140

Fall 41: Versicherung bei Anwendung „CMR" 141
Lösungsweg 141
1. Anwendung des CMR 141
2. Versicherungspflicht nach CMR 141
Fall 42: Hat das „alte" CIP Vorteile? 143
Lösungsweg 143
1. Verwendung älterer Incoterms-Versionen 143
2. Bedeutung des Inkrafttretens 143
3. Vor- oder Nachteil der CIP-Versionen 2010/2020 144
5. DAP Geliefert Benannter Ort (Bestimmungsort) 145
Anwendung der Klausel DAP 146
Fall 43: Nicht abgeholte Ware 148
Lösungsweg 148
1. Kostenlast nach Zurverfügungstellung der Ware 148
2. Fehlende Benachrichtigung 149
Fall 44: Erneut: Nicht abgeholte Ware 150
Lösungsweg 150
1. Zurverfügungstellung der Ware 150
2. Ware wird vom Käufer nicht entladen und abgeholt 150
3. Möglichkeiten des Verkäufers nach CISG 151
3.1 Rechtsbehelfe 151
3.2 Maßnahmen zum Erhalt 151
4. Ergebnis 152
Fall 45: Verdorbene Ware 153
Lösungsweg 153
Fall 46: Kartoffeln nach Idaho 154
Lösungsweg 154
1. Bestimmungsort 154
2. Entladung 155
Fall 47: Sicherheitsfreigabe in der Ausfuhrabfertigung 156
Lösungsweg 156
1. Ausfuhrabfertigung unter DAP Incoterms 2020 156
2. Sicherheitsfreigabe für die Ausfuhr 156
3. CSI 157
4. C-TPAT 158
5. Pre-shipment inspection 158

6. **DPU Geliefert benannter Ort entladen** 159
Anwendung der Klausel DPU 160
Fall 48: Transport durch eigene Leute 162
Lösungsweg 162
1. Durchführung des Transports 162
1.1 Frühere Regelung in den Incoterms 162
1.2 Neuregelung seit den Incoterms 2020 162
2. Ergebnis 163
Fall 49: Abladung vor einem Schuppen 164
Lösungsweg 164
1. Schuppenabladung 164
2. Entladeplatz 165
Fall 50: Abladen und Entladen 167
Lösungsweg 167
1. Containeranlieferung 167
2. „Entladung des Containers" 168
3. Ergebnis 168
Fall 51: Rüge einer mangelhaften Warenlieferung 169
Lösungsweg 169
1. „Übernahme" der Ware 169
2. Rechtzeitigkeit der Rüge 169
2.1 Art. 39 CISG 169
2.2 Art. 38 CISG 170
2.3 Art. 36 CISG 170
3. Ergebnis 170
Fall 52: Lieferung an den Käufer 171
Lösungsweg 171
1. Lieferung an den Käufer 171
2. Übergabe – Zur Verfügung stellen 172
3. Ergebnis 173
Fall 53: Übernahme der Ware durch den Käufer 174
Lösungsweg 174
1. Übernahme 174
2. Ergebnis 174

7. DDP Geliefert verzollt ... 175
Anwendung der Klausel DDP ... 176
Fall 54: Geeignetes Lieferdokument nach DDP ... 177
Lösungsweg ... 177
1. Transportpapier ... 177
1.1 Begebbare Transportpapiere ... 178
1.2 Nicht begebbare Transportpapiere ... 178
2. Ergebnis ... 179
Fall 55: Seefrachtbrief des Verkäufers ... 180
Lösungsweg ... 180
1. Sea Waybill ... 180
2. Ergebnis ... 181
Fall 56: Pre-Shipment Inspections ... 182
Lösungsweg ... 182
1. Warenkontrolle nach DDP A7 ... 182
2. Warenkontrolle als Dokument unter einer L/C-Abwicklung ... 183
3. Ergebnis ... 183
Fall 57: Streit um das Abladen ... 184
Lösungsweg ... 184
1. Lieferung entladebereit ... 184
2. Rechtzeitigkeit der Lieferung ... 184
3. Pflichten des Käufers ... 185
4. Ergebnis ... 185
Fall 58: Schaden durch fehlerhafte Verpackung ... 186
Lösungsweg ... 186
1. Kaufpreisanspruch gegenüber K ... 186
2. Schadenersatzanspruch gegen F ... 186
Fall 59: Schaden durch fehlerhafte Verpackung ... 189
Lösungsweg ... 189
1. Zuständigkeit des deutschen Gerichts ... 189
2. Das anwendbare Recht/CISG ... 189
3. Erfüllungsort für Schadensersatz ... 190
3.1 Nach CISG ... 190
3.2 Nach Incoterms ... 190
4. Ergebnis ... 190
Fall 60: Lizenzen und Genehmigungen ... 191
Lösungsweg ... 191
1. Pflichten des Verkäufers unter DDP ... 191
1.1 Wo? ... 191
1.2 Wie? ... 191

2. Warenmängel 192
3. Entgegennahme der Ware 192
3.1 Rückgriff auf das CISG 192
3.2 Transportrecht 192
4. Ergebnis 193

8. FAS Frei Längsseite Schiff (Verschiffungshafen) 194
Anwendung der Klausel FAS 195

Fall 61: Wechsel des Abladekais 197
Lösungsweg 197
1. Grundaussage von „Längsseits Schiff" 197
2. Ergebnis 197
3. Zusatzkosten bei neuem Lieferort 198
4. Ergebnis 198

Fall 62: Ein Schiff wird kommen.... 199
Lösungsweg 199
1. Gefahrübergang bei FAS 199
2. Besondere Umstände nach FAS B3 199
3. Ergebnis 200

Fall 63: Ein Schiff wird kommen.... (Abwandlung) 201
Lösungsweg 201
1. Beförderungsvertrag als Pflicht des Käufers 201
2. Beförderungsvertrag stattdessen durch den Verkäufer 201
3. Ergänzender Hinweis 201

Fall 64: Tulpen aus Amsterdam.... 203
Lösungsweg 203
1. Versicherung bei FAS 203
2. Ergebnis 204

Fall 65: Kaiempfangsschein 205
Lösungsweg 205
1. Kaiempfangsschein 205
2. Ergebnis 206

9. FOB Frei an Bord (Verschiffungshafen) 207
Anwendung der Klausel FOB 207

Fall 66: Verladung „Stowed, Secured and Trimmed" 209
Lösungsweg 209
1. Lieferung nach FOB 209
2. Feste Lieferzeit 209
3. Stowed, Secured and Trimmed 210
4. Ergebnis 210

Fall 67: Kosten des Konnossements ... 211
Lösungsweg ... 211
1. Pflichten des Verkäufers bei FOB ... 211
2. Kosten des Konnossements ... 211
2.1 Ablehnung des Verkäufers, den Beförderungsvertrag abzuschließen ... 212
2.2 Zahlungspflicht für Transportdokumente ... 212
3. Ergebnis ... 212
Fall 68: Kosten der Verladung an Bord ... 213
Lösungsweg ... 213
1. Lieferpflicht des V ... 213
2. Verladung an Bord ... 214
3. Lieferung in der „im Hafen üblichen Weise" ... 214
4. Ergebnis ... 215
Fall 69: Volles Schiff ... 216
Lösungsweg ... 216
1. Gefahrübergang vor Verladung? ... 216
2. Ergebnis ... 217
Fall 70: Verantwortung für die Ausfuhrabfertigung ... 218
Lösungsweg ... 218
1. Ausfuhrabfertigung ... 218
2. Ergebnis ... 218
Fall 71: Beförderungskosten ... 219
Lösungsweg ... 219
1. Kosten nach FOB A9/B9 ... 219
2. Kosten nach f.o.b. ... 220
Fall 72: FOB und Transportschäden ... 221
Lösungsweg ... 221
1. Vertragspartner des Beförderungsvertrages ... 221
2. FOB und Frachtvertrag ... 222
3. Ergebnis ... 222
10. CFR Kosten und Fracht (Bestimmungshafen) ... 223
Anwendung der Klausel CFR ... 224
Fall 73: Verbringung an Bord des Transportschiffes ... 226
Lösungsweg ... 226
1. Pflichten des Verkäufers ... 226
2. Verladung ... 226

Fall 74: Stückgut und Container ... 228
Lösungsweg ... 228
1. Pflicht zur Verpackung ... 228
2. Grundsätze zur Verpackung ... 228
3. Ergebnis ... 229
Fall 75: Verschiffungs- oder Bestimmungshafen? ... 230
Lösungsweg ... 230
1. Verschiffungshafen ... 230
2. Auswirkung auf die Gefahrtragung ... 230
Fall 76: Gefahrübergang bei mehreren Frachtführern im Seetransport ... 232
Lösungsweg ... 232
1. Gefahrübergang bei CFR ... 232
2. Ergebnis ... 233
Fall 77: Seetransport mit Frachtbrief ... 234
Lösungsweg ... 234
1. Transportpapier: Konnossement ... 234
2. Seefrachtbrief ... 235
3. Ergebnis ... 235
Fall 78: CFR + Extra-Versicherung? ... 236
Lösungsweg ... 236
1. Versicherung bei CFR ... 236
2. Ergebnis ... 236
11. CIF Kosten, Versicherung und Fracht (Bestimmungshafen) ... 238
Anwendung der Klausel CIF ... 239
Fall 79: Richtige Versicherung? ... 241
Lösungsweg ... 241
1. Eignung der CIF-Klausel für Schüttgut ... 241
2. Versicherungspflicht des Verkäufers ... 241
3. Problematik des Versicherungsvertrages ... 242
4. Umfang der Versicherungspflicht ... 243
Fall 80: Versicherung des Beförderers ... 244
Lösungsweg ... 244
1. Reichweite der Versicherung des Frachtführers ... 244
2. CIF-Versicherung ... 244
3. Ergebnis ... 245

Fall 81: Haftung des Frachtführers ... 246
Lösungsweg ... 246
1. Haftung des Frachtführers ... 246
1.1 Vorbehalt im Transportdokument ... 246
1.2 Sonstiger Haftungsausschluss ... 246
2. Internationale Abkommen und Verkehrsart ... 247
2.1 Straßentransport ... 247
2.2 Seetransport ... 248

Anhang ... 249
Glossar A–Z ... 249

Stichwortverzeichnis ... 277

Abkürzungsverzeichnis

aaO	am angegebenen Ort
Abs.	Absatz
ADS	Allgemeine Deutsche Seeversicherungsbedingungen
ADSp	Allgemeine Deutsche Spediteurbedingungen
AEO	Authorised Economic Operator (zugelassener Wirtschaftsbeteiligter)
Anm.	Anmerkung/en
AO	Abgabenordnung
Art.	Artikel
AS	Aksjeselskap (kleine Aktiengesellschaft in Norwegen)
ATLAS	Automatisiertes Tarif- und Lokales Zoll-Abwicklungs- System
Aufl.	Auflage
AWB	Außenwirtschaftsbereich
BAF	Bunker Adjustment Fee (Zuschlag aufgrund schwankender Ölpreise)
BFH	Bundesfinanzhof
BGB	Bürgerliches Gesetzbuch
BGBl.	Bundesgesetzblatt
Buchst.	Buchstabe
Bv	besloten vennootschap (niederländische GmbH)
bzw.	Beziehungsweise
CFR	Cost and Freight
CIF	Cost Insurance and Freight
CIM	Convention International concernant le transport des marchandises par chemin de fer
CIP	Carriage and Insurance Paid to
CISG	Convention on the International Sale of Goods
CPT	Carriage Paid To
CT	Container Terminal
CTD	Combined Transport Document
DAP	Delivered At Place
DAT	Delivered At Terminal
DDP	Delivered Duty Paid
d.h.	das heißt
DTV	Deutscher Transport-Versicherungsverband
DUS	Düsseldorf (Flughafen)
DZA	Deutsches Zollamt
EFTA-Staaten	European Free Trade Association
EG	Europäische Gemeinschaften
EMCS	Excise Movement and Control System
ESumA	summarische Eingangsmeldung
etc.	et cetera

EU	Europäische Union
EuGH	Europäischer Gerichtshof
EuGVVO	Verordnung über die gerichtliche Zuständigkeit und die Anerkennung und Vollstreckung von Entscheidungen in Zivil- und Handelssachen
EUSt	Einfuhrumsatzsteuer
EWR	Europäischer Wirtschaftsraum
EXW	EX Works
f., ff.	folgende
FAS	Free Alongside Ship
FCA	Free Carrier
FCL	full container load
FOB	Free On Board
GATT	General Agreement on Tariffs and Trade (Allgemeines Zoll- und Handelsabkommen)
gem.	gemäß
ggf.	gegebenenfalls
GmbH	Gesellschaft mit beschränkter Haftung
HGB	Handelsgesetzbuch
HS	Harmonisiertes System
IATA	International Air Transport Association
ICAO	International Civil Aviation Organization
ICC	International Chamber of Commerce/Institute Cargo Clauses
i.d.R.	in der Regel
i.S.	im Sinne
ISPS	International Ship and Port Facility Security (Zuschlag für Sicherheitsaufwendungen)
i.S.v.	im Sinne von
i.V.m.	in Verbindung mit
kg	Kilogramm
Kft.	korlátolt felelősségi társaság (ungarische GmbH)
LCL	Less than Container Load (Zuschlag für Stauung von Stückgut)
LE	Lieferantenerklärung
LG	Landgericht
LTD	Limited
MTD	Multimodal Transport Document
MÜ	Montrealer Übereinkommen
m.w.N.	mit weiteren Nachweisen
Nr.	Nummer
o.Ä.	oder Ähnliche/s
OdV	Ort des Verbringens
OGH	Oberster Gerichtshof (Österreich)

OLG	Oberlandesgericht
PTY LTD	proprietary limited (südafrikanische Kapitalgesellschaft)
Rn.	Randnummer
Rspr.	Rechtsprechung
s.	Siehe
S.	Seite
Sarl	Société à Responsibilité Limitée (französische GmbH)
SIA	Sabiedrība ar ierobežotu atbildību (lettische GmbH)
sog.	sogenannte
t	Tonne
THC	Terminal Handling Charge (Terminalumschlaggebühr)
u.a.	unter anderem
ULD	Unit Load Devices
Urt.	Urteil
USD	US-Dollar
UStG	Umsatzsteuergesetz
UZK	Unionszollkodex
UZK-DA	Unionszollkodex – Delegated Act
UZK-IA	Unionszollkodex – Implementing Act
UZK-TDA	Unionszollkodex – Transitional Delegated Act
usw.	und so weiter
VAT	Value-Added Tax
vgl.	vergleiche
VmU	Vormaterial mit Ursprung
VoU	Vormaterial ohne Ursprung
E-VSF	Elektronische Vorschriftensammlung der Bundesfinanzverwaltung
vZTA	Verbindliche Zolltarifauskunft
WA	Warschauer Abkommen
WTO	World Trade Organization
z.B.	zum Beispiel
ZK	Zollkodex
ZK-DVO	Zollkodex-Durchführungsverordnung
ZWVO 1968	Verordnung (EWG) Nr. 803/68 des Rates vom 27. Juni 1968 über den Zollwert der Waren
z.Zt.	zur Zeit

Teil 1: Praxisbeispiele für *allen* Incoterms-Klauseln zugrunde liegende Begriffe

In den Incoterms 2020 (und zwar in den *Incoterms-Regeln* A1 bis A10 sowie in B1 bis B10) werden Begriffe verwendet, deren Inhalte möglicherweise einer zusätzlichen Interpretation bedürfen. Hierzu ist, in dieser Reihenfolge, 1

- entweder eine klarstellende Parteivereinbarung, die aber in den Vertragsvereinbarungen meist fehlt, heranzuziehen,
- oder sonst das CISG, sofern es anwendbar (vgl. die Art. 1 und 2 CISG) und nicht ausgeschlossen ist (Art. 6 CISG).
- Auch die neuere Rechtsprechung gibt Erläuterungen zu den in Incoterms-Regeln verwendeten Begriffen.

Diese Lösung, die von der ICC selber angestrebt wird, ist ausdrücklich in der *Einführung* zu den Incoterms 2000 unter Ziffer 6 (*Terminologie*) gegeben. Da man die Terminologie so konsequent wie möglich einheitlich gestalten wolle und vor allem auch vermeiden wolle, anderslautende Begriffe zu verwenden, die in Widerspruch zu den Ausdrücken des UN-Kaufrechts stehen könnten, soll bei Auslegungsschwierigkeiten im Zweifel der Terminologie des UN-Kaufrechts (CISG) gefolgt werden. 2

Die nachfolgenden Fälle zeigen Beispiele zur Terminologie der Incoterms-Regeln, die mithilfe des CISG oder über die Rechtsprechung ausgelegt werden.

Werden zollpflichtige Waren importiert, ist die dem Einfuhrgeschäft zugrunde liegende Lieferklausel in der Zollanmeldung anzugeben, da die damit zwischen Käufer und Verkäufer geregelte Aufteilung der Transportkosten auch im Hinblick auf den anzumeldenden Zollwert von Bedeutung ist.

Für die Verzollung eingeführter Waren ist in der EU grundsätzlich ein Zollwert zugrunde zu legen, der die gesamten Lieferungskosten vom Drittland bis zum Ort des Verbringens in das Zollgebiet der Union umfasst. Der Zollwert eingeführter Waren ist nach Art. 70 UZK der Transaktionswert, d.h. der für die Waren bei einem Verkauf zur Ausfuhr in das Zollgebiet der Union tatsächlich gezahlte oder zu zahlende Preis, dem gem. Art. 71 Abs. 1 Buchst. e UZK alle Lieferungskosten bis zum Ort des Verbringens hinzuzurechnen sind (falls sie noch nicht im Preis enthalten sind) bzw. aus dem gem. Art. 72 Buchst. a UZK die nach dem Eingang der Waren in die EU angefallenen Lieferungskosten (falls sie im Preis enthalten sind) ausgesondert werden können.

Der **Ort des Verbringens** ist dabei die Stelle, an der die Einfuhrwaren in das Zollgebiet der Union eingehen. Diese Stelle ist abhängig von der Beförderungsart (Luftverkehr, Seeschiffverkehr, Binnenschiffverkehr, Landstraßenverkehr, Eisenbahnverkehr sowie Pipelinebeförderung) in Art. 137 UZK-IA definiert.

Unter **Lieferungskosten** fallen hierbei die Beförderungskosten, die Versicherungskosten sowie die mit dem Transport der Ware im Zusammenhang stehenden Lade- und Behandlungskosten.

Der Begriff „**Beförderungskosten**" umfasst alle Haupt- und Nebenkosten, die mit der Beförderung der Waren in Richtung auf das Zollgebiet der Union verbunden sind. Hierzu gehören insbesondere:

- Frachten einschließlich besonderer Zuschläge
- Speditionskosten einschließlich Provisionen für die Vermittlung von Frachtverträgen mit Frachtführern,
- Mieten für Beförderungsmittel (hierzu zählen auch Container und Paletten),
- mit der Beförderung zusammenhängende Kosten für eine Vor- und Zwischenlagerung,
- Kosten, die bei Beförderungsverzögerungen entstehen (sog. Demurrage-Kosten),
- alle Kosten und Gebühren, die aufgrund der Lieferung anfallen (z.B. Visa- und Straßennutzungsgebühren, Kosten für Begleitschutz, Verzollungskosten im Drittland, Sicherheitsgebühren).

Es sind die tatsächlich entstandenen, vom Käufer zu tragenden Kosten zu berücksichtigen. Eine Ausnahme bilden hierbei die unentgeltliche Beförderung und die Beförderung mit einem Beförderungsmittel des Käufers. Frachtnachlässe, die vor dem Zeitpunkt der Verzollung der eingeführten Waren vereinbart wurden, werden anerkannt.

1. Begriff „Benachrichtigung"

Die Incoterms-Regeln sehen, jeweils in A10, *auf unterschiedliche Weise* die Verpflichtung des Verkäufers vor, den Käufer zu benachrichtigen: 3

- durch Nachricht „über alles Nötige" (EXW, CPT, CIP, DAP, DPU, DDP, CFR, CIF),
- durch Nachricht und in Kenntnissetzung in hinreichender Weise über eine Lieferung nach A2 oder darüber, dass ein Beförderer die Ware nicht innerhalb einer vereinbarten Frist übernommen hat (FCA),
- oder durch Nachricht und in Kenntnis setzen in hinreichender Weise über eine Lieferung nach A4 *o d e r* dass das Schiff die Ware nicht innerhalb einer vereinbarten Frist geladen hat (FAS, FOB).

Die Benachrichtigung ist eine von A10 vorgeschriebene Leistungspflicht des Verkäufers, deren Verletzung oder Schlechterfüllung eine Vertragsverletzung des Verkäufers darstellt und dem Käufer die Wahrnehmung von Rechtsbehelfen ermöglicht. Die Incoterms-Regeln treffen keine weitergehenden Festlegungen, sodass die Benachrichtigungspflicht grundsätzlich zu erfüllen ist. Da diese Verpflichtung in der Praxis aber häufig gar nicht oder aber nicht ausreichend beachtet wird, empfiehlt es sich, dass bei Vereinbarung einer Incoterms-Klausel im Vertrag weitergehende Festlegungen im Hinblick auf die Benachrichtigung getroffen werden, damit dem Verkäufer kein Vorwurf der Vertragsverletzung gemacht werden kann. 4

Wie mit der Benachrichtigung oder einer Versendungsanzeige („Nachricht über eine Lieferung nach A2") konkret umzugehen ist und welche Rechtsfragen sich hier im Einzelnen stellen, kann sich aus der Anwendung des CISG ergeben. Soweit das CISG im jeweiligen Einzelfall zur Anwendung kommt, ist auf die Regelung des Art. 32 CISG zu achten.

Art. 32 Abs. 1 CISG erlegt dem Verkäufer die Pflicht auf, „...dem Käufer die Versendung *anzuzeigen* und dabei die Ware im Einzelnen zu *bezeichnen*". Erst die erfolgte Versendungsanzeige führt dazu, dass ab Anzeige die Transportgefahr auf den Käufer übergeht (Art. 32 Abs. 1 und Art. 67 Abs. 2 CISG). Treten Transportschäden auf und lässt sich nicht mehr feststellen, ob sie vor oder nach Absendung der Versendungsanzeige erfolgten, trifft den *Verkäufer die Beweislast*. 5

Die Vorschrift in Art. 32 CISG kann nur zur Anwendung kommen, wenn die Lieferung der Ware voraussetzt, dass der Verkäufer die Ware einem Beförderer zur Übermittlung an den Käufer übergibt. Damit kommt Art. 32 Abs. 1 CISG zur Anwendung

- beim Versendungskauf (im Sinne des Art. 31 Buchst. a CISG), wenn der Verkäufer seine Lieferpflicht durch Übergabe an den ersten Beförderer erfüllt,
- und in den Fällen, in denen der Kaufvertrag festlegt, dass der Verkäufer seine Lieferverpflichtung dadurch erfüllt, dass er die Ware einem Beförderer an einem bestimmten Ort liefert (FCA A2) oder zu übergeben hat, so wie es bei den Klauseln FAS, FOB, CFR und CIF (A2) vorgesehen ist.

6 Die Ware muss *dem Vertrag eindeutig zugeordnet werden können*, etwa dadurch, dass der Verkäufer sie mit der Anschrift des Empfängers oder Käufers versieht oder indem das Transportpapier den Käufer als Empfangsberechtigten verzeichnet (z.B. durch Orderkonnossement im Seetransport oder Ladeschein beim Transport mit einem Binnenschiff). Wird im Frachtpapier ein Empfangsspediteur als Empfänger genannt oder ist das Transportpapier auf den Verkäufer ausgestellt, ist die Anzeigepflicht noch nicht erfüllt.

Die Anzeige kann dadurch erfolgen, dass eine einfache Mitteilung über die Versendung an den Käufer ergeht (nach Art. 27 CISG genügt jedes den Umständen angemessene Mittel) oder aber dem Käufer die Dokumente zugesandt werden. Für die Erfüllung der Anzeigepflicht genügt die rechtzeitige Absendung; das Risiko des Verlusts oder der Verzögerung auf dem Übermittlungsweg trägt nach Art. 27 CISG der Käufer.

7 Die Pflicht zur Anzeige des Versands trifft den Verkäufer nach den Incoterms®2020-Regeln (A10) auf jeden Fall, auch wenn die Ware durch Adressierung, Frachtbrief oder Transportdokument bereits eindeutig dem Vertrag zugeordnet werden kann. Das heißt für die Praxis:

- Der *Gefahrübergang* ist wegen Art. 67 Abs. 2 CISG von der Erfüllung der vertraglichen Anzeigepflicht unabhängig erfolgt, sobald die Ware eindeutig zugeordnet werden kann;
- eine nicht rechtzeitige Erfüllung der Anzeigepflicht ist eine Vertragspflichtverletzung des Verkäufers und kann dem Käufer einen Anspruch auf Schadensersatz nach Art. 45 Buchst. b CISG geben.

Fall 1: Fehlende Zuordnung der Ware

Ein kanadischer Exporteur (V) verschifft eine komplette Ladung Getreide an mehrere deutsche Abnehmer, an die er vertragsgemäß „CIF Getreidehafen Bremerhaven, Schuppen 3, Incoterms 2020" versendet. Von der kanadischen Reederei erhält er ein auf ihn (V) lautendes, einheitliches Konnossement, welches er an die Bremer Lagerhausgesellschaft weiterbegibt, damit diese eine Aufteilung an die jeweiligen Empfänger vornehmen kann. V sendet den deutschen Abnehmern nur je eine Fotokopie des Konnossements.

Durch Sturmschäden wird während des Seetransports ein Teil der Ladung unbrauchbar gemacht. Einer der deutschen Abnehmer (K) ist der Ansicht, dass wegen fehlender bzw. fehlerhafter Versendungsanzeige das Transportrisiko nicht auf ihn sowie die anderen Abnehmer übergegangen sei, sondern dass V trotz CIF-Klausel für die Schäden selber aufzukommen habe. Zu Recht?

Lösungsweg

1. Pflicht des Lieferanten bei CIF

V haftet trotz CIF-Klausel für die Transportschäden, wenn das Transportrisiko noch nicht auf die deutschen Abnehmer übergegangen ist. Die CIF-Regel A10 sieht lediglich vor, dass *„der Verkäufer ... den Käufer über alles Nötige zu benachrichtigen [hat], damit dieser die Ware übernehmen kann"*. Fraglich ist, ob das einheitliche Konnossement für eine Erfüllung dieser Benachrichtigungspflicht ausreichend sein kann. 8

2. Anforderung an die Anzeige

2.1 Anzeigepflicht bei Sammelsendung

Zur Klärung dieser Frage ist das CISG heranzuziehen, das für den vorliegenden kanadisch – deutschen Handel zur Anwendung kommt. Art. 32 Abs. 1 CISG kommt zur Anwendung, da 9

- der Verkäufer die Ware einem Beförderer übergeben hat,
- ohne die Ware individuell zu kennzeichnen
- oder sie auf andere Weise den Einzelkaufverträgen mit den deutschen Abnehmern zuzuordnen.
- In diesen Fällen fordert Art. 32 Abs. 1 CISG, dass der Verkäufer dem Käufer die Versendung anzeigen muss und dabei *die Ware im Einzelnen zu bezeichnen* hat.

10 Die Anzeigepflicht setzt also voraus, dass die Ware nicht schon allein durch die Aufgabe zur Beförderung individuell zugeordnet werden kann.

Im vorliegenden Fall fehlt eine eindeutige Zuordnung der zur Beförderung an K aufgegebenen Ware, da das Konnossement auf den Verkäufer selbst ausgestellt wurde. Zudem handelt es sich bei der Schiffsladung um eine Sammelsendung an mehrere Abnehmer im Bestimmungsland. Somit besteht grundsätzlich eine Anzeigepflicht nach Art. 32 Abs. 1 CISG.

2.2 Inhalt der Anzeige

11 Fraglich ist, auf welche Weise die Versendungsanzeige zu erfolgen hat.

Grundsätzlich gilt, dass

- der Verkäufer, der ein Transportdokument hat, welches die Tatsache der Versendung bekundet und die Ware bezeichnet, die Anzeige in der Weise vornehmen kann, dass er das (indossierte) Dokument (einem einzelnen) Käufer zusendet.
- Selbst eine einfache Mitteilung würde zur Erfüllung der Voraussetzungen des Art. 32 Abs. 1 CISG genügen.

12 Dabei ist der Verkäufer an keine bestimmte Form der Anzeige gebunden, solange diese mit „nach den Umständen geeigneten Mitteln" bewirkt wird (vgl. Wortlaut Art. 27 CISG) und – wie Art. 32 Abs. 1 CISG fordert – die Ware im Einzelnen bezeichnet.

Bei einem normalen Schiffstransport kann dafür schon die Angabe des Schiffsnamens ausreichen, um die Ware hinreichend zu identifizieren, jedenfalls solange sich keine weitere gleichartige Ware als die für den Käufer bestimmte an Bord befindet.

13 Gibt es aber eine Sammelladung für mehrere Abnehmer in ein und demselben Bestimmungshafen, genügt dies alles nicht mehr. In diesem Fall müsste der Verkäufer die Ware dadurch individualisieren, dass er sie entweder zusätzlich markiert oder Container-, Sack- oder Kistennummern o.ä. angibt. Selbst die Anzeige der Anzahl der verladenen Einheiten oder deren Gewicht usw. könnte für eine Anzeige ausreichen.

Das bloße Kopieren eines Konnossements, das eine Sammelverladung vermerkt, ist dagegen nicht ausreichend im Sinne des Art. 32 Abs. 1 CISG.

3. Ergebnis

14 Da wegen Art. 32 Abs. 1 CISG erst mit der *korrekten Anzeige* an die einzelnen Käufer die Transportgefahr übergeht (vgl. Art. 67 Abs. 2 CISG) und die Anzeige des V fehlerhaft war, weil die Ware nicht eindeutig zugeordnet ist, ist trotz CIF-Klausel die Sachgefahr nicht auf die Käufer übergegangen. Die Ansicht des K ist daher richtig.

Hinweis zum Zollwert

Für die Ermittlung des Zollwertes der eingeführten Waren ist es unerheblich, wer die Transportgefahr trägt. Der Zollwert ist gem. Art. 70 UZK der Transaktionswert, d.h. der vom Käufer an den Verkäufer für die Waren tatsächlich gezahlte oder zu zahlende Preis, der erforderlichenfalls noch nach Art. 71 UZK (Hinzurechnungen) und/oder Art. 72 UZK (Abzüge) anzupassen ist. Wird die aus einem Drittland in die EU gelieferte Ware jedoch während des Transportweges vor der Überlassung zum zollrechtlich freien Verkehr – also der „Verzollung" – beschädigt, kann der Rechnungspreis um den Schadensbetrag gemindert werden, ohne dass Verkäufer und Käufer einen neuen Preis vereinbaren. Das Gleiche gilt für einen Teilverlust der Ware während des Transportweges. **15**

Die Nachweispflicht über den Zeitpunkt der Beschädigung oder des Teilverlustes sowie deren Umfang trägt der Anmelder. Dies gilt nicht für gelieferte schadhafte Waren, bei denen der Schaden als Folge fehlerhafter Herstellung von vornherein in der Ware angelegt ist (Material-, Fabrikations- oder Konstruktionsfehler) oder nach fehlerfreier Herstellung, aber vor Abschluss des Kaufvertrages für die Ware eingetreten ist.

16

Checkliste „Benachrichtigung"	
Benachrichtigung	Die Incoterms-Regeln sehen, jeweils in A10, *auf unterschiedliche Weise* die Verpflichtung des Verkäufers vor, den Käufer zu benachrichtigen.
Weitere Anforderungen	Art. 32 Abs. 1 CISG erlegt dem Verkäufer die Pflicht auf, „... dem Käufer die Versendung *anzuzeigen* und dabei die Ware im Einzelnen zu *bezeichnen*". Erst die erfolgte Versendungsanzeige führt dazu, dass ab Anzeige die Transportgefahr auf den Käufer übergeht (Art. 32 Abs. 1 und Art. 67 Abs. 2 CISG). Die Ware muss *dem Vertrag eindeutig zugeordnet werden können*, etwa dadurch, dass der Verkäufer sie mit der Anschrift des Empfängers oder Käufers versieht oder indem das Transportpapier den Käufer als Empfangsberechtigten verzeichnet
CISG	Norm des CISG, die ergänzend heranzuziehen sein kann: Art. 32 CISG.

2. Begriff „Erfüllungsort"

17 Die Incoterms-Regeln definieren in A2 den „Lieferort" oder „Lieferhafen", der im Hinblick auf den Gefahrübergang und die Kosten von entscheidender Bedeutung ist. Hier hat der Verkäufer die ihm obliegende Lieferhandlung zu erfüllen. Der maßgebliche Lieferort, der durch die Incoterms festgelegt wird, wird auch als Anknüpfungspunkt verwendet, um für vertragliche Ansprüche mit der Festlegung des Gerichtsstands des Erfüllungsortes *eine zusätzliche*, meist neben der Zuständigkeit des Gerichtsstands am Sitz des Beklagten bestehende – und zur Auswahl des Klägers eröffnete –, *weitere* gerichtliche Zuständigkeit zu begründen. Dies lässt sich auch aus Art. 7 Brüssel-Ia-VO, die auch *EuGVVO* genannt wird, folgern (*nachstehend*).

Incoterms können nach der Rechtsprechung des Europäischen Gerichtshofs (s.u.) damit auch zur Bestimmung des Erfüllungsortes und insofern auch mittelbar zur Bestimmung des internationalen Gerichtsstandes herangezogen werden. Dies ist immer dann von Bedeutung, wenn die Vertragspartner keine Gerichtsstandsvereinbarung getroffen haben und daher darauf angewiesen sind, dass gegebenenfalls im Wege der Vertragsauslegung oder über eine gesetzliche Regelung ermittelt wird, wo sich der richtige Gerichtsstand für den Rechtsstreit befindet.

2.1 Bestimmung des Gerichtsstands unter Heranziehung des Erfüllungsortes

18 Kommt es im Zusammenhang mit Auslandsgeschäften zu Rechtsstreitigkeiten, stellt sich regelmäßig die Frage nach dem für den Rechtsstreit zuständigen Gericht. Haben die Vertragsparteien diesen nicht ausdrücklich oder nicht wirksam vereinbart, ist der Erfüllungsort maßgeblich. Für den innereuropäischen Versendungskauf ist dies in Art. 7 Nr. 1 Buchst. b der Brüssel-Ia-VO (EuGVVO) geregelt.

Eine ausdrückliche Vereinbarung zum Erfüllungsort findet sich in internationalen Kaufverträgen jedoch nur selten. Häufig scheitert eine ausdrückliche Regelung auch daran, dass die Handelspartner auf ihre jeweiligen allgemeinen Geschäftsbedingungen verweisen, die sich in der Frage des Gerichtsstandes und/oder des Erfüllungsortes widersprechen und somit wirkungslos sind. Ist der Erfüllungsort nicht ausdrücklich vereinbart, muss er im Wege der Vertragsauslegung oder unter Rückgriff auf das Gesetz bestimmt werden.

2.2 Erfüllungsort beim Versendungskauf

19 Bei einem Versendungskauf lassen sich im Wesentlichen zwei Orte ausmachen, die als Erfüllungsort in Betracht kommen. Entweder der Ort der Übergabe an den Käufer am endgültigen Zielort oder der Ort der Übergabe an die erste Transportperson, mithin der Versendungsort.

Fall 2: Ermittlung des Erfüllungsorts über Incoterms

Key Safety (K) mit Sitz in Italien liefert Airbagsysteme an italienische Autohersteller und kaufte beim deutschen Unternehmen Car Trim (V) im Rahmen von fünf Lieferverträgen Komponenten, die in die Herstellung dieser Systeme eingingen. Die Lieferungen erfolgten „frei Werk Car Trim auf Abruf“. Eine Gerichtsstandsvereinbarung trafen die Vertragsparteien nicht.

Da K die Verträge plötzlich aufkündigte, verlangte V Schadensersatz vor dem für seinen Geschäftssitz zuständigen deutschen Gericht, das seine internationale Zuständigkeit allerdings ablehnte. Streitig ist, ob das deutsche Gericht seine Zuständigkeit im Hinblick auf Art. 7 Brüssel-Ia-VO (EuGVVO) ablehnen durfte und ob mithilfe des aus den Vertragsbedingungen ermittelbaren Lieferortes der richtige Gerichtsstand hergeleitet werden kann (Fall in Anlehnung an EuGH-Urteil C 381/08 vom 25.2.2010, „Car Trim“).

Lösungsweg

1. Anwendbarkeit der EuGVVO

Die ursprüngliche Entscheidung des EuGH ging noch auf die ältere Fassung der EuGVVO zurück, deren damals geltende Normen sich auch in der seit 10.1.2015 geltenden Neufassung der EuGVVO (Brüssel-Ia-VO) unter neuer Nummerierung wiederfinden. In der folgenden Falllösung sind, abweichend vom Wortlaut der EuGH-Entscheidung, daher die Normen der aktuellen EuGVVO-Version genannt. **20**

Die Antwort auf die Fallfrage hängt von der Auslegung von Art. 7 Nr. 1 Buchst. b EuGVVO ab, da K als Beklagter seinen Sitz in Italien hat und weder eine ausschließliche Zuständigkeit der deutschen Gerichte nach Art. 24 EuGVVO bestand noch eine ausdrückliche oder stillschweigende Gerichtsstandsvereinbarung nach den Art. 25 und 26 EuGVVO geschlossen wurde.

Folglich können deutsche Gerichte nur dann für die Schadensersatzklage zuständig sein, wenn der Ort der Herstellung (bei Car Trim also in Deutschland) als Erfüllungsort der Verpflichtung angesehen wird, die nach Art. 7 Nr. 1 EuGVVO den „Gegenstand des Verfahrens“ bildet.

1.1 Ausdrückliche Gerichtsstandsvereinbarung

Eine ausdrückliche Gerichtsstandsvereinbarung zwischen den Parteien fehlt. Fraglich ist, ob über die Lieferbedingung – im Wege der Vertragsauslegung – der richtige Gerichtsstand ermittelt werden kann. Dann könnte eventuell die von K und V vereinbarte Lieferbedingung dazu verhelfen, im Wege der Auslegung festzustellen, dass der Firmensitz des deutschen Klägers die Zuständigkeit des deutschen Gerichts bestimmt. **21**

1.2 Gerichtsstand des Erfüllungsortes

22 Hierzu ist Art 7 Nr. 1 EuGVVO heranzuziehen. Diese Vorschrift lautet:

„Eine Person, die ihren Wohnsitz im Hoheitsgebiet eines Mitgliedstaats hat, kann in einem anderen Mitgliedstaat verklagt werden:

(a) wenn ein Vertrag oder Ansprüche aus einem Vertrag den Gegenstand des Verfahrens bilden, vor dem Gericht des Ortes, an dem die Verpflichtung erfüllt worden ist oder zu erfüllen wäre;

(b) im Sinne dieser Vorschrift – und sofern nichts anderes vereinbart worden ist – ist der Erfüllungsort der Verpflichtung für den Verkauf beweglicher Sachen der Ort in einem Mitgliedstaat, an dem sie nach dem Vertrag geliefert worden sind oder hätten geliefert werden müssen…".

23 Hieraus folgert der EuGH in seiner Car Trim-Entscheidung:

- Die Vertragsparteien können nach Art. 7 Nr. 1 Buchst. b EuGVVO den Lieferort der Waren nach ihrem freien Willen bestimmen.
- Der Ausdruck „sofern nichts anderes vereinbart worden ist" in Art. 7 Nr. 1 Buchst. b EuGVVO zeigt, dass die Parteien im Hinblick auf die Anwendung dieser Bestimmung eine Vereinbarung über den Erfüllungsort der Verpflichtung schließen können. Ferner ist nach Art. 7 Nr. 1 Buchst. b EuGVVO, der den Ausdruck „nach dem Vertrag" enthält, der *Lieferort der Waren grundsätzlich der Ort, den die Parteien im Vertrag festgehalten haben.* Allerdings werden in keiner Bestimmung der EuGVVO die Begriffe „Lieferung" und „Lieferort" im Sinne von Art. 7 Nr. 1 Buchst. b EuGVVO weiter definiert.
- Daher ist zu prüfen, ob der Lieferort aus den Vertragsbestimmungen hervorgeht oder durch Auslegung ermittelt werden kann. Dabei kommen zwei Orte in Frage, die für die Festlegung eines solchen autonomen, bei Fehlen einer vertraglichen Bestimmung anwendbaren Kriteriums als Lieferort dienen könnten. Der erste ist der Ort der körperlichen Übergabe der Ware an den Käufer und der zweite derjenige der Übergabe der Ware an den ersten Beförderer zur Übermittlung an den Käufer.
- Der EuGH urteilt, dass der endgültige Bestimmungsort, an dem die Waren dem Käufer körperlich übergeben wurden oder hätten übergeben werden müssen, als „Lieferort" im Sinne von Art. 7 Nr. 1 Buchst. b erster Gedankenstrich EuGVVO der Entstehungsgeschichte, den Zielen und der Systematik der EuGVVO am besten entspricht.

24 Daraus ist zu folgern:

- Art. 7 Nr. 1 Buchst. b EuGVVO ist dahin auszulegen, dass *bei Versendungskäufen* der Ort, an dem die beweglichen Sachen nach dem Vertrag geliefert worden sind oder hätten geliefert werden müssen, auf der Grundlage der Bestimmungen dieses Vertrags zu bestimmen ist.

- Lässt sich der Lieferort auf dieser Grundlage ohne Bezugnahme auf das auf den Vertrag anwendbare materielle Recht nicht bestimmen, ist dieser *Ort* derjenige der körperlichen Übergabe der Waren, durch die der Käufer am endgültigen Bestimmungsort des Verkaufsvorgangs die *tatsächliche Verfügungsgewalt* über diese Waren erlangt hat oder hätte erlangen müssen.

Auf der Grundlage der getroffenen Vertragsvereinbarung „frei Werk auf Abruf" ist daher das für den Firmensitz von Car Trim zuständige deutsche Gericht der richtige Gerichtsstand.

2. Incoterms zur Vertragsauslegung

Diese *Rechtsprechung zur Vertragsauslegung einer einfachen Lieferbedingung* mit dem Ziel der Bestimmung des Erfüllungsorts bzw. des Gerichtsstands führt zu der Frage, ob damit auch den *Incoterms 2020* eine vergleichbare Wirkung zukommen kann. Der EuGH hat sich dazu allerdings bislang nicht ausdrücklich geäußert. **25**

Daher kann auf der Grundlage der vorhandenen Entscheidung lediglich gefolgert werden: **26**

- Bei der *EXW-Klausel* wird am Übernahmeort erfüllt, da bei diesen Klauseln der Lieferort und der Ort, ab dem der Käufer die Ware zu übernehmen hat, nicht auseinanderfallen. In der Regel wäre dann der Übernahmeort zugleich Erfüllungsort und damit auch maßgeblich für den Gerichtsstand. Der Gerichtsstand wäre dann – mangels Parteivereinbarung – durch Auslegung zu ermitteln; Gerichtsstand ist dann der Sitz des Verkäufers.
- Bei den *C-Klauseln* (CIF, CFR, CPT und CIP) erfolgt die Lieferung beim Frachtführer (CPT, CIP) bzw. an Bord eines Schiffes (CIF, CFR). Bei den *F-Klauseln* (FOB, FCA und FAS) ist der Lieferort ebenfalls nicht mit der Niederlassung des Verkäufers oder dem Sitz des Käufers identisch.

In solchen Fällen *kann der Lieferortsvereinbarung aber keine zuständigkeitsbegründende Wirkung zuteilwerden* (*Lüchinger*, in: Schlechtriem/ Schwenzer, CISG Kommentar, Art. 31 Rn 98 mwN), da die Lieferklauseln der Incoterms 2020 nicht in diesem Sinn zu verstehen sind. Vielmehr erschöpft sich der Zweck der Incoterms 2020 darin, Fragen der Transportkosten, der Liefermodalitäten und der Gefahrtragung zu regeln, während eine weitergehende Verbindung mit Fragen zum Gerichtsstand weder angestrebt noch sachgemäß ist (sinngemäß so das OGH-Urteil vom 10.9.1998). Daher kann bei C- und F-Klauseln, nach denen die Lieferpflicht in der Versendung der Ware besteht, im Wege der Auslegung *allenfalls ein Gerichtsstand am Versendungsort* begründet werden, nicht jedoch ein Gerichtsstand am Bestimmungsort (OGH aaO).

- Mit *D-Klauseln* (DAP, DPU und DDP) wird wiederum eine Bringschuld vereinbart, sodass Lieferort der durch die verwendete Klausel bezeichnete Bestimmungsort ist. Der Bestimmungsort wäre dann auch maßgeblich für den Gerichtsstand.

Bei der Verwendung von Incoterms ist daher zu beachten, dass diese nicht nur die Kosten- und Gefahrtragung regeln, sondern auch über die Zuständigkeit des Gerichts (mit)entscheiden können.

27

Checkliste „Erfüllungsort"	
Erfüllungsort	Der Erfüllungsort hat u.a. Bedeutung für den Gerichtsstand, wenn es um Klagen auf Erfüllung oder Schadensersatz geht. Erfüllungsort ist der Ort, an dem der Schuldner seine Leistungen zu erbringen hat und durch rechtzeitige und mangelfreie Lieferung bzw. durch Zahlung von seinen vertraglichen Verpflichtungen frei wird. • *Gesetzlicher* Erfüllungsort ist der Wohn- bzw. Geschäftssitz des jeweiligen Schuldners (für die Ware: Ort des Verkäufers; für die Geldleistung: Ort des Käufers, § 269 BGB). • *Vertraglicher* Erfüllungsort (dieser ist frei im Kaufvertrag vereinbar, kann aber auch fehlen). Wenn eine vertragliche Festlegung fehlt, ist fraglich, ob über die Vereinbarung einer Lieferklausel auch der Erfüllungsort festgelegt wurde. Ist eine solche Festlegung nicht erkennbar, weil eine klare Vereinbarung der Vertragsparteien fehlt, kann der Erfüllungsort durch Auslegung ermittelt werden.
Vertrags-auslegung	Die Vereinbarung einer Lieferbedingung erlaubt Rückschlüsse auf den Willen der Vertragsparteien zum Erfüllungsort. Aus der Auslegung einer Lieferbedingung kann gefolgert werden, dass die Parteien den Versendungsort als Erfüllungsort ansehen. Dies ist unstreitig für EXW und konsequent für die C- und F-Klauseln.
EuGVVO	Art. 7 EuGVVO in der seit 2015 geltenden Fassung.

3. Begriff „Gefahrtragung"

Die Incoterms gehen in den Incoterms-Regeln davon aus, dass der Begriff des Gefahrübergangs (vgl. jeweils A3/B3) verständlich genug ist und beschreiben lediglich, welche der Parteien *„alle Gefahren des Verlustes oder der Beschädigung der Ware…"* zu tragen hat. Die Incoterms-Regeln A3/B3 bestimmen daher, welche der beiden Parteien im Verhältnis Verkäufer – Käufer das Risiko trägt, wenn eine Ware beschädigt oder verschlechtert wird, untergeht oder auf sonstige Weise abhandenkommt oder in ihrem physischen Bestand beeinträchtigt wird. **28**

Dabei regeln A3/B3 beim *Gefahrübergang nur die Folgen einer Beeinträchtigung der Ware durch zufällige* – also weder vom Verkäufer oder vom Käufer zu vertretende, ihnen also zurechenbare – *Umstände* und sind daher nicht anwendbar, wenn beispielsweise dem Verkäufer eine falsche Verpackung oder sonstige Verletzung seiner Sorgfaltspflicht vorgeworfen werden kann und die Ware dadurch zu Schaden kommt oder verloren geht. **29**

- *Vor* Übergang der Gefahr, wie er durch individuelle vertragliche Absprache oder die konkrete Festlegung in einer Incoterms-Klausel oder aber auch – subsidiär – durch Art. 66 und 67 CISG festgelegt wird, bleibt der Verkäufer für eine Verschlechterung der Ware oder für ihren Untergang verantwortlich und weiterhin zur (Ersatz-)Lieferung verpflichtet (sogenannte „Leistungsgefahr").
- *Nach* Übergang der Gefahr ist der Käufer zur Kaufpreiszahlung verpflichtet (sogenannte „Preisgefahr"), obwohl er wegen der zufälligen Verschlechterung oder dem zufälligen Verlust der Ware keine vertragsgemäße Leistung erhält.

Auch das CISG entspricht in seinem Wortlaut (vgl. Art 66 CISG) diesem Grundkonzept. In beiden Fällen, Incoterms wie CISG, umfasst die Gefahr jedenfalls auch **30**

- den Verlust der Ware durch Diebstahl,
- eine Notentladung durch den Transporteur, Fehlleistungen des Transporteurs wie etwa die Auslieferung an den falschen Empfänger (OLG Oldenburg, Urt. vom 22.9.1998, 12 U 54/98),
- einen Gewichtsschwund (aber nur, wenn er nicht durch fehlerhafte Verpackung des Verkäufers zustande kam, also nicht nur zufällig auftritt)
- und diverse Beeinträchtigungen der Ware, wie etwa Unfall, Vandalismus und sonstige Schäden, die dem Incoterms-Begriff des „Verlusts oder der Beschädigung" zuzuordnen sind.

Nicht direkt geklärt wird von Incoterms wie von CISG, wie *hoheitliche Eingriffe* zu werten sind, die auf die Ware einwirken. Daher hat sich in der Fachliteratur dazu folgendes Meinungsbild entwickelt: **31**

- In der Fachliteratur (vgl. die Nachweise bei *Hachem*, in: Schlechtriem/Schwenzer, Kommentar zum CISG, 7. Aufl. 2019, Art. 66, Rn 6) wurde *ursprünglich* die Auffassung vertreten, hoheitliche Eingriffe seien grundsätzlich nicht betroffen, da gegen hoheitliche Eingriffe auch kein Versicherungsschutz bestehe. Zudem könne der von hoheitlichen Eingriffen Betroffene gegen derartige Eingriffe auch nicht vorgehen. Schließlich richteten sich Beschlagnahmungen typischerweise gegen den Eigentümer und sollten diesen auch treffen. Eine Ausnahme könne nach dieser überkommenen Ansicht nur im Fall der Beschlagnahmung der Ware durch einen feindlichen Staat im Kriegsfall gelten, da diese Situation dem Untergang der Ware gleichkomme.

- Die neuere und *zu befolgende* überwiegende Literaturmeinung (Nachweise bei *Hachem* aaO, Art. 66 Rn 7; ebenso *Piltz*, Incoterms 2010, § 2 E 151) betrachtet *hoheitliche Eingriffe* dagegen *als gefahrtragungsrelevante Ereignisse*. Zu diesen zählen insbesondere die behördliche Beschlagnahme oder Import- bzw. Exportverbote usw. Der Gefahrübergang befreit den Verkäufer aber nicht von der weiter bestehenden Verpflichtung, dass die Ware im Sinne des Art. 35 CISG *vertragsgemäß (im Moment des Gefahrübergangs*, Art. 36 CISG) geliefert werden muss.

32 Die Auswirkungen dieses Meinungsstreits zeigen sich in der Praxis wie folgt: War ein hoheitlicher Eingriff vorhersehbar (z.B. bei Wahl eines Transportweges durch gefährdetes Gelände oder durch Zonen mit kriegerischer Auseinandersetzung), kann der Verkäufer, der einen Transport organisiert, sich nicht auf den Gefahrübergang berufen, sondern er muss sich – wie aus dem Wortlaut des Art. 66 CISG folgt, ein Tun oder Unterlassen vorwerfen lassen, welches den Gefahrübergang unbeachtlich werden lässt, da die an den Verkäufer gestellte *Anforderung* (zur Vermeidung von Gefahren und zur sorgfältigen Organisation des Transports) von diesem nicht oder *nicht ausreichend beachtet* wurde.

Fall 3: Unvorhergesehenes Embargo

Der deutsche Exporteur E liefert Dual Use Güter in verschiedene Staaten. Stets beachtet er Ausfuhrverbote und Embargos und holt, sofern erforderlich, notwendige Genehmigungen vor dem Versand der Güter ein.

Bei Auslieferung einer Ware, für die vertraglich die Incoterms-Klausel „FOB Bremerhaven, CT 4, Incoterms 2020" zugrunde gelegt worden war, wird noch im Verlauf der Anlieferung der Ware im Versendungshafen ein unerwartetes neues Embargo gegen das Empfangsland seiner Lieferung in Kraft gesetzt. E ist der Ansicht, dass dieses Embargo seine Lieferung nicht betreffe, da die Ware sich bereits auf dem Transportweg befinde.

Muss E das Embargo beachten?

Lösungsweg

1. Ausgangsfall

Unvorhersehbar in Kraft gesetzte Aus- und Einfuhrverbote sind zu behandeln wie „hoheitliche Eingriffe" und sind daher gefahrtragungsrelevante Ereignisse. Es kommt daher auf den Zeitpunkt des Gefahrübergangs an, um festzustellen, ob der Verkäufer (noch) die Verantwortung für das Einholen einer Ausfuhrgenehmigung beziehungsweise einer Ausnahmegenehmigung trägt. 33

Angesicht der im Vertrag vereinbarten Incoterms-Klausel „FOB" hat der Gefahrübergang jedenfalls noch nicht stattgefunden, sodass es in der Risikosphäre des E liegt, dass die Lieferung wegen des plötzlich in Kraft getretenen Embargos nicht mehr ausgeführt werden darf.

E muss das Embargo beachten und darf nicht ausführen.

2. Zusatzkosten auf Transportweg

Problematisch kann es sein, wenn während des Transports unvorhergesehene und unerwartete Ereignisse eintreten, die zu Lieferverzögerungen und/oder zu erhöhten Transportkosten führen. Es kann dann die Frage aufkommen, ob eventuell auch der Verkäufer – trotz entgegenstehender Incoterms-Klausel *und nach Gefahrübergang* (z.B. bei Vorhandensein einer C-Klausel) – doch noch eine Kostenverantwortung trägt. 34

Eine solche Verantwortung kann sich aus dem CISG ergeben. Grundsätzlich legt Art. 31 CISG fest, dass der Verkäufer *nicht* den tatsächlichen Besitzerwerb des Käufers schuldet. Der Verkäufer hat aber, wie sich aus Art. 79 Abs. 1 CISG folgern lässt, die Pflicht, Hindernisse zu überwinden, die zu einer Nichterfüllung der Leistungspflicht führen. Dies könnte bedeuten, dass ein Verkäufer bei Verwendung einer C-Klausel nicht nur einen Transporteur bestimmt und mit diesem einen Be- 35 förderungsvertrag abschließt (A4), sondern dass er auch noch eine weitergehende Verantwortung für besondere Umstände des Transports tragen müsste.

Hinweis zum Zollwert

36 Auf dem Transportweg entstandene Zusatzkosten sind nach Art. 71 Abs. 1 Buchst. e UZK nur dann in den Zollwert eingeführter Waren einzubeziehen, wenn sie vor dem Ort des Verbringens in das Zollgebiet der Union für den Käufer angefallen sind. Zu solchen Kosten zählen Verzögerungen bei der Beförderung oder Kosten, die bei der Zwischenlagerung entstehen, wenn diese durch die Beförderung verursacht wurden. Kosten, die der Verkäufer trägt und nicht an den Käufer weitergibt, spielen für die Zollwertermittlung keine Rolle.

Fall 4: Unvorhergesehener Generalstreik

Verkäufer V hat mit dem ausländischen Käufer K einen Vertrag über eine Warenlieferung abgeschlossen. Der Kaufvertrag enthält die Lieferbedingung „CPT Bulevardu Unirii Bukarest, Incoterms 2020".

Vereinbarungsgemäß kümmert sich V um den Transport der Ware und schließt mit Spediteur S einen Beförderungsvertrag ab. Zwei Wochen später transportiert S die Ware, muss jedoch in einem Transitland wegen eines plötzlichen Generalstreiks zwei Tage lang warten, bis er weiterfahren kann.

K entsteht hierdurch ein Schaden, den er von V ersetzt verlangt.

Lösungsweg

1. Regelung nach CPT

V muss den Verzögerungsschaden tragen, wenn der „Hinderungsgrund der pünktlichen Auslieferung" in seinem Einflussbereich lag und der nach CPT erfolgte Gefahrübergang ihn hier nicht schützt. **37**

Nach CPT hat der Verkäufer folgende Pflichten: **38**

- Er muss die Ware bereitstellen (CPT A1)
- und in der Weise liefern, dass er sie an den Frachtführer zum vereinbarten Zeitpunkt übergibt (CPT A2).
- Er hat einen Beförderungsvertrag für den Warentransport vom Lieferort bis hin zum Bestimmungsort abzuschließen (CPT A4).

Der Gefahrübergang erfolgt erst im Moment der Lieferung (CPT A3).

2. Zusatzbestimmungen nach CISG

Fraglich ist, ob die Verwendung einer Incoterms-Klausel, die dem Verkäufer die Organisation des Transports und den Abschluss des Beförderungsvertrages auferlegt, auch dazu führt, dass der Verkäufer auch die erfolgreiche Durchführung (also auch die pünktliche Abwicklung) des von ihm selbst gewählten Transports verantwortet. **39**

- Für eine solche Sicht spricht beispielsweise, dass der Verkäufer hinsichtlich des Transports vieles in der Hand hat: er wählt den Transporteur aus und er kann Einfluss auf den Inhalt des Beförderungsvertrages nehmen.
- Dagegen spricht allerdings die Regelung des Art. 79 CISG. Danach hat „eine Partei für die Nichterfüllung einer ihrer Pflichten *nicht* einzustehen, wenn sie beweist, dass die Nichterfüllung auf einem außerhalb ihres Einflussbereichs liegenden Hinderungsgrund beruhte und von ihr vernünftigerweise nicht erwartet werden konnte, den Hinderungsgrund bei Vertragsabschluss in Betracht

zu ziehen...". Der Umkehrschluss lautet daher: Der Verkäufer kann nach CISG, sofern es für den betreffenden Fall anwendbar ist, durchaus Verantwortung für den Transport auch noch nach Gefahrübergang tragen.

3. Verantwortlichkeit auch nach Gefahrübergang

40 Hieraus lässt sich folgern, dass die Kenntnis der Abwendbarkeit eines Hindernisses und seiner Konsequenzen oder die Vorhersehbarkeit einer während des Transports auftretenden Schwierigkeit die Befreiung des Verkäufers, wie sie eigentlich wegen des Gefahrübergangs vonstattenginge, durchaus nachteilig beeinflussen kann.

41 Es werden bei Anwendung des Art. 79 CISG sogar strenge Maßstäbe angelegt. Auch ein Hindernis, mit dem der Schuldner bei Vertragsschluss nicht zu rechnen brauchte, entlastet ihn nicht, wenn ihm die Vermeidung oder Überwindung des Hindernisses möglich und zumutbar wäre. Selbst erhebliche Mehraufwendungen oder die Auswahl eines alternativen Beförderungsweges können von ihm verlangt werden, bis hin zum Angebot einer vernünftigen Ersatzleistung (so OLG Hamburg, Urt. v. 28.2.1997, 1 U 167/95).

42 Entscheidend für den Gefahrübergang und eine Entlastung des Verkäufers ist daher, dass das schädigende Ereignis bei Abschluss des Beförderungsvertrages völlig außerhalb der Reichweite und Kenntnis des Verkäufers sowie seiner Beeinflussbarkeit lag.

Bei einem Generalstreik, der einen erst Wochen nach Abschluss des Beförderungsvertrages stattfindenden Transport nachteilig beeinflusst, wird man die Befreiung nach Art. 79 CISG jedenfalls bejahen können. V muss den Verzögerungsschaden daher nicht ersetzen.

Fall 5: Vollcontainer-Ladung ohne Zwischenumschlag

Verkäufer V hat mit dem ausländischen Käufer K einen Vertrag über eine Warenlieferung im Container abgeschlossen. Der Kaufvertrag enthält die Lieferbedingung „FOB Main Street, Chicago Illinois, Incoterms 2020 FCL".

Die Ware wurde von V in einem Container verladen, wobei es versäumt wurde, sie ordnungsgemäß festzuzurren. Während der überaus stürmischen Seereise erleidet die Ware erheblichen Schaden, den K von V ersetzt verlangt. Zu Recht? (Fall nach BGH NJW 1971, 1363)

Lösungsweg

1. Regelung nach FOB

Nach FOB A3 Incoterms 2020 trägt der Verkäufer bis zur Lieferung nach FOB A2 **43** alle Gefahren des Verlusts und der Beschädigung der Ware. Die Lieferung nach FOB A2 erfolgt, indem der Verkäufer die Ware „an Bord des Schiffes verbringt". Da dies im vorliegenden Fall zweifellos gegeben ist, wäre danach der Gefahrübergang auf K bereits erfolgt, sodass der Sturmschaden nicht zulasten von V ginge.

2. Zusatzbestimmung FCL

Fraglich ist, wie sich die Zusatzvereinbarung „FCL" auswirkt und ob sie eventuell **44** dazu geeignet ist, den V *bereits nach Beladung und Verplomben des Containers* von seiner Verantwortung für die ordnungsgemäße Ladungssicherung im Container zu befreien, spätestens (wegen FOB) jedoch ab dem Moment der Verladung an Bord des Schiffes.

Unter dem Kürzel FCL wird bei der Seefracht die *Vollcontainer-Ladung* verstanden. FCL steht dabei für den englischen Begriff „Full Container Load" – im Gegensatz zu „Less than Container Load" oder LCL, einer Ladung, die einen Container nur teilweise ausfüllt.

Bei FCL-Ladungen wird der Container in der Regel vom Versender komplett beladen und vom Empfänger am Ziel entladen (Haus-Haus-Verkehr). Ort der Anlieferung – entsprechend der Auslieferung – ist hier nicht der Terminal, sondern der Container-Yard, der Stapelplatz am Kai, wo der Beförderer den Container übernimmt und nach computergesteuertem Plan so zur Verschiffung bereitstellt, dass er unmittelbar auf seinen richtigen Stellplatz im Schiff verladen wird.

Während des Transports vom Versender zum Empfänger findet in der Transportkette kein Warenumschlag/Zwischenumschlag statt. Der Reeder übernimmt vom Ablader den bereits vom Zoll verplombten Container ohne weitere Bearbeitung zur Verfrachtung. Vollcontainer-Transporte erfolgen oft intermodal, indem in der

Transportkette vom Ausgangsort bis zum Ziel neben der Verschiffung auch andere Transportmittel genutzt werden, zum Beispiel LKW, Güterzüge usw.

3. Verantwortlichkeit des Verkäufers nach Gefahrübergang

3.1 Verfrachter

45 Wird der Container dem Verfrachter vom Ablader gepackt übergeben, so trifft den Verfrachter keine Verantwortung für die Stauung im Container, denn das korrekte Stauen gehört zur *Verpackung* der Güter und damit zur Verantwortung des Verkäufers (Absenders). Die vom Verfrachter vorzunehmende Stauung bezieht sich nur auf den vom Absender gepackten Container als solchen. Werden die Güter im Container nicht genügend befestigt, sodass sie gegen die Wände des Containers oder gegeneinanderstoßen, so liegt eine *mangelhafte Verpackung* vor [BGH aaO], für die der Verfrachter nach §§ 488 Abs. 2 und 498 Abs. 2 Satz 1 HGB nicht haftet.

3.2 Verkäufer (Absender)

46 Die vertragliche Vereinbarung „FCL" bedeutet lediglich, dass die verkaufte Ware vom Verkäufer an den Käufer in einem Container zu liefern ist. Zur Lieferhandlung gehört daher die Anlieferung im Container, so, wie es zur Aufgabe des Käufers gehört, den Container zu übernehmen (FOB B2). Das Stauen im Container ist ebenso wie die korrekte Sicherung der Ware Aufgabe im Bereich *„Verpackung", die zu den Verkäuferpflichten gehört*. Da V diese Pflicht verletzt hat, kann K von V zu Recht Ersatz für die während der Seereise erlittenen Schäden verlangen.

47

Checkliste „Gefahrtragung"	
Gefahrtragung	Die Incoterms legen in den Incoterms-Regeln (A3/B3) fest, welche der Parteien *„alle Gefahren des Verlustes oder der Beschädigung der Ware..."* zu tragen hat. Ein schädigendes Ereignis muss bei Abschluss des Beförderungsvertrages völlig außerhalb der Reichweite und Kenntnis des Verkäufers sowie seiner Beeinflussbarkeit gelegen haben (Rspr.).
Gefahr	Die Gefahr umfasst • den Verlust der Ware durch Diebstahl, • eine Notentladung durch den Transporteur, Fehlleistungen des Transporteurs wie etwa die Auslieferung an den falschen Empfänger (Rspr.), • einen Gewichtsschwund, • diverse Beeinträchtigungen der Ware, wie etwa Unfall, Vandalismus und sonstige Schäden, • unvorhersehbare hoheitliche Eingriffe .
CISG	Normen des CISG, die ergänzend heranzuziehen sein können: Art. 66 und 79.

4. Begriff „Lieferort"

Für die Incoterms gilt die grundsätzliche Empfehlung, stets einen *konkreten Ort* hinzuzufügen, damit die Klauseln optimal eingesetzt werden können. Der benannte Ort, der hinter der gewählten Incoterms-Klausel steht, ist besonders wichtig: **48**

- in allen Incoterms-Klauseln mit Ausnahme der C-Klauseln wird durch den benannten Ort angegeben, wohin die Waren „geliefert" werden müssen, d.h. an welchem Ort der Gefahrenübergang vom Verkäufer auf den Käufer erfolgt;
- in den D-Klauseln ist der benannte Ort jeweils der Lieferort und zugleich der Bestimmungsort, wobei der Verkäufer den Transport bis zu dieser Stelle organisieren muss;
- in den C-Klauseln gibt der benannte Ort den Bestimmungsort an, bis zu dem der Verkäufer den Transport der Waren organisieren und bezahlen muss, wobei dieser Ort jedoch nicht mit dem Lieferort oder Lieferhafen identisch ist.

Unklarheiten in der Abwicklung des Geschäfts lassen sich von vornherein vermeiden, indem man in der jeweils gewählten Incoterms-Klausel einen konkreten Hafen, Ort bzw. geografischen Punkt so genau wie möglich benennt. Es kann sein, dass eine weitere Präzisierung erforderlich wird, indem eine konkrete „Stelle" (z.B. innerhalb eines großen Hafens) benannt wird, an die zu liefern ist. Derartige Angaben fehlen oft in Kaufverträgen zwischen Verkäufer und Käufer, und auch die Incoterms legen hier keine weitere Präzisierung fest. Daher gilt – falls keine konkrete Stelle vereinbart wurde und verschiedene Lieferplätze in Betracht kommen –, dass der Verkäufer selber wählen darf, welche Stelle ihm am Lieferort geeignet erscheint. **49**

Für den Lieferort gelten zudem folgende Grundsätze: **50**

- Normalerweise soll jede eingesetzte Klausel der Incoterms 2020 einen **konkreten Ort** nennen. Weicht der Verkäufer von einem Bestimmungsort ab, z.B., weil sich nachträglich herausgestellt hat, dass dieser ungeeignet ist, muss nach Treu und Glauben entschieden werden, ob dieses Verhalten noch die Lieferpflicht erfüllt. Die Entscheidung „nach Treu und Glauben" ist die Variante, die in derartigen Fällen beispielsweise nach Art. 7 Abs. 1 CISG angedacht ist und eine Lösung der Praxisfrage ermöglicht, die sich bei ungeeigneten Bestimmungsorten zwangsläufig stellen muss.
- Haben die Geschäftspartner die Verabredung einer Incoterms-Klausel ganz unterlassen *und* gibt es keine Vereinbarung, die Ware an einem bestimmten Ort zu liefern, muss der Käufer die Ware dem ersten Beförderer zur Übermittlung an den Käufer übergeben (Art. 31 Buchst. a CISG), um seine Lieferpflicht zu erfüllen.
- Denkbar ist ferner, dass Geschäftspartner widersprüchliche Angaben zum Lieferort machen. Fraglich ist, wie sich ein Dissens bei Vereinbarung des Lieferortes auswirkt. Hierzu der folgende Praxisfall.

51 Der „Lieferort" als der Ort, an dem eine Leistungspflicht erbracht werden muss, ist abzugrenzen vom „Bestimmungsort".

Ein benannter Ort oder Hafen, der hinter der aus drei Buchstaben bestehenden Incoterms-Klausel steht, z.B. CIP Las Vegas oder CIF Los Angeles, ist für die Wirkung der Incoterms-2020-Regeln von entscheidender Bedeutung. Je nachdem, welche Incoterms-2020-Klausel gewählt wird, bezeichnet dieser Ort entweder den Ort oder Hafen,

- an dem die dorthin transportierten Waren als vom Verkäufer an den Käufer *„geliefert"* gelten, also den „Lieferort"
- oder aber den Ort bzw. Hafen, bis zu dem der Verkäufer den Transport der Waren organisieren muss, d.h. ihren *Bestimmungsort*; („Bestimmungsort" ist dabei der Ort, an den die Waren vertragsgemäß versandt werden sollen, was bei CIF und FOB der Bestimmungshafen ist, bei sonstigen Kaufverträgen im Versendungskauf, denen keine Incoterms-Klauseln zugrunde liegen, regelmäßig die Niederlassung des Käufers);
- im Falle der D-Klauseln gilt hingegen beides (vgl. Incoterms 2020, Einführung Ziffer 16).

52 „In allen Incoterms 2020 Klauseln definiert A2 den „Lieferort oder -hafen", und dieser Ort oder Hafen ist in EXW und FCA (Gelände des Verkäufers) zum Verkäufer am nächsten gelegen und in DAP, DPU und DDP zum Käufer am nächsten gelegen. Der durch A2 angegebene Lieferort oder -hafen ist im Hinblick auf den Gefahrenübergang und die Kosten von entscheidender Bedeutung. Der Lieferort oder -hafen gemäß A2 kennzeichnet den Ort, an dem der Gefahrenübergang vom Verkäufer auf den Käufer gemäß A3 erfolgt. Mit der Ankunft der Waren an diesem Ort oder Hafen erfüllt der Verkäufer seine vertragliche Verpflichtung zur Bereitstellung der Waren gemäß A1, sodass der Käufer gegen den Verkäufer keine Entschädigung für Verlust oder Beschädigung der Waren geltend machen kann, sobald die Waren diesen Punkt überschritten haben" (Incoterms 2020, Einführung 17 – 20).

Hinweis zum Zollwert

53 Für die Ermittlung des Zollwertes ist die Angabe des Lieferortes in Bezug auf die Pflicht zur Kostentragung von Bedeutung. Gemäß Art. 71 Abs. 1 Buchst. e UZK sind dem für eingeführte Waren tatsächlich gezahlten oder zu zahlenden Preis Lieferungskosten bis zum Ort des Verbringens in das Zollgebiet der Union hinzuzurechnen, während Art. 72 Buchst. a UZK vorsieht, dass Beförderungskosten nach dem Eingang in das Zollgebiet der Union nicht in den Zollwert einbezogen werden. Eine Anpassung des Rechnungspreises ist also nur erforderlich, wenn die Lieferungskosten bis zum Ort des Verbringens nicht bereits im Rechnungspreis enthalten sind. Auf der anderen Seite kann der Zollanmelder im Rechnungspreis enthaltene Lieferungskosten, die nach dem Eingang in das Zollgebiet anfallen, zur Ermittlung des Zollwertes abziehen. Es ist also zunächst notwendig festzustellen, ob und inwieweit Lieferungskosten bereits im Rechnungspreis enthalten sind. Hierzu

ist die Angabe des Lieferortes in Bezug auf die Kostentragungspflicht entscheidend. Ist kein Lieferort genannt, besteht die Gefahr, dass die Zollverwaltung vom für den Beteiligten ungünstigsten Fall ausgeht und dem Rechnungspreis u.U. Lieferungskosten hinzurechnet.

Fall 6: Wesentliche Abweichung beim Lieferort

Der deutsche Exporteur E baut Fahrzeuge und liefert diese an K nach Spanien. Der Transport erfolgt jeweils durch eine Spedition, der E die Fahrzeuge übergeben hatte.

Den Bestellungen des spanischen Käufers liegt die Klausel „free of charge" zugrunde. Der Lieferant bestätigt Bestellungen stets mit der Klausel „Ex Works Ingolstadt, Incoterms 2020".

Zwischen den Parteien kommt es im Laufe der Geschäftsverbindung zum Streit darüber, wo – im Hinblick auf den Gefahrübergang – der Lieferort liegt. K ist der Ansicht, Lieferort sei sein Geschäftssitz in Spanien, während E wegen ex works von seinem Sitz ausgeht. (Fall nach OLG Stuttgart, Urt. v. 18.4.2011).

Lösungsweg

54 Der spanische Käufer kann nur dann zu Recht davon ausgehen, dass der Gefahrübergang im Empfangsland der Ware (also in Spanien) liegt, wenn zwischen den Parteien eine entsprechende Vereinbarung über den Lieferort im Empfangsland getroffen wurde. Das CISG ist anwendbar, da beide Parteien ihre Niederlassung in Vertragsstaaten des CISG haben.

1. Begriff „Lieferort"

1.1 Lieferort

55 Zum Lieferort, der in den Incoterms 2020 nicht näher definiert wird, sind die Bestimmungen des Art. 31 CISG ergänzend heranzuziehen. Diese Vorschrift ist nur anwendbar, wenn der Verkäufer die Ware nach dem Kaufvertrag *„nicht an einen anderen bestimmten Ort zu liefern"* hat. Wäre nämlich ein anderer Ort vereinbart, so wäre dieser auch der Lieferort.

Art. 31 CISG enthält zwei Regelungsinhalte:

- Zum einen den Inhalt der *Lieferpflicht* des Verkäufers (also Handlungen, die zur Erfüllung seiner kaufvertraglichen Lieferverpflichtung nötig sind)
- und zum anderen den *Lieferort,* an dem diese Pflichten vom Verkäufer zu erfüllen sind.

56 Dies wird in Art. 31 CISG wie folgt festgelegt:

- Lieferort ist im *Regelfall einer Beförderung der Ware* (Art. 31 Buchst. a CISG) der Ort, an dem der Verkäufer die Ware dem ersten Transporteur zur Beförderung an den Käufer übergibt; dabei kann der Verkäufer die Ware an einem beliebigen Ort absenden.

- Ist dagegen *keine Beförderung* vorgesehen, muss der Verkäufer die Ware nur zur Verfügung stellen, wobei der *Ort maßgeblich ist, an dem sich die Ware befindet* (oder erst noch hergestellt werden muss), sofern beiden Parteien dieser Ort bei Vertragsschluss bekannt ist, Art. 31 Buchst. b CISG.
- Passen beide Lösungen nicht, ist Lieferort der Ort der Niederlassung des Verkäufers zum Zeitpunkt des Vertragsschlusses, Art. 31 Buchst. c CISG.

Werden Incoterms 2020 eingesetzt, ist danach zu unterscheiden, ob es um einen mit Art. 31 CISG übereinstimmenden Lieferort oder aber um einen davon abweichenden Lieferort geht.

1.2 Übereinstimmender Lieferort

In den meisten Fällen führen die Incoterms 2020 zu demselben Lieferort und demselben Inhalt der Lieferpflicht, die sich auch aus Art. 31 CISG ergeben. Dies kann vor allem nachvollzogen werden bei den Klauseln des Versendungskaufs „frachtfrei" (CPT) und „frachtfrei versichert" (CIP), die von der Auswirkung her mit Art. 31 Buchst. a CISG übereinstimmen, sowie für die Klausel „ab Werk" (EXW), die sich mit Art. 31 Buchst. b CISG deckt. In den genannten Fällen enthalten die Incoterms-Regeln besondere Bestimmungen dazu, wie geliefert werden muss, sodass die Incoterms-Regeln insofern eine ergänzende Funktion wahrnehmen. **57**

1.3 Dissens bei Vereinbarung des Lieferortes

Im vorliegenden Fall liegt ein Dissens (Einigungsmangel) beim Lieferort vor. Eine einvernehmliche Vereinbarung scheitert daran, dass K die Bestellungen mit der Klausel „free of charge" vornahm, während Lieferant E in den Auftragsbestätigungen die Klausel „ex works" einsetzte. Diese abweichende Klausel hat K nicht gegenbestätigt, sodass das Schweigen hierzu einer Ablehnung gleichkommt (OLG Stuttgart aaO). **58**

2. Wesentliche Abweichung beim „Lieferort"

Trotzdem können die Kaufverträge zwischen E und K wirksam zustande gekommen sein, wenn der Dissens über die Transportverpflichtung nach Art. 19 Abs. 3 CISG *unwesentlich* ist. Die Klausel ex works kann dann aber nur eine reine Kostentragungspflicht darstellen und ist keine Vereinbarung über den Erfüllungsort mit Auswirkung auf den Gefahrübergang. **59**

Das OLG Stuttgart hat in seiner Entscheidung festgestellt, dass die von K verwendete Klausel „free of charge" keine Incoterms-Klausel darstelle. Dennoch ist „f.o.c." eine in der Praxis durchaus gebräuchliche Klausel, wenn auch ohne fest definierten Inhalt, wie es bei den Incoterms der Fall ist. Mittels „f.o.c." wird nur zum Ausdruck gebracht, dass jegliche *Kosten*tragung abgelehnt werde. Ein Hinweis auf die Gefahrtragung erfolgt dagegen mit einer solchen Klausel nicht. **60**

Auch die zwischen den Geschäftspartnern erfolgte Korrespondenz per E-Mail ergeben keine Erfüllungsortvereinbarungen: Während K stets „f.o.c." bestellt, bestätigte E immer mittels „ex works", wodurch er zum Ausdruck brachte, dass er ab Werkstor nicht mehr für die Ware verantwortlich sein wolle.

2.1 Schweigen als Annahme von Ex Works?

61 Für eine Lieferortvereinbarung reicht es auch nicht aus, dass K auf die Auftragsbestätigung von E geschwiegen hat. K hat mit dem Schweigen die Klausel ex works des E nicht angenommen. Schweigen oder Untätigkeit bedeutet nach Art. 18 Abs. 1 Satz 2 CISG keine Annahme.

Auch eine konkludente Annahme von ex works (im Sinne des Art. 18 Abs. 3 CISG) scheidet aus. Ein konkludenter Vertragsschluss könnte sich aus den Gepflogenheiten und Gebräuchen zwischen den Parteien ergeben. K hat sich aber nicht auf ex works eingelassen, sondern stets erneut zu „f.o.c." bestellt.

2.2 Unwesentliche Abweichung

62 Ex works könnte vertraglich vereinbart sein, wenn diese Angabe nur eine „unwesentliche Änderung" gegenüber der Bestellung des K darstellte. Dann könnte der Vertrag nach Art. 19 Abs. 2 CISG trotzdem – auf Grundlage von ex works – zustande gekommen sein. Hier liegt eine wichtige Klippe:

- Würde der Streit um f.o.c *oder* ex works dahingehend geführt, dass es nur um eine reine Kostentragungspflicht geht, könnte vielleicht noch eine unwesentliche Änderung konstruiert werden (mit der Folge der Gültigkeit der Klausel EXW).
- Da aber E mittels ex works nicht nur eine Kostentragungsregelung, sondern vor allem auch eine Gefahrtragungsregelung treffen will, ist sein Begehr nach Festlegung einer solchen Gesamtregelung (Kosten- *und* Gefahrtragungsregelung) *wesentlich*. Daher ist das Schweigen des K Ablehnung.

Eine Vereinbarung über den Lieferort (und damit den Ort des Gefahrübergangs) ist damit unterblieben. Die Lösung der Fragestellung ergibt sich daher aus Art. 31 Buchst. a CISG: „Lieferort" ist, da die Ware nach Spanien befördert werden soll, der Ort (in Deutschland), an dem E die Ware zur Beförderung nach Spanien an den ersten Beförderer übergibt.

Fall 7: Lieferortvereinbarung durch Incoterms-Klausel?

K, eine Herstellerin von Reinigungs- und Körperpflegemitteln in Münster, bestellte bei V, einer Produzentin von Milchsäure in Belgien, Milchsäure technischer Qualität. In den Bestellungen der K hieß es jeweils: „Lieferbed. CPT H". V bestätigte die Bestellungen der K regelmäßig schriftlich, wobei sie jeweils die Worte „CPT Incoterms 2020" verwendete. Lieferungen erfolgten an den Geschäftssitz der K in H. Aufgrund von Kundenreklamationen bezüglich der verwendeten Milchsäure entstanden der K Schäden, die sie von V ersetzt verlangte. Da V nicht bereit war, die entstandenen Schäden zu ersetzen, erhob K Klage gegen V in Münster.

V bestreitet die Zuständigkeit des deutschen Gerichts und behauptet, dass aufgrund der CPT-Klausel allein das belgische Gericht an ihrem Gerichtsstand zuständig sei.

Streitig ist, ob mithilfe einer Incoterms-Klausel zugleich ein Lieferort vereinbart wird, anhand dessen das zuständige Gericht im Sinne der EuGVVO ermittelt werden kann (Fall nach OLG Hamm Urteil vom 26.3.2012, I 2-U 222/11).

Lösungsweg

Streitig ist zwischen V und K, ob die *Incoterms-Klausel ausreichend ist, auch im* 63
vorliegenden Fall einen Lieferort festzulegen, wenn die Geschäftspartner ansonsten über den Lieferort keine eindeutige Verabredung getroffen haben. Mithilfe des Lieferortes lässt sich dann nämlich feststellen, welches Gericht für die Klageerhebung zuständig ist.

1. Zuständigkeit des Gerichts

Die Klage der K in Münster ist zulässig, wenn die internationale Zuständigkeit 64
deutscher Gerichte gegeben ist. Eine eindeutige Gerichtsstandvereinbarung im Sinne von Art. 25 Abs. 1 EuGVVO haben beide Parteien jedenfalls nicht getroffen.

Die internationale Zuständigkeit deutscher Gerichte könnte sich aber vorliegend aus dem *besonderen Gerichtsstand des Erfüllungsortes* gemäß Art. 7 Nr. 1 a) und b) EuGVVO ergeben:

- Nach Art. 7 Nr. 1 a) EuGVVO kann eine Person, die ihren (Wohn-)Sitz in dem Hoheitsgebiet eines EU-Mitgliedstaates hat, in einem anderen Mitgliedstaat verklagt werden, wenn Ansprüche aus einem Vertrag den Gegenstand des Verfahrens bilden und die betreffende Verpflichtung an einem Ort in diesem Mitgliedstaat erfüllt worden ist oder zu erfüllen wäre.

- Dieser Erfüllungsort ist bei dem Verkauf beweglicher Sachen – sofern vertraglich nichts anderes bestimmt ist – gemäß Art. 7 Nr. 1 b) EuGVVO der Ort, an den die *Ware geliefert worden ist oder hätte geliefert* werden müssen. Nach der Entscheidung des EuGHs vom 25.2.2010 (C-381/08, „Car Trim", vgl. dazu auch oben, *Fallbeispiel 2*) entspricht dieser Ort vorbehaltlich einer anderweitigen vertraglichen Vereinbarung der Parteien *dem Ort der körperlichen Übergabe der Ware an den Käufer, mithin dem endgültigen Bestimmungsort des Verkaufsvorgangs, an dem der Käufer die tatsächliche Verfügungsgewalt über die Waren erlangt hat oder hätte erlangen müssen*. Danach ist der *Sitz der K* Liefer- und auch Erfüllungsort i.S.v. Art. 7 Nr. 1 a) und b) EuGVVO, da die Milchsäure jeweils zum Sitz der K in H verbracht worden ist und die K erst dort Verfügungsgewalt über die Milchsäure erlangt hat.

2. Entgegenstehende Lieferortvereinbarung

65 An dieser Lösung kann sich nur etwas ändern, wenn die Vertragsparteien eventuell anderweitig eine eindeutige Lieferortvereinbarung getroffen haben.

2.1 Ausdrückliche Vereinbarung

66 Fraglich ist, ob die Vertragsparteien eine *Vereinbarung über den Lieferort* getroffen haben, die an dieser Zuständigkeit des Gerichts etwas ändern könnte.

Als Lieferortvereinbarung kommen *sämtliche* Regelungen eines Vertrages in Betracht, die einen bestimmten Willen der Parteien hinsichtlich des Lieferortes der Waren ohne Bezugnahme auf das jeweils anwendbare materielle Recht erkennen lassen (EuGH „Car Trim", aaO).

Eine ausdrückliche Lieferortvereinbarung haben die Parteien im vorliegenden Fall allerdings nicht getroffen.

2.2 Sonstige Kriterien

67 Ist eine Vereinbarung nicht ausdrücklich erfolgt, kommen gegebenenfalls andere Kriterien zu Anwendung. Hierzu gehören, wie der EuGH in seiner Entscheidung vom 9.6.2011 (C-87/10, „Electrosteel") klargestellt hat, *nicht nur Vertragsklauseln, die unmittelbar und ausdrücklich einen Lieferort festlegen*, sondern im Hinblick auf die Vorschrift des Art. 25 Abs. 1 Buchst. c) EuGVVO auch alle sonstigen Bestimmungen einschließlich der allgemein anerkannten und im internationalen Handelsverkehr üblichen Regelungen und Klauseln wie der *Incoterms, sofern diese eine eindeutige Bestimmung des Lieferortes zulassen*.

- Bestimmungen der vorgenannten Art sind allerdings besonders sorgfältig daraufhin zu prüfen, ob sie *lediglich Regelungen über die Gefahr- bzw. Kostentragung enthalten* oder ob durch sie auch der Lieferort der Waren festgelegt werden soll (EuGH aaO).
- Die Parteien haben die einzelnen Lieferungen übereinstimmend auf Grundlage der Incoterms-Klausel CPT abgewickelt.

- Zwar stellen die Regelungen von CPT hinsichtlich der „Lieferung" auf die Übergabe der Ware durch den Verkäufer an den mit dem Transport beauftragten Frachtführer und bezüglich des „Lieferortes" auf den Ort dieser Übergabe ab: So hat der Verkäufer nach CPT A2 die Ware zu liefern, indem er sie dem beauftragten Frachtführer übergibt. Nach CPT A3 der Klausel trägt der Verkäufer die Gefahr des Verlustes oder der Beschädigung der Ware, bis sie „gemäß A2 geliefert worden ist".

Hierbei handelt es sich nach der Rechtsprechung des OLG Hamm (aaO) allerdings **68**
primär um einen terminologischen Aspekt, der für sich genommen *keinen hinreichenden Rückschluss auf den Willen der Parteien zur Vereinbarung des Leistungsortes der V als Lieferort zulässt.* „Gegen einen entsprechenden Willen der Parteien spricht maßgeblich, dass nach der Rechtsprechung des EuGH der Ort der Leistungshandlung des Verkäufers bei Fehlen einer vertraglichen Vereinbarung gerade nicht der maßgebliche Anknüpfungspunkt für die Bestimmung des Lieferortes ist, sondern es insoweit auf den Ort der körperlichen Übergabe der Sache an den Käufer ankommt", OLG Hamm aaO.

Schließlich ergeben sich aus den Regelungen der CPT-Klausel keine hinreichenden **69**
Anhaltspunkte dafür, dass die Parteien durch die Verwendung von CPT einen bestimmten Lieferort vereinbaren wollten.

Bei CPT fallen Liefer- und Abnahmeort auseinander. Nach Regel CPT B2 hat der Käufer die Ware erst am Bestimmungsort abzunehmen. Auch den übrigen Regelungen von CPT ist nicht zu entnehmen, dass sich die Vertragsdurchführung auf einen bestimmten Ort konzentriert, der aus diesem Grund als vertraglich vereinbarter Lieferort anzusehen sein könnte. So sind Gefahr- und Kostentragung bei CPT differenziert in der Weise geregelt, dass der Käufer zwar die Gefahr ab dem Lieferort, also ab der Übergabe der Ware an die Transportperson trägt, der Verkäufer aber die Beförderung bis zum endgültigen Bestimmungsort zu organisieren und die entsprechenden Kosten zu tragen hat. Zudem ist der Verkäufer, soweit anwendbar, auch nach CPT A7 verpflichtet, die Ausfuhrabfertigungsformalitäten durchzuführen.

3. Ergebnis

Vor diesem Hintergrund stellt CPT primär nur eine Gefahr- und Kostenregelung **70**
dar, deren Verwendung allein keinen hinreichenden Rückschluss auf den Willen der Parteien zur Vereinbarung eines bestimmten Lieferortes zulässt.

71

Checkliste „Lieferort"	
Lieferort	Der Ort, an dem eine Lieferverpflichtung zu erfüllen ist. Dieser Ort soll *möglichst konkret benannt* werden. Wird er nicht festgelegt, gilt die Niederlassung des Käufers als Lieferort.

Checkliste „Lieferort"	
Vereinbarung	Als Lieferortvereinbarung kommen *sämtliche Bestimmungen eines Vertrages* in Betracht, die einen bestimmten Willen der Parteien hinsichtlich des Lieferortes erkennen lassen. Ergänzend sind auch im internationalen Handelsverkehr übliche Regelungen und Klauseln wie die *Incoterms* heranzuziehen, *sofern diese eine eindeutige Bestimmung des Lieferortes zulassen*. Es ist dann aber sorgfältig zu prüfen, ob Incoterms *lediglich Regelungen über die Gefahr- bzw. Kostentragung enthalten* oder ob durch sie auch der Lieferort der Waren festgelegt werden soll (EuGH).
CISG	Norm des CISG, die ergänzend heranzuziehen sein kann: Art. 31.

5. Begriff „Lieferung"

Der Begriff „Lieferung" hat im Handelsrecht und in der Handelspraxis mehrere Bedeutungen. In der „Einführung zu den älteren Incoterms 2010" erläutert die ICC mehrere Begriffe, darunter auch das Wort „Lieferung". Hier wird mit Lieferung der *„Ort...bezeichnet, an dem die Gefahr des Verlusts oder der Beschädigung vom Verkäufer auf den Käufer übergeht"*. **72**

Die neuen Incoterms 2020 enthalten diese eindeutige Definition nicht mehr, sondern formulieren in der „Einführung" in den Ziffern 16 bis 20 einen umfangreichen *Text zum Lieferort,*

- an dem der Gefahrübergang (Einführung Ziffer 19) erfolgt
- und die Kostenteilung stattfindet (Einführung Ziffer 20).

Für die Praxisfragen reichen diese Erläuterungen alleine nicht aus, da nach dem Verständnis der Praxis an das Wort „Lieferung" unterschiedliche Folgen – und nicht nur die Problematik der Festlegung des Gefahrübergangs – angeknüpft werden.

Die Incoterms sprechen davon, dass der Verkäufer die Pflicht hat, die Ware zu *liefern* (A2). Hier ist problematisch, in welchem Moment die Ware beispielsweise bei einem Frachtführer abgeliefert wird und damit die Situation eintritt, in der der Käufer die Ware „übernimmt" beziehungsweise entgegennehmen muss. **73**

Die Incoterms verwenden in A2 die Formulierungen unterschiedlich, je nachdem, was mit der Ware *am vereinbarten Ort* gerade geschieht. Es geht dabei um:

- „Zurverfügungstellung der Ware" (EXW),
- „Lieferung" (FCA)
- oder „Übergabe" (CPT, CIP),
- „entladebereit" (DAP, DDP) oder „entladen" (DPU) zur Verfügung gestellt
- oder „längsseits" (FAS) oder „an Bord eines Schiffes" verbracht (FOB, CFR, CIF).

Die „Ablieferung" wird schwierig, wenn ein Nachweis darüber zu erbringen ist, dass eine Ware tatsächlich übergeben wurde, insbesondere wenn die Übergabe nicht an den Abnehmer selber, sondern an einen Beförderer (im Sinne des Art. 67 CISG) erfolgt.

Zur Auslegung der Liefervarianten kann auf Art. 30 CISG (*Pflicht* des Verkäufers zur Lieferung) sowie Art. 31 CISG verwiesen werden, der sich mit dem *Inhalt* der Lieferpflicht befasst. Dabei unterscheiden sich die auch in den Incoterms-Regeln so gebrauchten Rechtsbegriffe wie folgt: **74**

- eine Zurverfügungstellung bedeutet lediglich, dass der Liefernde zur Übertragung der Sachherrschaft an der Ware bereit ist und dem Empfänger die Übernahme ermöglicht,
- während die Übergabe dagegen bedeutet, dass der Liefernde dem Empfänger der Leistung die Sachherrschaft überträgt.

Fall 8: Nachweis der Übergabe an den ersten Beförderer

Ein italienischer Exporteur E fertigt Schuhe und liefert diese FCA Incoterms 2020 nach Deutschland. Bei den letzten Schuhlieferungen gibt es Streit. Der Exporteur behauptet, der deutsche Abnehmer habe Waren bestellt. Diese wurde nach Behauptung des Exporteurs der Spedition S zum Transport übergeben, was sich im Nachhinein aber nicht mehr nachweisen lässt, da keine Dokumente über den Transport vorliegen. Der Exporteur geht nur davon aus, dass der deutsche Abnehmer die Warenlieferung erhalten hat.

Der deutsche Abnehmer wiederum bestreitet den Erhalt der Ware und verweigert die Bezahlung der Schuhlieferungen.

Kann der Exporteur den Kaufpreis mit Hinweis auf die Übergabe der Ware an die Spedition zu Recht fordern? (Fall nach LG Darmstadt, Urt. v. 21.3.2013, abgedruckt in IHR 2014, 69 f).

Lösungsweg

75 Der Exporteur kann die Bezahlung zu Recht fordern, wenn er seine Lieferpflicht nach Incoterms-Regel FCA A2 bereits mit Übergabe der Warenlieferung an den S als „ersten fremden Beförderer" erfüllt hat und dies auch nachweisen kann. Fraglich ist hier, ob die Übergabe der Ware an einen fremden Beförderer grundsätzlich schon zur Erfüllung der Leistungspflicht nach A2 ausreicht oder ob weitere Voraussetzungen zu erfüllen sind.

Die Regelungen des CISG kommen hier nicht nur als Hilfe zur Auslegung der Incoterms-Regeln zur Anwendung, sondern grundsätzlich auch schon deshalb, weil die Geschäftspartner ihre Sitze in Vertragsstaaten des CISG haben (vgl. Art. 1 CISG).

1. Lieferung

76 Der Begriff Lieferung in der Incoterms-Regel A2 beschreibt die zentrale Pflicht des Verkäufers. In Art. 30 CISG zielt der Ausdruck „Lieferung" auf die bloße Leistungshandlung ab, zu der der Verkäufer verpflichtet ist, um dem Käufer den Besitz an der Ware zu verschaffen. Der zu bewirkende Leistungserfolg, nämlich der Besitzerwerb des Käufers, ist hingegen nicht mit eingeschlossen.

77 Festzuhalten ist zunächst, dass die Incoterms-Regeln die Formulierung so verwenden, wie auch der Ausdruck im Sinne des Art. 30 CISG genutzt wird. Art. 30 CISG weicht von der „normalen" Übergabe nach den deutschen Kaufrechtsvorschriften des § 433 Abs. 1 BGB dadurch ab, dass der Verkäufer zur bloßen „Lieferung", nicht aber zur „Übergabe" (wie in § 929 BGB gefordert) verpflichtet ist. Dieser Unterschied ist aber nicht sachlich, sondern nur rechtstechnisch zu verstehen:

- Während der Ausdruck *„Lieferung"* auf eine Leistungshandlung abzielt, zu der der Verkäufer verpflichtet ist, um dem Käufer den Besitz an der Ware zu verschaffen,
- schließt der Ausdruck *„Übergabe"* auch den Leistungserfolg, nämlich die Inbesitznahme durch den Käufer mit ein.

2. Ergänzende Festlegungen bei Anwendung des CISG

2.1 Art. 30 CISG

Art. 30 CISG geht über den Begriff der „Lieferung" hinaus und fordert, dass der Verkäufer alle die Ware betreffenden Dokumente zu übergeben und das Eigentum an der Ware zu übertragen hat. Dieser Aspekt kann hier nicht vertieft werden, da der Ausgangsfall hierzu keine weiteren Angaben macht. **78**

Streitig ist im Ausgangsfall dagegen, ob überhaupt eine „Lieferung" als solche erfolgt ist, da die Ware einem Beförderer zum Transport übergeben worden war. Hierfür ist Art. 67 CISG heranzuziehen.

2.2 Übergabe nach Art. 67 CISG

Art. 67 Abs.1 CISG sieht bei einer Beförderung der Ware durch einen Dritten vor, dass die *Ware dem ersten Beförderer zur Übermittlung an den Käufer übergeben* wird (Art. 67 Abs. 1 Satz 1 CISG). Es reicht nicht, dass der Verkäufer die Ware nur zur Verfügung stellt, sondern er muss sie in die Obhut des Beförderers übergeben. Dabei differenziert das CISG (anders als die Incoterms-Klauseln) nicht nach Transportarten, sondern verwendet nur den Begriff der *Übergabe*. Wann der Moment der Übergabe eintritt, kann aus der verwendeten Incoterms-Klausel entnommen werden. **79**

Vorausgesetzt wird ferner, dass die Ware eindeutig dem Vertrag zuordnungsfähig sein muss, Art. 67 Abs. 2 CISG. Dies kann durch an der Ware angebrachte Kennzeichnung geschehen oder durch Beförderungsdokumente oder Anzeige an den Käufer erfolgen. Genau dies wird hier aber vom Käufer bestritten.

2.3 Nachweis der Übergabe

Nach Art. 7 Abs. 2 CISG muss derjenige, der aus einer Norm die für ihn günstigen Rechtsfolgen herleiten möchte, das *Vorliegen dieser Voraussetzungen beweisen*. Daher muss der Verkäufer beweisen, dass die Voraussetzungen des Art. 67 CISG vorliegen. Mangels Transportnachweisen beziehungsweise wegen Fehlens der Bescheinigungen von S kann der E nicht nachweisen, dass er die Warenlieferungen zum Transport übergeben hat. **80**

3. Ergebnis

E kann daher keinen Kaufpreis fordern. **81**

82

Checkliste „Lieferung"	
Lieferung	Zentrale Verkäuferpflicht nach Incoterms-Regel A2 aller Incoterms-Klauseln. Leistungs*handlung* des Verkäufers, um dem Käufer Besitz an der Ware zu verschaffen. Der Leistungs*erfolg* (tatsächlicher Besitzerwerb des Käufers) wird nicht geschuldet.
Versand der Ware	Die Ware muss in die Obhut des Beförderers übergeben werden. Die Ware muss einem Kaufvertrag eindeutig zuordnungsfähig (durch Kennzeichnung, Dokumente, Anzeige an den Käufer) sein.
CISG	Normen des CISG, die ergänzend heranzuziehen sein können: Art. 30, Art. 67. Zur *Auslegung* der Liefervarianten der Incoterms-Regeln kann auf Art. 30 CISG (*Pflicht* des Verkäufers zur Lieferung) sowie Art. 31 CISG verwiesen werden, der sich mit dem *Inhalt* der Lieferpflicht befasst.

6. Begriff „Transportpapier"

Hinsichtlich der Rechtswirksamkeit, Beweiskraft und Durchsetzbarkeit eines Transportdokuments sind Besonderheiten zu beachten. So gibt es oft abweichende Verfahrensweisen: In einigen Staaten (Deutschland, China, Niederlande, Polen, Spanien, Türkei) ist das *Datieren* Pflicht, während andere diese Voraussetzung gar nicht kennen, sondern sie nur als allgemeine Praxis („common practice") sehen (USA, England, Australien, Kanada u.a.). **83**

Selbst wenn ein Datum auf das Konnossement gesetzt wird, gibt es noch unterschiedliche Verfahrensweisen: In einigen Staaten bezeichnet das Datum den Tag der *Unterzeichnung des Konnossements* (Korea, Italien, Japan, Niederlande), in anderen dagegen den Tag der *Ausstellung des Konnossements* (Deutschland, Polen) oder den Tag der *Inempfangnahme der Ware* zur Verladung an Bord des Schiffes (USA) oder den Zeitraum von bis zu 24 Stunden, gerechnet ab dem Moment der Verladung an Bord des Schiffes (Spanien). Die Incoterms-2020-Regeln A6 sehen jedenfalls *nur für alle C-Klauseln* eine Datierung des Transportdokuments vor, die „innerhalb der zur Versendung vereinbarten Frist erfolgen" soll.

Auch das *Unterzeichnen des Konnossements* ist weltweit unterschiedlich. In einigen Staaten ist es Pflicht (Argentinien, China, Japan, Niederlande, Polen, Spanien, Türkei), während andere Staaten hierin keine Pflicht sehen (Deutschland, USA, England, Australien u.a.). Stattdessen sind in diesen Staaten die Konnossemente „nur auf Wunsch" zu unterzeichnen (Deutschland) oder „üblicherweise", weil die Banken dies unter der Abwicklung von Dokumentenakkreditiven so vorschreiben (USA, England, Kanada u.a.). **84**

Über die Warenbeschreibung hinaus werden gelegentlich noch *weitere Angaben in den Transportdokumenten* verlangt. Einige Staaten verlangen, dass der Name des Carrier angegeben wird (Deutschland, China, Japan u.a.), teilweise sogar zusätzlich auch die Anschrift des Carrier (Deutschland, Norwegen u.a.), während andere die Nennung des Geschäftssitzes fordern (Italien).

Das Konnossement besteht üblicherweise aus einem Dokumentensatz, der sämtliche Originalausfertigungen (die Anzahl der Originalausfertigungen ist auf dem Vordruck zu vermerken) umfasst. Jede einzelne Ausfertigung der Originale repräsentiert die Ware und kann deshalb durch Vorlage den Herausgabeanspruch auslösen, während die restlichen Originalausfertigungen ihre Rechtsgültigkeit verlieren. **85**

Die Incoterms-2020-Regeln gehen in A6 aller C-Klauseln auf den „full set of documents" ein, soweit anwendbar.

Hinweise zum Zollwert

Der Rechnungspreis kann bei einem Transportschaden oder einem Teilverlust auf dem Transportweg, der vor der Verzollung der Waren eingetreten ist, entsprechend der Beschädigung oder des Teilverlustes gemindert werden, ohne dass Verkäufer und Käufer sich auf einen neuen Preis einigen. Die Nachweispflicht über **86** den Zeitpunkt der Beschädigung oder des Teilverlustes trägt der Anmelder. Als Nachweisdokument gegenüber der Zollbehörde kann – insbesondere hinsichtlich des Teilverlustes – das Transportpapier dienen, wenn daraus ersichtlich ist, dass die vollständige Ware zum Transport bereitgestellt wurde.

Fall 9: Fehlende Unterschrift auf Konnossement

Ein Hamburger Importeur (K) kauft bei einem spanischen Lieferanten (V) eine Ware zum Preis von € 50.000, FOB La Coruna, Incoterms 2020. Die Ware wird an Bord eines Schiffes verladen und nach Hamburg verschifft. Die Reederei stellt ein entsprechendes „Shipped on Board"-Konnossement aus, das mittels Computerprogramm erstellt wird. Die Unterzeichnung wird versehentlich unterlassen.

Bei Erhalt des Konnossements in Hamburg stellt K fest, dass die Unterschrift fehlt. Wegen der fehlenden Unterschrift wird K die Aushändigung der Ware in Hamburg verweigert.

Daraufhin besorgt V ein Ersatzdokument, das formgültig unterschrieben und dem K einen Tag später durch Kurier zugestellt wird.

Wegen der Verspätung ist K ein Schaden entstanden, den er von V ersetzt verlangt.

Lösungsweg

1. Anspruch auf Schadensersatz

K kann von V Schadensersatz fordern, wenn V ein formunwirksames Konnossement vorgelegt hat und dieses zur Verspätung der Warenausgabe in Hamburg und damit zu einem Schaden geführt hat. **87**

1.1 Pflicht des Verkäufers nach FOB

Die FOB-Klausel verpflichtet V dazu, **88**

- die Ware zu liefern, indem er sie an Bord des vom Käufer benannten Schiffes ... im benannten Verschiffungshafen verbringt (FOB A2)
- und auf eigene Kosten dem K gegenüber den üblichen Nachweis zu erbringen, dass die Ware gemäß A2 geliefert worden ist (FOB A6).

1.2 Üblicher Nachweis

Während die Lieferung an Bord des Schiffes im Hafen La Coruna unstreitig ist, ist fraglich, ob V „den üblichen Nachweis" im Sinne der FOB A6 erbracht hat. Dies ist hier ohne Weiteres der Fall, da das Konnossement die Mindestanforderung des „Nachweises" erfüllt. Im Übrigen gibt es zwar nicht in den neuen Incoterms 2020, wohl aber in der älteren Version der Incoterms 2010 eine einleitende „Auslegungsregel", wonach es für ein Transportpapier in der Regel ausreichend ist, dass das Dokument den Nachweis der Lieferung erbringt. Auch nach dieser Definition des „üblichen Nachweises" genügt das Vorhandensein des Konnossements. **89**

1.3 Voraussetzungen für das Transportdokument

90 Allerdings ist es notwendig, dass das Nachweisdokument auch *formgültig* ist. Sobald ein Konnossement als Transportpapier verwendet wird, sind alle Anforderungen zu beachten, die an dieses Papier gestellt werden. Da in Spanien die Unterzeichnung eines Konnossements verpflichtend ist, während eine Unterzeichnung in Deutschland nicht gefordert wird, hat V dem K zunächst ein formungültiges Konnossement zur Verfügung gestellt, das zu Recht im Bestimmungshafen nicht zur Abholung der Ware akzeptiert wurde. Daher hätte V dem K den wegen der Verspätung entstandenen Schaden zu ersetzen, falls es nicht noch einen Ausweg über eine Heilung des Formmangels gibt.

2. Rechtzeitige Heilung der Vertragswidrigkeit

91 Im internationalen Kaufrecht gibt es die Möglichkeit, eine Vertragswidrigkeit nachträglich zu heilen. Da im vorliegenden Fall das CISG anwendbar ist, könnte eine Behebung des Formmangels nach Art. 34 CISG möglich sein und bei gegebenen Voraussetzungen den V vielleicht noch von seiner Schadensersatzpflicht befreien.

Art. 34 CISG bestimmt: „Hat der Verkäufer Dokumente zu übergeben, die sich auf die Ware beziehen, so hat er sie zu dem Zeitpunkt, an dem Ort und in der Form zu übergeben, die im Vertrag vorgesehen sind. Hat der Verkäufer die Dokumente bereits vorher übergeben, so kann er *bis zu dem für die Übergabe vorgesehenen Zeitpunkt jede Vertragswidrigkeit der Dokumente beheben*, wenn die Ausübung dieses Rechts dem Käufer nicht unzumutbare Unannehmlichkeiten … verursacht."

Für das Konnossement bedeutet dies: Beim Versendungskauf sind Dokumente, die der Käufer zum Empfang der Ware benötigt, nach Absendung der Ware so zu übergeben, dass der Käufer sie spätestens bei Eintreffen der Ware in der Hand hat.

- Zum einen ist hier der Zeitpunkt verpasst, da K die Ware abholen wollte und erst dann auf die fehlende Unterschrift hingewiesen wurde.
- Zum anderen genügt nach Art. 34 Satz 2 CISG „jede Vertragswidrigkeit", also auch das bloße Fehlen einer Unterschrift.

3. Ergebnis

92 V bleibt daher gegenüber K wegen der Verspätung schadensersatzpflichtig.

Fall 10: Unreines Konnossement und CFR

Ein Importeur (K) in Lettland bestellt bei einem kleinen spanischen Zuchtbetrieb für Saatgut (V) eine Ladung Saatgut, CFR Riga, Incoterms 2020. Da V erstmals an K liefert, verlangt er die Stellung eines Dokumentenakkreditivs durch die Bank des K.

V liefert seine Palette mit dem bestellten Saatgut im Verschiffungshafen Barcelona in der Weise an, wie er seine Lieferungen üblicherweise ausliefert: in jeweils 20 kg schweren Pappkartons, die bunt beschriftet sind.

Der Reederei fällt diese Verpackung sofort als für Seefracht ungeeignet auf, sodass sie bei Ausstellung des Konnossements auf diesem den zusätzlichen Vermerk „PACKING NOT SUFFICIENT FOR SEA JOURNEY" anbringt.

Nachdem V alle für die Bedienung des Akkreditivs erforderlichen Exportdokumente der Zahlstellenbank vorgelegt hat, verweigert diese die Dokumentenaufnahme.

Zu Recht?

Lösungsweg

Die Bank darf die Aufnahme der Dokumente verweigern, wenn das An-Bord-Konnossement nicht „clean on board" ausgestellt ist. **93**

1. Pflicht des Lieferanten bei CFR

Die Incoterms Klausel CFR verpflichtet den V, die Ware in der Weise zu liefern, wie es die Incoterms-Regel CFR A2 vorschreibt. Hinsichtlich des Transportdokuments gilt gemäß CFR A6: **94**

- Der Verkäufer hat … dem Käufer … das übliche Transportdokument … zur Verfügung zu stellen. Das beim Seetransport „übliche" Dokument ist das Konnossement.
- CFR A6 verlangt weiterhin unter anderem, dass dieses Transportdokument „den Käufer berechtigen muss, die Herausgabe der Ware im Bestimmungshafen von dem Frachtführer zu verlangen…". Auch dieser Aspekt wird mit dem Konnossement erfüllt.

2. Unrein-Vermerk auf dem Konnossement

Der Verkäufer hat aber nicht nur seine unmittelbaren Pflichten aus der Incoterms-Klausel CFR, sondern darüber hinaus auch die Aufgabe, akkreditivgerechte Dokumente anzuliefern. Hierzu gehört beim Seetransport, dass als Erfüllungsnachweis für das Außenhandelsgeschäft sowie als zahlungsauslösendes Dokument unter dem Akkreditiv nur ein reines „clean on board L/C" zugelassen werden kann. **95**

Vermerke über äußerlich erkennbare Mängel einer Ware oder der Verpackung machen das Konnossement unrein.

Da der Verfrachter dafür haftet, dass er die Waren wie im Konnossement beschrieben an den Empfänger ausliefert (sog. Skripturhaftung), achtet er im eigenen Interesse darauf, alle erkennbaren Beschädigungen und Mängel ins Konnossement aufzunehmen.

Aufgrund der Verpackungsmängel ist der „Unrein-Vermerk" berechtigt. Da Banken unter Akkreditiven regelmäßig nur „clean on board"-Konnossemente akzeptieren, ist die Weigerung der Bank zur Dokumentenaufnahme berechtigt.

3. Ergebnis für CFR

96 Dies bedeutet im Ergebnis beim Einsatz von Incoterms-Klauseln, dass die bloße Lieferung eines Transportdokuments nicht ausreichend ist, um alle Leistungspflichten vertragsgemäß zu erfüllen. Wenn ein Transportdokument weitergehende Wirkung hat als nur einen Transport nachzuweisen, sondern darüber hinaus spezifische Funktionen wie etwa unter einem Akkreditiv zu erfüllen hat, muss darauf geachtet werden, dass das Transportpapier auch (unter dem Akkreditiv) aufnahmefähig ist, also „clean" sein muss.

97

Checkliste „Transportpapier"	
Transport-papier	Die Incoterms-Klauseln nennen in der Incoterms-Regel A6 die Anforderungen, die an das „Transportdokument" gestellt werden. Dabei ist die Ausgestaltung der Regel A6 bei den Incoterms-Klauseln unterschiedlich und fordert • entweder nur einen „üblichen Nachweis der Lieferung" (alle F-Klauseln in A6), • die Zurverfügungstellung des „üblichen Transportdokuments" (alle C-Klauseln in A6) • oder „alle erforderlichen Dokumente, … die die Übernahme der Ware ermöglichen" (alle D-Klauseln in A6).
Weitere Anforderungen	Es ist notwendig, dass das Nachweisdokument auch *formgültig* ist. Sobald ein Konnossement als Transportpapier verwendet wird, sind alle Anforderungen zu beachten, die an dieses Papier gestellt werden. Eine Heilung des *Formmangels* ist nur, wenn sie rechtzeitig erfolgt, nach Maßgabe von Art. 34 CISG möglich. Wenn ein Transportdokument weitergehende Wirkung hat als nur einen Transport nachzuweisen, sondern darüber hinaus spezifische Funktionen wie etwa unter einem Akkreditiv zu erfüllen hat, muss darauf geachtet werden, dass das Transportpapier auch (unter dem Akkreditiv) aufnahmefähig ist, also „clean" sein muss.

Checkliste „Transportpapier"	
CISG	Norm des CISG, die ergänzend heranzuziehen sein kann: Art. 34 CISG.

7. Begriff „Übernahme"

98 Die Verwendung des Begriffs der Übernahme geschieht in den Incoterms 2020 wie folgt: Der Ausdruck wird im Zusammenhang mit der Verpflichtung des Käufers verwendet, die Ware zu übernehmen (vgl. B2, „taking delivery"). Unterlässt der Käufer die Entgegennahme des Transportgutes, verletzt er seine Pflicht und macht sich damit gegenüber dem Verkäufer, der den Beförderungsvertrag mit dem Frachtführer abgeschlossen hat, hinsichtlich zusätzlich entstehender Kosten (z.B. Lagerkosten, die bis zur Entgegennahme anfallen) schadensersatzpflichtig.

99 Während der Begriff der „Abnahme" oder „Anerkennung" im juristischen Sprachgebrauch des Werkvertragsrechts in § 640 BGB (das auch für Beförderungsverträge einschlägig ist) meist so verstanden wird, dass der Käufer eine Ware oder ein erstelltes Werk im Wesentlichen als vollständig, fehlerfrei und damit vertragsgemäß anerkennt, hat der Begriff *Übernahme* der Incoterms-Klauseln diese Bedeutung *nicht*!

Stattdessen wird unter Übernahme nur die Bestätigung des Käufers verstanden, dass der Verkäufer seiner Verpflichtung nach A2 und A10 der Incoterms-Klauseln nachgekommen ist, also die Ware geliefert sowie den Käufer benachrichtigt hat. Der Käufer muss nach B2 die Ware „übernehmen", sobald der Verkäufer die nach A2 vorhandene Lieferhandlung am maßgeblichen Lieferort zur vorgesehenen Lieferzeit erbracht hat. Übernahme nach B2 der Incoterms-Regeln bedeutet *Übergang der Sachherrschaft an der Ware vom Verkäufer auf den Käufer* (oder eine von ihm bestimmte Empfangsperson), nicht aber die kaufvertragsgemäße Erfüllung. Ob der Käufer die Übernahme der Ware als nicht vertragsgemäß ablehnen kann, folgt aus dem anwendbaren Kaufrecht.

Daraus folgt zugleich, dass der Käufer etwaige Reklamationen wegen Fehlern der Ware oder einer nicht vertragsgemäßen Auslieferung nach wie vor erheben und als Anspruch nach den Regeln des für den Kaufvertrag geltenden (nationalen oder CISG-)Gewährleistungsrechts geltend machen kann.

100 Übernahme der Ware und/oder der Dokumente bedeutet also, dass

- der Käufer die Ware körperlich entgegennehmen (übernehmen) muss,
- was als rein tatsächliche Handlung
- und keinesfalls als „Abnahme oder Billigung als vertragsgemäß" zu verstehen ist. Der Käufer kann daher Ansprüche wegen Vertragswidrigkeit auch noch nach Übernahme geltend machen, solange er innerhalb einer angemessenen Frist rügt (beispielsweise nach Art. 39 CISG, soweit das CISG anwendbar ist).

Die Lieferklausel beschreibt in A2, welche Partei die Ware zu verladen bzw. abzuladen hat. Zur „Übernahme" der Ware gehört auch die Pflicht, die vom Verkäufer vorgelegten Dokumente (vgl. Art. 34 CISG) aufzunehmen. Nicht vertragskonforme Dokumente dürfen zurückgewiesen werden.

101 Bei EXW beispielsweise gehört die Verladung auf das abholende Beförderungsmittel nicht zu den Pflichten des Verkäufers; stattdessen muss der Verkäufer die Ware

so bereitstellen, dass der Käufer sie ohne Weiteres *übernehmen* kann. Bei einer Bereitstellung im Container muss dieser frei zugänglich sein (also ohne Behinderung durch andere Container übernahmefähig).

Sobald der Verkäufer die Ware „geliefert" hat, hat er seine kaufvertragliche Lieferverpflichtung (Incoterms-Regeln A2) erfüllt und dem Käufer „zur Verfügung gestellt". Ungeachtet dessen behält der Käufer etwaige Rechtsbehelfe wegen der Lieferung nicht vertragsgemäßer Ware.

Nicht geklärt wird durch die Incoterms, ob mit der Lieferung zugleich auch ein Eigentumsübergang erfolgt. Die Frage des Eigentumsübergangs wird weder durch die Incoterms noch durch das CISG geregelt; stattdessen sind für diese Problematik die Regeln des BGB im nationalen Warenverkehr einschlägig, oder es ist – soweit es *um grenzüberschreitenden Warenkauf* geht – nach den Grundsätzen des Internationalen Privatrechts zu ermitteln, welches nationale Sachenrecht zur Anwendung gelangt.

Fall 11: Mängelrüge nach FOB-Übernahme der Ware

Ein ungarischer Weizenexporteur (V) lieferte einem deutschen Abnehmer (K) 24 t ungarischen Weizens, „FOB Hafen Budapest Csepel, Incoterms 2020". Die Ware wurde in Csepel, unbeanstandet von K, verladen. Nach Anlieferung des Weizens in Deutschland ließ K einen Teil der Weizenlieferung untersuchen, wobei eine deutliche Bleibelastung festgestellt wurde. K rügte die Lieferung, verweigert die Bezahlung und verlangt von V die Rücknahme des Weizens. V, der in der Kürze der Zeit keine Ersatzlieferung bewerkstelligen kann, verlangt von K den vereinbarten Kaufpreis. Zu Recht? (Fall in Anlehnung an OLG Karlsruhe, Urteil vom 8.2.2006, 7 U 101/04).

Lösungsweg

1. Übernahme der Ware

1.1 Wirksamer Kaufvertrag nach CISG

102 V kann von K die Bezahlung der Weizenlieferung verlangen, wenn ein entsprechender Kaufvertrag entstanden ist und die Rüge des K zu spät (Nichteinhaltung der Rügefrist) oder zu Unrecht erfolgte.

Zwischen den Vertragspartnern ist ein Kaufvertrag zustande gekommen, für den das CISG anwendbar ist. Danach hätte V einen Anspruch auf Bezahlung der Lieferung.

1.2 Wirkung der FOB-Klausel

103 Fraglich ist, wie sich die Vereinbarung der Incoterms-Klausel FOB auf die Rechte und Pflichten der Parteien auswirkt. Nach FOB A2 hat V an Bord eines Schiffes zu liefern, während in demselben Moment der K die Ware zu übernehmen hat (FOB B2). Bis zu diesem Moment hat K nicht gerügt.

104 Der Kaufpreisanspruch des V ist *zum Zeitpunkt der FOB-Lieferung* (also im Moment der Verladung an Bord eines Schiffes) noch nicht durch Geltendmachung eines Rechtsbehelfs des K nach Art. 46 ff. CISG erloschen, da die Ware rügelos in Csepel verladen wurde und K bis zum *Moment der Übernahme* nach FOB (= Zeitpunkt der Verladung an Bord des Schiffes in Csepel) nicht nachgewiesen hatte, dass der verkaufte Weizen den Anforderungen des Vertrages nicht entsprach (Art. 35 CISG).

- Die körperliche *Übernahme* der Ware – vgl. Art. 60b CISG – erfolgte durch K im Zeitpunkt der Verladung auf das nach *FOB* im Hafen Budapest Csepel bereitgestellte Schiff.
- Zu diesem Zeitpunkt hatte V seine Lieferpflichten erfüllt und die Vertragswidrigkeit der Ware wurde seitens des K nicht gerügt.

- Die Übernahme der Ware versteht sich aber nicht im Sinne einer „Abnahme als vertragsgemäß", sondern ist nur die Anerkennung des K, dass V „geliefert" hat.

2. Rüge nach Übernahme

Fraglich ist daher, wie sich die nach Übernahme der Ware erfolgte Warenuntersuchung mit nachfolgender Rüge auswirkt. Da „Übernahme" der Ware (im Hafen Csepel Budapest) nicht gleichbedeutend mit rügeloser *Abnahme* der Ware ist, kann K nach Anlieferung der Ware eine Untersuchung beauftragen. Er könnte dann durch seine wenige Tage später erfolgte Rüge möglicherweise noch rechtzeitig gehandelt haben, sodass er gemäß Art. 49 Abs. 2 CISG die Vertragsaufhebung und die Rücknahme der fehlerhaften Warenlieferung verlangen sowie die Bezahlung verweigern kann. **105**

Hinweis auf den Zollwert

Die Erhebung von Einfuhr- oder Ausfuhrabgaben durch die Zollbehörden bedarf stets einer rechtlichen Grundlage. Werden *Abgaben angefordert, die nicht gesetzlich geschuldet* sind, hat der Abgabenschuldner deshalb einen Anspruch auf den Erlass oder die Erstattung dieser Abgaben. **106**

Würde die Einfuhrware nicht (wie im vorhergehenden Fall „Mängelrüge") innerhalb des EU-Binnenmarktes gehandelt, sondern stattdessen aus einem Drittland importiert und stellt sich nach der Verzollung der Ware heraus, dass diese *schadhaft* ist, kommt eine nachträgliche Korrektur (Minderung) des Zollwerts nur in Betracht, wenn Verkäufer und Käufer wegen der Schadhaftigkeit gemäß den vertraglichen oder gesetzlichen Gewährleistungspflichten innerhalb eines Jahres nach dem Datum der Annahme der Zollanmeldung *einen neuen Preis vereinbaren*. Voraussetzung ist, dass der Preis auch tatsächlich angepasst wird. Zahlt der Käufer trotz eines vorliegenden Mangels den vereinbarten Kaufpreis, so ist dies der tatsächlich gezahlte oder zu zahlende Preis. Eine Änderung des Zollwerts kommt hier selbst dann nicht in Betracht, wenn der Minderwert gutachtlich festgestellt wird. Für eine Korrektur des Preises nach Annahme der Zollanmeldung sind die Vorschriften über *Erstattung und Erlass* von zu hoch bemessenen Einfuhrabgaben nach Art. 117 UZK anzuwenden.

Die Ursachen einer unzutreffenden Abgabenanforderung können vielgestaltig sein. Möglich sind beispielsweise Fehler bei der Abgabenfestsetzung. Zu den am häufigsten vorkommenden Fehlern gehören dabei einfache Schreib- oder Rechenfehler, unrichtige Warennummern, ein unrichtiger Zollwert oder die Nichtberücksichtigung möglicher Abgabenbefreiungen, z.B. nach der Zollbefreiungsverordnung oder für Rückwaren.

Fälle für Erstattung: Nachträgliche Unterlage **107**

Solche Fehler bei der Abgabenfestsetzung sind allerdings nicht die Hauptursache für die Anforderung gesetzlich nicht geschuldeter Abgaben. In der Praxis am häufigsten wird ein Antrag auf Erlass oder Erstattung gestellt, weil nachträglich Unterlagen vorgelegt werden können, die einen Anspruch auf eine Abgabenbegünstigung oder -befreiung begründen (z.B. Präferenznachweise):

Bei der Einfuhrabfertigung kann eine Abgabenbegünstigung oftmals nicht gewährt werden, weil die hierfür erforderlichen Nachweise zwar existieren, den abfertigenden Zollbehörden aber nicht vorliegen. Über den Erlass bzw. die Erstattung wird dem Einführer deshalb die Möglichkeit gegeben, nachträglich eine Korrektur dieser für ihn ungünstigen Abgabenfestsetzung zu erwirken. Seit 1.5.2016 eröffnet der Gesetzgeber diese Möglichkeit sogar, wenn die Zollschuld gemäß Art. 79 UZK entstanden ist (Art. 56 Abs. 3 UZK in Verbindung mit Art. 86 Abs. 6 UZK), sofern der Verstoß, durch den die Zollschuld entstanden ist, nicht auf einen Täuschungsversuch zurückzuführen ist. Davon ist immer auszugehen, wenn der Zollschuldner wissentlich falsche Angaben macht, die ursächlich für die Höhe der Abgabenfestsetzung sind. Die nachträglich vorgelegten Unterlagen müssen sich zweifelsfrei auf die eingeführte, zu diesem Zeitpunkt oftmals nicht mehr körperlich prüfbare Ware beziehen. Anderenfalls kann dem Erlass- bzw. Erstattungsantrag nicht stattgegeben werden.

108 Nachträgliche Reduzierung des Kaufpreises

Auch eine nachträgliche Minderung des Kaufpreises wegen Schadhaftigkeit der Waren kann zu einem zu hohen Zollwert und damit zu einem Erlass- oder Erstattungsanspruch führen, *wenn die Waren bereits zum Zeitpunkt der Annahme der Zollanmeldung mangelbehaftet waren, die Preisminderung gemäß den vertraglichen oder gesetzlichen Gewährleistungspflichten des Kaufvertrages und innerhalb eines Jahres nach Annahme der Zollanmeldung erfolgte.*

109 Überzahlung

Daneben können auch Fehler bei der Abwicklung der Zahlung durch den Abgabenschuldner (z.B. Überzahlung oder Doppelzahlung) zur Entrichtung gesetzlich nicht geschuldeter Abgabenbeträge führen, woraus sich dann ein Erstattungsanspruch ergibt.

110

Checkliste „Übernahme"	
Übernahme	Verpflichtung des Käufers, die Ware zu übernehmen (vgl. B2, „taking delivery"): Unterlässt der Käufer die Entgegennahme des Transportgutes, verletzt er seine Pflicht und macht sich schadensersatzpflichtig.
Käuferpflicht im Einzelnen	Übernahme der Ware und/oder der Dokumente bedeutet, dass • der Käufer die Ware körperlich entgegennehmen (übernehmen) muss, • was als rein tatsächliche Handlung

Checkliste „Übernahme"	
	• und keinesfalls als „Abnahme oder Billigung als vertragsgemäß" zu verstehen ist. Der Käufer kann daher Ansprüche wegen Vertragswidrigkeit *auch noch nach Übernahme* geltend machen, solange er innerhalb einer angemessenen Frist rügt.
CISG	Normen des CISG, die ergänzend heranzuziehen sein können: Art. 49 und 39 CISG.

8. Begriff „Verladung"

111 Die Incoterms 2020 verwenden innerhalb mehrerer *Incoterms-Regeln A2* Begriffe, die entweder auf „keine Verladung" (EXW) oder aber auf

- eine Verladung (FCA),
- eine Ladestelle (FAS, FOB),
- eine Entladebereitschaft (FCA, DAP, DDP),
- ein Entladen (DPU) oder aber auf
- ein Verbringen an Bord (FOB, CFR, CIF)

verweisen. Weitere Definitionen, wie diese Vorgänge genau einzuordnen sind und welche Rechte und Pflichten der Beteiligten damit umfasst werden, gibt das Textbuch der Incoterms 2020 selber aber nicht. Eine **Hilfestellung** kann man daher finden,

- sofern es eine *zusätzliche kaufvertragliche Vereinbarung* zwischen den Parteien zum Verlade-/Abladevorgang gibt, die über die bloße Verabredung der Incoterms-Klausel hinausgeht, in allgemeinen transportrechtlichen Grundsätzen nationaler Transportrechtsgesetze (z.B. §§ 407 ff. HGB) oder internationalen Regelwerken (wie etwa CMR, CMNI usw.),
- oder aber teilweise auch in *zusätzlichen Publikationen der Internationalen Handelskammer*, die Auslegungshilfen und Praxishinweise enthalten, wie etwa der „ICC Guide on Transport and the Incoterms 2010 Rules", ICC Publikation Nr. 775 ED, oder auch die „Incoterms 2010 Q & A, Questions and Expert ICC Guidance on the Incoterms 2010 Rules", ICC Publikation Nr. 744 E (beide Texte gibt es bisher noch nicht für die neue Version der Incoterms 2020).

112 **Zusätzliche kaufvertragliche Vereinbarung, über die Incoterms-Klausel hinausgehend**

Alle Incoterms-Klauseln 2020, die in irgendeiner Weise den Verlade-/Abladevorgang im Rahmen der bevorstehenden oder abgeschlossenen Beförderung der Ware ansprechen, enthalten *keine* zusätzliche,

- über die bloße Bereitstellung zur Übernahme der Ware
- oder aber – alternativ – keine über die Gewahrsamsverschaffung/Verschaffung der tatsächlichen Sachherrschaft an der Ware *hinausgehende Verpflichtung des Verkäufers*, etwa zur Ladungsstauung, Ladungssicherung usw.

Der Grund dafür besteht darin, dass die Incoterms-Klauseln eine kaufvertragsrechtliche Vereinbarung zwischen Verkäufer und Käufer sind, deren Wirkung sich darin erschöpft, eine Lieferhandlung und Übernahmehandlung (im Sinne der Incoterms-Regeln A2/B2) zu verabreden.

Anders kann die Situation nur sein, *wenn der Verkäufer beispielsweise in der Funktion eines „Absenders" im Binnenschiffstransport eine spezielle (zusätzliche) Verpflichtung der Ladungssicherung inne hat* (z.B. nach Art. 6 Abs. 4 CMNI: „Vorbehaltlich der dem Frachtführer obliegenden Pflichten hat der Absender die Güter zu laden und nach Binnenschifffahrtsbrauch zu stauen und zu befestigen, soweit im Frachtvertrag nicht etwas anderes vereinbart wurde" oder nach Art. 17 Abs. 4 CMR: „Der Frachtführer ist ... von seiner Haftung befreit, wenn der Verlust oder die Beschädigung .... entstanden ist durch: (c) Behandlung, Verladen, Verstauen oder Ausladen des Gutes durch den Absender ...").

Auf weitere, allgemeine Grundsätze des Transportrechts zur Feststellung besonderer Lade-, Stauungs- oder Sicherungspflichten des Verkäufers muss man daher bei Anwendung der Incoterms 2020 nur dann zurückzugreifen, wenn es – über die kaufvertragsrechtliche Vereinbarung hinausgehend – eine entsprechende zusätzliche verkehrsrechtliche/frachtrechtliche Vereinbarung zwischen den Parteien gibt. Dies ist beispielsweise immer dann der Fall, wenn die Vereinbarung einer Incoterms-2020-Klausel durch Erweiterung oder Ergänzung abgeändert wird, wie beispielsweise *„Die Lieferung erfolgt FCA Incoterms 2020; der Verkäufer hat bei Verladung für ordnungsgemäße und verkehrssichere Stauung und Sicherung der Ware zu sorgen"*. Eine solche Vereinbarung ist aus Sicht des Warenkäufers immer sinnvoll, wenn er keine Verantwortung für Ladungssicherheit tragen will. **113**

Will man die zusätzlich vom Verkäufer vertraglich übernommene Verpflichtung näher auslegen, kommen dafür

- zunächst die Transportrechtsnormen der §§ 407 ff. HGB in Betracht, soweit *nationale Beförderungen* vorgesehen sind,
- sowie das CMR für den *internationalen Straßengüter Transport*. Das CMR jedoch verweist ausschließlich nur in Art. 17 IV c CMR, unter der Überschrift der *Haftungsbefreiung des Frachtführers*, auf haftungsbefreiende Umstände im Zusammenhang mit der „Behandlung, dem Verladen, Verstauen oder Ausladen des Gutes durch den Absender, den Empfänger oder Dritte...". Da das CMR keine abschließende Kodifikation des grenzüberschreitenden Straßengüterverkehrs darstellt, sondern nur einige wichtige frachtrechtliche Fragen klärt, ist das *dann maßgebende nationale Recht nach allgemeinen international privatrechtlichen Grundsätzen zu ermitteln*.

Hier ist dann folgende Abstufung vorzunehmen: **114**

- Zunächst ist entscheidend, ob die Vertragspartner eine individuelle Vereinbarung hinsichtlich des geltenden (nationalen) Rechts getroffen haben. Die *Wahl einer Incoterms-Klausel* ist hier allerdings noch nicht ausreichend für ein „ausdrücklich vereinbartes Recht", sondern allenfalls ein möglicher Hinweisgeber (von eventuell mehreren vorhandenen Indizien für ein hypothetisch gewähltes Recht) auf die Rechtsordnung des Verkäufers (EXW) oder des Käufers (D-Klauseln). Ein viel stärkeres Gewicht als die Incoterms 2020 hat die Vereinbarung der Vertragsparteien, wenn sie etwa die ADSp 2016 zugrunde gelegt haben, denn damit ist der Wille der Parteien, nationale deutsche Regelungen zu verwenden, deutlich.

- Lässt sich eine individuelle Vereinbarung der Geltung eines bestimmten nationalen Rechts nicht erkennen, kommt in der abgestuften, zweiten Überlegung die *Verordnung (EG) Nr. 593/2008 des Europäischen Parlaments und des Rates vom 17. Juni 2008 über das auf vertragliche Schuldverhältnisse anzuwendende Recht (Rom I)* in Betracht. Hier ist dann insbesondere Art. 5 Abs. 1 ROM I VO heranzuziehen, der Folgendes normiert: „(1) Soweit die Parteien in Bezug auf einen Vertrag über die *Beförderung von Gütern keine Rechtswahl* nach Artikel 3 ROM I VO getroffen haben, ist das Recht des Staates anzuwenden, in dem der *Beförderer seinen gewöhnlichen Aufenthalt* hat, sofern sich in diesem Staat auch der Übernahmeort oder der Ablieferungsort oder der gewöhnliche Aufenthalt des Absenders befindet. Sind diese Voraussetzungen nicht erfüllt, so ist das Recht des Staates des von den Parteien vereinbarten Ablieferungsorts anzuwenden". Kommt man über diese Regelung zur Anwendung deutschen Zivil- und Handelsrechts, sind die Normen der §§ 407 ff. HGB und eventuell noch weitere Normen des BGB heranzuziehen.

Fall 12: Verladefehler des Absenders

Verkäufer V beauftragte das türkische Speditionsunternehmen S, eine aus mehreren Einzelteilen bestehende Klimaanlage aus der Türkei nach Lübeck zu befördern. Von dort sollten die Teile zum Weitertransport an die russische Käuferin – K – verschifft werden. S beantragte – ausgehend von den Angaben zur Höhe der Packstücke in der Packliste der Verkäuferin V – bei der deutschen Straßenverkehrsbehörde eine Ausnahmegenehmigung für einen Großraumtransport mit einer Transporthöhe von 4,35 m, die ihr für eine vorgeschriebene Fahrtroute auch erteilt wurde.

Einige Tage später kam es bei einem Sattelzug, der nach Darstellung der Spedition S von Angestellten der Verkäuferin V und unter Aufsicht eines von V abgestellten Mitarbeiters beladen worden war, bei einer unverschuldeten Notbremsung des Fahrers unter einer Autobahnbrücke zu einer kurzzeitigen Verschiebung der Ladung und zugleich zu einer Kollision mit der Deckenunterseite einer Autobahnbrücke auf der A5 in Fahrtrichtung Kassel. Dabei wurde das Transportgut teilweise beschädigt.

Die russische Empfängerin der Ware – K – verlangte von der Spedition S oder alternativ vom Verkäufer V Schadensersatz in Höhe von € 55.000 und berief sich auf die Geltung der CMR. Zu Recht? (Fall in Anlehnung an BGH Urteil vom 19.3.2015, I ZR 190/13).

Lösungsweg

1. Grundsätzliches

In diesem Fall ist keine Incoterms-Klausel vereinbart gewesen. Dies spielt für das **115**
Ergebnis auch keine Rolle, da die Vereinbarung von Incoterms lediglich kaufvertragliche Pflichten, aber keine sicherungstechnischen Pflichten zur Verladung der Ware begründet.

Daher kann sich ein Anspruch der K nur aus der Verletzung von Pflichten aus dem Beförderungsvertrag ergeben. Der Ausgangsfall des BGH befasste sich hier mit möglichen Ansprüchen aus CMR.

2. Geltung der CMR

2.1 Haftung nach Art. 17 CMR

K kann Schadensersatz von Spedition S verlangen, wenn die S die Verantwortung **116**
für die fehlerhafte Beladung der Fahrzeuge trug und die Voraussetzungen für eine Inanspruchnahme nach CMR erfüllt sind.

Zunächst ist davon auszugehen, dass auf den von V in Auftrag gegebenen Transport die Bestimmungen der CMR anwendbar sind. Die Vorschriften der CMR gelten nach Art. 1 Abs. 1 des Übereinkommens für jeden Vertrag über die entgeltliche Beförderung von Gütern auf der Straße mittels Fahrzeugen, wenn der Ort der Übernahme des Gutes und der für die Ablieferung vorgesehene Ort in zwei verschiedenen Staaten liegen, von denen mindestens einer ein Vertragsstaat ist. Im Streitfall sollte das Gut mit dem Lkw aus der Türkei nach Lübeck befördert werden.

Deutschland und die Türkei gehören zu den Vertragsstaaten der CMR. Nach Art. 17 Abs. 1 CMR haftet **der Frachtführer** für die Beschädigung des Gutes, sofern diese zwischen dem Zeitpunkt der Übernahme des Gutes und dem seiner Ablieferung eintritt. Zwischen den Beteiligten ist nicht in Streit, dass im Haftungszeitraum an zwei Packstücken auf dem Sattelzug der Streithelferin ein Schaden eingetreten ist. Also könnte der Anspruch gegen S zu Recht bestehen.

2.2 Haftungsbefreiung nach CMR

117 Von der Haftung nach Art. 17 Abs. 1 CMR ist der Frachtführer gemäß Art. 17 Abs. 4 Buchst. c CMR vorbehaltlich des Art. 18 Abs. 2 bis 5 CMR aber befreit, wenn die Beschädigung des Gutes auf einen *Verlade- oder Verstaufehler des Absenders* zurückzuführen ist. Dabei umfasst das Verladen nicht nur das Verbringen des Gutes auf das Transportfahrzeug, sondern auch dessen Befestigung und Sicherung auf dem Fahrzeug.

Für die Anwendung des besonderen Haftungsausschlusstatbestandes gemäß Art. 17 Abs. 4 Buchst. c CMR kommt es maßgeblich darauf an, wer die Verladung tatsächlich ausgeführt hat (BGH Urteil vom 25.1.2007, I ZR 43/04). **Hat der Absender (hier also der V) die Verladetätigkeit vorgenommen, muss er ordnungsmäßig verladen.** Dazu gehört, dass durch die Art der Verladung Schäden, die dem Gut während der Beförderung drohen, nach Möglichkeit vermieden werden (§ 412 Abs. 1 HGB). Kommt es zu einer Höherstauung der Ladung wegen einer Notbremsung, spricht dies dafür, dass die Verladung normalen Beförderungsbedingungen nicht entsprochen hat, weil auch Notbremsungen zu den vorhersehbaren Transportbedingungen zählen.

118 Da der V die Ware verladen hat, wäre der Schaden V gegenüber geltend zu machen, nicht aber gegenüber S.

Es obliegt dem Frachtführer nach Art. 18 Abs. 2 CMR, zu den Voraussetzungen des *Haftungsbefreiungstatbestandes* des Art. 17 Abs. 4 Buchst. c CMR substantiiert vorzutragen. Dem ist S nachgekommen. S hat geltend gemacht, nicht die Überschreitung der bewilligten Gesamthöhe von 4,35 m, sondern ein Verschieben der Ladung und eine dadurch kurzfristig bedingte Höherstauung des Gutes wegen einer Notbremsung unter der Autobahnbrücke habe zur Kollision mit der Brücke geführt. Die Autobahnbrücke habe mit der tatsächlichen maximalen Gesamthöhe des Transports von 4,51 m eigentlich problemlos unterquert werden können. Das Fahrzeug mit den beschädigten Packstücken habe nach der Kollision seine Fahrt fortsetzen und die Brücke ohne weitere Probleme unterfahren können. Des Weiteren hatte S vorgetragen, dass ihr von der zuständigen Behörde dieselbe Fahrtroute vorgegeben worden wäre, wenn sie eine Ausnahmegenehmigung für eine Gesamthöhe von 4,51 m beantragt hätte.

Eine dem Haftungsbefreiungstatbestand des Art. 17 Abs. 4 Buchst. c CMR unterfallende *mangelhafte Ladung oder Stauung des Transportgutes kann daher nur dann vorliegen, wenn der Absender bei der Beladung die behördlich genehmigte Transporthöhe überschritten hat* (österr. OGH, TranspR 2013, 344, 347). Dies ist bei Verladung, die unter Kontrolle eines von der Klägerin hierfür abgestellten Mitarbeiters erfolgte, aber nicht der Fall gewesen.

3. Ergebnis

K kann weder von V noch von S Schadensersatz nach CMR verlangen. Wegen des **119**
internationalen Gütertransports scheidet eine mögliche Haftung nach § 411 HGB aus.

Fall 13: Verpackung bei Verladung im Container

Verkäuferin V in München ließ eine Warensendung, die aus mehreren auf Paletten verpackten Kartons bestand und vorsorglich zusätzlich in Containern verstaut war, von Spedition S per Lkw zum Flughafen München transportieren.

Von dort gelangte die Warensendung per Flugzeug nach Hamburg, wo sie – durch Nässe total beschädigt – bei Käufer K ankam. V konnte durch den Luftfrachtbrief nachweisen, dass sich die Sendung bei der Übernahme durch den Luftfrachtführer in München noch in einwandfreiem Zustand befunden hatte, sodass der Schaden erst vor oder bei der Auslieferung an den im Luftfrachtbrief genannten Empfänger K eingetreten sein konnte. Daher könne ihn, V, keine Verantwortung mehr treffen.

K überlegt nun, ob das Transportrisiko bei ihm lag oder ob er von V oder S Schadensersatz verlangen kann. (Fall in Anlehnung an BGH Urteil vom 9.6.2004, I ZR 266/00).

Lösungsweg

1. Verpackungspflicht

120 Zur Verpackungspflicht enthält § 411 HGB die entscheidende Vorschrift: „(1) Der Absender hat das Gut, soweit dessen Natur unter Berücksichtigung der vereinbarten Beförderung eine Verpackung erfordert, so zu verpacken, dass es vor Verlust und Beschädigung geschützt ist und *dass auch dem Frachtführer keine Schäden entstehen.* (2) Soll das Gut in einem Container, auf einer Palette oder in oder auf einem sonstigen Lademittel, das zur Zusammenfassung von Frachtstücken verwendet wird, zur Beförderung übergeben werden, hat der Absender das Gut auch in oder auf dem Lademittel beförderungssicher zu stauen und zu sichern. (3) …".

§ 411 HGB stellt klar, dass eine *fehlerhafte Verpackung* nicht den Frachtführer, sondern *den Absender* trifft. Ein Frachtführer ist kein Spezialist von Verpackungen und er hat oft auch keine Kenntnis von den Eigenschaften des beförderten Gutes, sodass er nicht in der Lage ist, den Transportvorgang auf die Eigenschaften des beförderten Gutes abzustimmen.

K kann daher von S keinen Ersatz für den Transportschaden verlangen.

2. Container als Verpackungsmittel

121 Kann sich K an V wenden mit Hinweis darauf, dass die Ware nicht ordnungsgemäß verpackt wurde und daher eine Verantwortung des V für den Schaden am Transportgut bestand?

Ein befördertes Gut benötigt eine Verpackung immer dann, wenn nur die Verpackung geeignet ist, das Gut vor Beschädigung und Verlusten zu schützen. Der Absender muss seine Güter daher „verpacken", wenn sie nur in verpacktem Zustand befördert werden können. Dabei kann auch das Transportmittel selbst eine Verpackung darstellen (z.B. ein Kesselwagen), und auch Container können eine Verpackung sein. Container sind von dauerhafter Beschaffenheit und genügend widerstandfähig, um die Beförderung von Gütern durch ein oder mehrere Verkehrsmittel ohne Umpacken der Ladung zu ermöglichen, und können leicht umgeladen sowie einfach be- und entladen werden. Container sind daher selber Verpackungs- und Lademittel (§ 411 HGB) und sind in besonderem Maße geeignet, Kartonware während des Transports vor Beschädigung und Verlust zu schützen.

Der Frachtvertrag im Lufttransport wurde zwischen dem Absender V oder durch 122
den von diesem beauftragten Ablader S und dem Luftfrachtführer geschlossen. Der vom Absender und Frachtführer unterzeichnete *Luftfrachtbrief* dient dabei – bis zum Beweis des Gegenteils – als Nachweis für Abschluss und Inhalt des Frachtvertrages sowie für die Übernahme des Frachtgutes durch den Frachtführer (§ 409 Abs. 1 HGB). Im internationalen Transport befindet sich die entsprechende Regelung in Art. 9 Abs. 2 CMR. Der Luftfrachtbrief begründet damit die – widerlegbare – Vermutung, dass das Frachtgut und seine Verpackung bei der Übernahme durch den Frachtführer in äußerlich gutem Zustand waren und dass die Anzahl der Frachtstücke und ihre Zeichen und Nummern mit den Angaben im Luftfrachtbrief übereinstimmen. Hier hatte der Luftfrachtbrief den einwandfreien Zustand des Transportgutes bestätigt.

3. Ergebnis

K kann sich daher wegen des Schadens auch nicht an V wenden, sondern muss 123
– wegen Übergangs der Sachgefahr nach § 447 BGB (bzw. vergleichbar nach Art. 67 CISG im internationalen Warenverkehr) – den Schaden selber tragen.

Fall 14: Verkäufer schließt Transportvertrag ab

Verkäufer V und Käufer K schließen einen Kaufvertrag unter Zugrundelegung folgender Incoterms-Klausel ab: „V liefert die Ware FCA Berlin, Incoterms 2020 und ist auch für den Abschluss des Transportvertrages verantwortlich". Die Ware wurde in einwandfreiem Zustand auf dem Firmengelände des V auf einen LKW verladen.

Aufgrund eines von Mitarbeitern des V zu vertretenden Verpackungsfehlers kommt es während des LKW-Transports zu einer Beschädigung der Ware, sodass K von V Schadensersatz verlangt. Zu Recht?

Lösungsweg

1. Verantwortung für die Verladung und Incoterms

124 Die Incoterms-Regel FCA A2 legt in ihrem Absatz 3 fest: „Die Lieferung ist abgeschlossen, wenn der Lieferort auf dem Gelände des Verkäufers liegt, sobald die Ware auf das vom Käufer bereitgestellte Beförderungsmittel verladen worden ist." Danach hätte also der K den Transportauftrag abschließen müssen. Im vorliegenden Fall jedoch hat V sich um den Transport gekümmert. Zur Klärung derartiger Problemstellungen kann eine spezielle ICC-Publikation Hilfe anbieten.

Die ICC-Publikation „ICC Guide on Transport", Publikation Nr. 775 ED, beschreibt unter der Klausel „FCA, Frage 1: „Wie wird die Ware an den Frachtführer übergeben?" folgende Überlegungen.

1.1 Käufer organisiert den Transport

125 Danach bedeutet FCA, dass für den Fall, dass der benannte Ort beim Verkäufer liegt, die Lieferung dann erfolgt, „... wenn die *Ware auf das vom Käufer bereitgestellte Transportmittel* verladen wurde. Je nach Transportart, Transportvertrag ... *kann* der Vorgang des „Verladens" verschiedene Handlungen erfordern (Ladung an Bord abstellen, verstauen, trimmen, festzurren, sichern).

Entscheidend ist, dass der Verkäufer die Ware – so wie durch ein vom Frachtführer des Käufers ausgefertigtes Transportdokument belegt – in die Obhutshaftung des Frachtführers übergeben hat. Daraus ergibt sich: Der Verkäufer stellt die Ware nur zur Verladung bereit und hat weitergehende Verpflichtungen im Hinblick auf die Ladungssicherung nur, wenn die zusätzlich vereinbart wurde oder sich dies aus den näheren Umständen ergibt.

1.2 Verkäufer organisiert den Transport

126 Liegt dagegen, wie im vorliegenden Fallbeispiel, der *Sonderfall vor, dass der FCA-Verkäufer die Beförderung für den Käufer organisiert*, übernimmt der Verkäufer bei der Übergabe der Ware an den Frachtführer auch die sichere „Verladung".

Unabhängig davon, ob der „benannte Ort" dann das Gelände des Verkäufers oder ein anderer Ort ist (vgl. FCA-Regel A2 Absatz 3a und b), übernimmt hier der Verkäufer zugleich neben der kaufvertragsrechtlichen Verpflichtung zur Übergabe der Ware auch die *Verantwortung für eine ordnungsgemäße Verpackung und Sicherung der Ladung*.

2. Ergebnis

Wegen der von V zu vertretenden fehlerhaften Verladung/Verpackung kam es zum Transportschaden, den V dem K zu ersetzen hat. **127**

128

Checkliste „Verladung/Entladung"	
Grundsatz	Alle Incoterms-Klauseln 2020, die in irgendeiner Weise den Verlade-/Abladevorgang im Rahmen der bevorstehenden oder abgeschlossenen Beförderung der Ware ansprechen, enthalten *keine zusätzliche*, • über die bloße Bereitstellung zur Übernahme der Ware • oder aber – alternativ – keine über die Gewahrsamsverschaffung/der tatsächlichen Sachherrschaft an der Ware hinausgehende Verpflichtung des Verkäufers, etwa zur Ladungsstauung, Ladungssicherung usw. Der Grund dafür besteht darin, dass die Incoterms-Klauseln eine kaufvertragsrechtliche Vereinbarung zwischen Verkäufer und Käufer sind, deren Wirkung sich darin erschöpft, eine Lieferhandlung und Übernahmehandlung (im Sinne der Incoterms-Regeln A2/B2) zu verabreden.
Ausnahme	Eine Verpflichtung des Verkäufers, die über die kaufrechtliche Verpflichtung zur Bereitstellung der Ware oder Verschaffung des Gewahrsams an der Ware hinausgeht – etwa zur Stauung, Sicherung usw. der Ware beim Verladevorgang – muss sich • entweder aus einer *zusätzlichen Verpflichtung* zur verabredeten Incoterms-Klausel ergeben • oder daraus, dass der Verkäufer die Organisation der Beförderung übernommen hat, obwohl die gewählte Incoterms-Klausel ihn hierzu eigentlich nicht verpflichtet hätte.

9. Begriff „Transportversicherung"

129 Die Incoterms-Regeln enthalten jeweils in A5/B5 eine Bestimmung zum Versicherungsvertrag.

- Entweder hat der „Verkäufer gegenüber dem Käufer keine Verpflichtung, einen Versicherungsvertrag abzuschließen (EXW, FCA, CPT, DAP, DPU, DDP, FAS, FOB, CFR),
- oder aber der Verkäufer hat auf eigene Kosten eine Transportversicherung abzuschließen, die zumindest der Mindestdeckung gemäß den Klauseln C der Institute Cargo Clauses ... entspricht (CIF) oder – und dies ist in den neuen Incoterms 2020 erstmals für CIP so vorgegeben – die vorgeschriebene Deckungshöhe nach den Institute Cargo Clauses (A) oder gleichwertig entspricht.

130 In den Fällen der vereinbarten Versicherungspflicht (CIP, CIF) geht es also um eine Transportversicherung, die entweder eine Mindestdeckung (CIF) oder aber eine „all risks" Deckung (CIP) aufweisen muss. Die Institute Cargo Clauses 2009 gibt es in drei Kategorien:

- Kategorie C (für CIF anwendbar) bietet nur einen Mindestschutz bei Elementarschadensereignissen (große Havarie, Feuer, Naturkatastrophen),
- Kategorie B nimmt nur die Schadensereignisse in Deckung, die in der Versicherungspolice aufgeführt sind,
- und Kategorie A (für CIP anwendbar) gewährt den umfangreichsten Versicherungsschutz mit voller Indeckungnahme aller Risiken.

131 Will der Käufer also erreichen, dass er auch bei CIF weitgehenden oder umfassenden Versicherungsschutz erhält, muss er dies über die Incoterms-Klausel CIF hinaus ausdrücklich vereinbaren.

Auch der Bezug zum CISG ändert an dieser Situation nichts. Zwar normiert Art. 32 CISG einige Verpflichtungen des Verkäufers hinsichtlich der Beförderung der Ware und geht in Art. 32 Abs. 2 CISG davon aus, dass „der Verkäufer...die Verträge zu schließen hat, ..., die zu den *für solche Beförderungen üblichen Bedingungen erforderlich* sind", doch lässt sich hieraus noch nicht zwingend eine Versicherungspflicht des Verkäufers herleiten.

132 Bei klarer Festlegung der Vertragsparteien, die sich für eine Incoterms-Klausel entscheiden, wird die Versicherungspflicht geregelt: Eine Versicherungspflicht (mindestens Kategorie C) besteht nur, wenn die Klausel CIF oder CIP vereinbart wurde.

Ansonsten entscheidet der Maßstab, dass *eine Versicherung „üblich"* im Sinne von Art. 32 Abs. 2 CISG ist, was der Fall ist, wenn

- ein entsprechender Handelsbrauch im Sinne des Art. 9 Abs. 1 CISG festzustellen ist,
- oder wenn wertvolle Waren versendet werden, deren Wert die bei der gewählten Transportart gesetzlich oder frachtvertraglich vorgesehenen Haftungshöchstgrenzen erheblich übersteigt.

- Für Inhalt und Umfang der Versicherung gilt das von den Parteien Vereinbarte, und wenn dieses nicht vorliegt, der von Art. 32 Abs. 2 CISG vorgesehene Maßstab des Angemessenen und Üblichen.

Hinweise zum Zollwert

Versicherungskosten werden nach Art. 71 Abs. 1 Buchst. e Unterabsatz (i) UZK bei den Hinzurechnungen der Ermittlung des Zollwerts der Einfuhr erfasst. Dies gilt für alle Incoterms-Klauseln 2020 außer für CIP und CIF, wenn der Käufer/Importeur eine Transportversicherung abgeschlossen hat. **133**

Diese Bestimmung sieht eine Hinzurechnung zum tatsächlich gezahlten oder zu zahlenden Preis bis zum Ort des Verbringens vor. In der Vorschrift werden die *Versicherungskosten gemeinsam mit den Beförderungskosten genannt*, was verdeutlicht, dass nicht alle vorstellbaren Versicherungskosten in Bezug auf die eingeführten Waren erfasst werden sollen, sondern nur die, die im Zusammenhang mit der Lieferung und Beförderung der zu bewertenden Waren bis zum Verbringungsort entstanden sind.

Die Kosten für eine *Transportversicherung* sind daher immer dem gezahlten oder zu zahlenden Preis hinzuzurechnen, auch dann, wenn keine umfassenden Nachweise über die Höhe der Versicherungskosten bis zum oder nach dem Ort des Verbringens vorgelegt werden, und auch, wenn es sich hierbei um Kosten für eine Zweit- bzw. Doppelversicherung handelt.

Die Versicherungskosten sind *bis zum Ort des Verbringens* hinzuzurechnen, da eine Transportversicherung sich regelmäßig nicht nach der Beförderungsstrecke, sondern stattdessen nach dem Wert der versicherten Ware richtet.

Für die Incoterms-Klauseln CIF und CIP dagegen besteht die Besonderheit, dass hier die *Beförderungskosten die Transportversicherung enthalten*. Daher kommt hier die Ausnahme nach Art. 72 Buchst. a UZK in Betracht, wonach „bei der Ermittlung des Zollwerts … *nicht einzurechnen* [sind]: (a) *Beförderungskosten für die eingeführten Waren* nach deren Eingang in das Zollgebiet der Union…". Die Bestimmungen des Art. 72 UZK dienen der Zollwertermittlung nach der Transaktionswertmethode (Art. 70 UZK). Da die Kosten für die Transportversicherung bei CIP und CIF in den Beförderungskosten enthalten sind, können sie bei Ermittlung des Zollwertes nicht (erneut) „hinzugerechnet" werden.

Fall 15: Versicherungspflicht und Handelsbrauch

Ein deutscher Baumwollhändler (K) bestellt auf der Basis der Bedingungen der Bremer Baumwollbörse eine Schiffsladung Baumwolle bei einem ägyptischen Lieferanten (V) „cif Bremen, Incoterms 2020". Während der stürmischen Seereise nach Deutschland wird die Ware beschädigt, sodass K von V Schadensersatz verlangt. V dagegen ist der Ansicht, dass ihn die Incoterms-Klausel „cif" nur zur Versicherung gemäß Institute Cargo Clauses C verpflichtete, was er eingehalten habe; weitergehende Schäden habe er nicht versichert. Kann K von V Schadensersatz verlangen?

Lösungsweg

1. Versicherungspflicht nach CIF

134 K kann von V Schadensersatz verlangen, wenn er – über die eigentliche CIF-Verpflichtung hinaus – *alle* Risiken des Seetransports hätte absichern müssen.

Auf der Grundlage des Kaufvertrages mit darin enthaltener CIF-Klausel ist V lediglich verpflichtet, auf eigene Kosten eine Transportversicherung entsprechend der Mindestdeckung der Institute Cargo Clauses Kategorie C abzuschließen. Diese Mindestdeckung schließt allerdings nicht „all risks" ein und deckt die Schäden des vorliegenden Schadensfalls nicht ab.

2. Weitergehende Pflicht gemäß Art. 32 Abs. 2 CISG

2.1 Grundsätzliche Pflicht

135 Das CISG ist anwendbar, da beide Parteien ihre Niederlassung in Vertragsstaaten haben, Art. 1 CISG. Art. 32 CISG erlegt dem Verkäufer zusätzliche Verpflichtungen auf, die sich aus der Beförderung der Ware ergeben. Da zur Beförderung unter bestimmten Voraussetzungen auch eine Versicherung gehören kann, sind die Voraussetzungen insbesondere von Art. 32 Abs. 2 CISG zu prüfen.

Art. 32 Abs. 2 CISG enthält keine Regelung zu der Frage, ob der Verkäufer zum Abschluss einer Versicherung verpflichtet ist. Andererseits kann allein aus der Tatsache, dass der Kaufvertrag zur Versicherung nichts aussagt, nicht geschlossen werden, dass es grundsätzlich keinerlei Verpflichtung des Verkäufers hierzu gibt. Vielmehr entscheidet nach Art. 32 Abs. 2 CISG der Maßstab, dass *eine Versicherung „üblich"* ist: Das ist der Fall, wenn ein entsprechender *Handelsbrauch im Sinne des Art. 9 Abs. 1 CISG* festzustellen ist oder wenn die Parteien (im Sinne von Art. 8 CISG) mit hinreichender Deutlichkeit auf einen „Gebrauch" hinweisen, auf ihn verweisen oder seine Geltung ausdrücklich vereinbaren. Zu den Handelsbräuchen im Sinne von Art. 9 Abs. 1 CISG zählen:

- Tegernseer Gebräuche für den Holzhandel

- Österreichische Holzhandelsusancen
- Bedingungen der Bremer Baumwollbörse usw.

2.2 Geltung von „Gebräuchen“

Im vorliegenden Fall haben sich V und K sogar ausdrücklich auf die Geltung der Bedingungen der Bremer Baumwollbörse geeinigt. Diese sehen in § 9 ausdrücklich vor: **136**

Wenn Käufer oder Verkäufer eine Verschiffung von Baumwolle versichern, die nach den Bedingungen der Bremer Baumwollbörse kontrahiert wurde, muss die Versicherung einschließen: „Seefrachtversicherung“ und „Transitversicherung“ in Übereinstimmung mit den Institute Cargo Clauses (A) …“.

3. Ergebnis

V hat bei Abschluss der Transportversicherung mit Kategorie C eine Unterdeckung vereinbart, obwohl er nach den „Gebräuchen“ zur Versicherung „aller Risiken“ (Kategorie A) verpflichtet gewesen wäre. **137**

V ist K gegenüber daher schadensersatzpflichtig.

Fall 16: Versicherungspflicht nicht vereinbart

Ein spanisches Industrieunternehmen (K) bestellte bei einem deutschen Produzenten (V) mehrfach eine speziell gefertigte und wertvolle Hardware für den Aufbau und die Erweiterung eines Rechenzentrums des K. Bei allen Lieferungen wurde zwischen V und K stets vereinbart: „cif all risks Hafen Barcelona, Incoterms 2020".

Bei der bisher letzten Lieferung, die V ausnahmsweise durch eigene Fahrer mit firmeneigenen LKW auf dem Landweg durchführte, wurde keine konkrete Incoterms-Klausel vereinbart.

Bei dieser LKW-Lieferung kommt es witterungsbedingt zu einer schweren Beschädigung der Ware, sodass K sich weigert, die Lieferung zu bezahlen – zu Recht?

Lösungsweg

1. Versicherungspflicht des V

138 K kann die Bezahlung der schadhaften Lieferung verweigern, wenn die Beschädigung der Ware in der Risikosphäre des V stattfand und V deshalb keinen Anspruch auf Bezahlung der Warenlieferung hat.

Zudem könnte erschwerend hinzukommen, dass V es versäumt hat, eine sachgerechte (all risks-)Transportversicherung der Warenlieferung vorzunehmen.

1.1 Versicherungspflicht nach CIF

139 Bei allen bisherigen Warenlieferungen oblag es dem V, entsprechend der vereinbarten Lieferbedingung „cif all risks" eine umfassende Versicherung der Lieferungen vorzunehmen.

Im konkreten Streitfall dagegen war es versäumt worden, eine entsprechende Lieferbedingung zu vereinbaren.

1.2 Versicherungspflicht auch ohne vereinbarte Lieferbedingung?

140 Fraglich ist, ob V auch *ohne vereinbarte Lieferbedingung* mit ausdrücklicher Weisung zum Abschluss eines Versicherungsvertrages, wie es bei „cif all risks" der Fall ist, eine entsprechende Versicherungspflicht hatte. Dann müsste es für ihn auch außerhalb einer ausdrücklichen Verabredung eine Verpflichtung dafür geben, den ausnahmsweise erfolgten LKW-Transport zu versichern.

Hierzu ist, wie im vorangehenden Beispielsfall bereits erläutert, auf der Grundlage des Art. 32 Abs. 2 CISG zu entscheiden.

- Bindend für Geschäftspartner können nach Art. 9 Abs. 1, 2. Halbsatz CISG auch „Gepflogenheiten … [sein], die zwischen ihnen entstanden sind". Bei den Gepflogenheiten kommt es nur auf die geschäftlichen Handlungen unter den beiden Vertragspartnern an, die eine gewisse Häufigkeit und Dauer, also mehr als eine einmalige Wiederholung, haben. Im vorliegenden Fall haben V und K alle bisherigen Lieferungen unter „cif all risks" abgeschlossen, sodass eine Gepflogenheit zwischen ihnen entstanden ist.

- Allerdings ist eine Beendigung oder Änderung der Gepflogenheit möglich, indem Verfahren und Abläufe geändert werden. Im Streitfall hat V erstmals im Straßentransport ausgeliefert, ohne dass für diesen Einzelfall eine Lieferbedingung vereinbart worden war. Dies könnte darauf hindeuten, dass damit die „Gepflogenheit" beendet wurde.
- Andererseits zeigt die Verstärkung der bisher geltenden Lieferbedingung „cif" um die Worte „all risks", dass es den Vertragsparteien stets bewusst war, dass die wertvolle Fracht (egal ob auf dem Schiffsweg oder auf andere Weise) nur mit umfassender Versicherung transportiert werden sollte.

Es ist daher darauf zu schließen, dass im konkreten Streitfall die Parteien tatsächlich nur vergessen hatten, eine Lieferbedingung mit Versicherungspflicht des V zu vereinbaren. K hätte daher von V zu Recht erwarten können, dass V wie immer die Warenlieferung umfangreich versichert.

3. Schadensersatzpflicht

Zur Hauptleistungspflicht des Verkäufers gehört es, dem Käufer eine mangelfreie **141**
Ware zu liefern. Fraglich ist, ob in diesem Fall der „Gefahrübergang" dazu führt, dass K das Risiko der nicht erfolgten Versicherung der Lieferung tragen muss.

Nach Art. 67 Abs. 1 CISG geht beim Versendungskauf, um den es im vorliegenden Fall geht, die Gefahr auf den Käufer über, sobald die Ware gemäß dem Kaufvertrag dem ersten Beförderer übergeben wird.

Im Streitfall hat eine solche Übergabe nicht stattgefunden. V hat die LKW-Lieferung mit eigenem Fahrzeug und eigenen Leuten durchgeführt, sodass kein Gefahrübergang von V auf K stattfand. Damit trug V die Sachgefahr des gesamten Transports: für Schäden hat er selber aufzukommen.

4. Ergebnis

V hätte daher aufgrund der Gepflogenheiten der Geschäfte mit K nicht nur eine **142**
Versicherungspflicht für den LKW-Transport gehabt. Er trug zusätzlich auch noch die Gefahr des Transports, da noch kein Gefahrübergang nach Art. 67 Abs. 1 CISG auf K stattgefunden hatte. Er kann daher von K keinen Kaufpreis für die beschädigte Warenlieferung fordern.

143

Checkliste „Transportversicherung"	
Versicherung	Die Incoterms-Regeln enthalten jeweils in A5/B5 eine Bestimmung zum Versicherungsvertrag. • Entweder hat der „Verkäufer gegenüber dem Käufer keine Verpflichtung, einen Versicherungsvertrag abzuschließen (EXW, FCA, CPT, DAP, DPU, DDP, FAS, FOB, CFR), • oder aber der Verkäufer hat auf eigene Kosten eine Transportversicherung abzuschließen, die bei CIF zumindest der Mindestdeckung gemäß den Klauseln C der Institute Cargo Clauses (oder gleichwertiger Bedingungen) und bei CIP der „all risks"-Absicherung gemäß der Klauseln A Institute Cargo Clauses entspricht. • Unterdeckung bei CIF vermeiden!
Versicherungspflicht auch ohne konkrete Vereinbarung	Nach Art. 32 Abs.2 CISG entscheidet der Maßstab, ob *eine Versicherung „üblich"* ist: Bei *Handelsbrauch oder Gepflogenheiten* der Parteien im Sinne von Art. 9 Abs. 1 CISG.
CISG	Normen des CISG, die ergänzend heranzuziehen sein können: Art. 32 und Art. 9 CISG.

10. Begriff „Ware"

10.1 Bewegliche Sache

Die Incoterms gehen durchweg vom Begriff der „Ware" aus, die Gegenstand eines Kaufvertrages zwischen Verkäufer und Käufer ist. Sei es in der „Einführung" zu den Incoterms, seien es die „Anwendungshinweise" oder aber die Incoterms-Regeln selber, die die Rechte und Pflichten des Verkäufers (in A1–10) oder des Käufers (in B1–10) festlegen: Stets ist die Rede von *Ware*, die Gegenstand des Kaufgeschäfts, der Incoterms-Klauseln und der Incoterms-Regeln ist. **144**

Eine Definition des Begriffs „Ware" fehlt. Sie fehlt auch im CISG und wird daher in der internationalen Rechtspraxis autonom bestimmt. Sprachlich angelehnt an das englische Wort „goods" oder das französische „marchandises" kann auch das ältere Haager Kaufrecht mit dem Begriff „objets mobiliers corporels" Hilfestellung bieten: Unter Waren sind daher grundsätzlich nur **145**

- zur Zeit der *Lieferung*
- bestehende
- körperliche Sachen

zu verstehen. Auf die Form der Ware kommt es nicht an, auch nicht darauf, ob sie im Moment des Vertragsschlusses schon existiert oder erst noch hergestellt werden muss.

Da Waren beweglich sein müssen, können unbewegliche Vertragsgegenstände (also beispielsweise Immobilien, Grundstücke), aber auch Rechte (zum Beispiel Forderungen, Patente, Lizenzen, Know-how) keine „Ware" sein.

Die klare Zuordnung des Begriffs „Ware" spielt immer auch dann eine Rolle, wenn es zu unterschiedlichen Formen nicht ordnungsgemäßer Leistungserbringung durch die Vertragsparteien, etwa zu Verzug bei der Lieferung und Bezahlung oder zu anderen Formen von Leistungsstörungen (etwa Unmöglichkeit, Wegfall der Geschäftsgrundlage usw.) kommt. In derartigen Fällen kann die Problematik nach dem CISG zu beurteilen sein, also nach dem „Übereinkommen der UN über Verträge über den *internationalen Warenkauf*". **146**

Das CISG differenziert zwischen wesentlichen und nicht wesentlichen Pflichtverletzungen (Art. 25 CISG) und gibt dem Gläubiger nur in Fällen einer wesentlichen Pflichtverletzung durch die andere Vertragspartei die Möglichkeit, die Aufhebung des Vertrages zu erklären oder vergleichbare Rechtsbehelfe einzusetzen. Typische Pflichtverletzungen im Zusammenhang mit der „Ware" sind etwa eine verspätete oder ganz ausbleibende Lieferung oder aber die Lieferung einer fehlerhaften (vertragswidrigen) Ware durch den Verkäufer. Andererseits kann aufseiten des Käufers eine wesentliche Pflichtverletzung darin bestehen, zu spät oder gar nicht zu zahlen oder aber die Ware nicht vertragsgemäß zu übernehmen. In all diesen und weiteren Konstellationen kommt es daher – auch – auf den Warenbegriff an.

Hinweise zum Zollwert

147 Art. 70 Abs. 1 UZK nennt den Begriff „Ware" im Zusammenhang mit dem Zollwert: „Die vorrangige *Grundlage für den Zollwert von Waren ist der Transaktionswert*, das heißt der für die Waren bei einem *Verkauf zur Ausfuhr* in das Zollgebiet der Union tatsächlich gezahlte oder zu zahlende Preis, der erforderlichenfalls anzupassen ist". Liegt ein bloßes Verbringen der Ware zum Beispiel zum Zweck der Lagerung vor, ohne dass die Ware in den freien Verkehr überführt oder wieder ausgeführt werden soll, ist Art. 70 UZK nicht anwendbar.

Die Zollwertermittlung auf Grundlage des Transaktionswertes setzt also die Merkmale

- eingeführte *Waren*
- und Verkauf zur Ausfuhr in das Zollgebiet der Union

voraus. Die Waren müssen also körperlich in das Zollgebiet der Union verbracht worden sein (VSF Z 5101 [5]), sodass Waren, die erst nach der Einfuhr entstehen, nicht zollpflichtig sind. Dabei versteht die genannte VSF-Vorschrift Waren als körperliche bewegliche Gegenstände und Strom, nicht aber Dienstleistungen, Informationen, Rechte (Marken, Patente, Muster).

Das Merkmal „Verkauf zur Ausfuhr in das Zollgebiet der Union" in Art. 70 Abs. 1 UZK bedeutet nach den in VSF Z 5101 [6] genannten Kriterien, dass ein Verkauf nur dann vorliegen kann, wenn der Verkäufer sich verpflichtet, dem Käufer das Eigentum an der Ware zu verschaffen und der Käufer hierfür einen vereinbarten Preis zahlen muss. Damit unterliegen kostenlose Lieferungen, Konsignationsgeschäfte, Leihe, Miete und Leasing u.a., die *kein Kaufgeschäft* sind, nicht der Ermittlung des Transaktionswertes nach Art. 70 UZK.

Fall 17: Verlust einer Marktstudie während des Transports

Ein Marktforschungsinstitut (M) erstellte im Auftrag eines ausländischen Unternehmens (A) eine umfangreiche Marktstudie, deren gesamtes Material im Original – und ohne vorherige Erstellung von Ablichtungen – in einem Kurierpaket an den Abnehmer A verschickt wurde.

Der von M eingesetzte Kurier verunglückte während des Transports schwer und sämtliche Unterlagen gingen verloren. Infolge der Nichtlieferung weigerte sich A, die Studie zu bezahlen. Kann M Bezahlung fordern? (Fall in Anlehnung an OLG Köln, Urteil vom 26.8.1994, 19 U 282/93).

Lösungsweg

M kann Bezahlung fordern, wenn der Gefahrübergang auf A erfolgt war. Vom Grundsatz her trägt der Verkäufer die Sachgefahr bis zur Übergabe der Sache an den Käufer, § 446 BGB. Erfolgt ein Versand der Sache auf Wunsch des Käufers, geht die Gefahr bereits früher, nämlich mit Übergabe an die Transportperson, auf den Käufer über, § 447 BGB. Da zwischen M und A kein Versand vereinbart worden war, würde es nach § 446 BGB noch am Gefahrübergang von M auf A fehlen, sodass die Rechnungsforderung zu Unrecht gestellt würde. **148**

Da es um ein internationales Geschäft geht, könnte das CISG zur Anwendung kommen, wonach ein Gefahrübergang nach Art. 66 CISG oder Art. 67 CISG erfolgen kann. **149**

Die Rechtsprechung hat im Ausgangsfall (s.o.) die Anwendbarkeit des CISG bestritten.

- Das OLG Köln bestreitet bereits die Anwendbarkeit des CISG. Zwar handelt es sich um einen internationalen Vertrag gemäß Art. 1 Abs. 1 CISG, da er zwischen Parteien geschlossen wurde, die ihren Sitz in verschiedenen Staaten haben.
- Das CISG ist jedoch deswegen nicht anwendbar, weil die vertragliche Vereinbarung zwischen den Parteien weder als Kaufvertrag über Waren nach Art. 1 Abs. 1 noch als ein diesem nach Art. 3 Abs. 1 CISG gleichzustellender Vertrag anzusehen ist.

Daneben hat die Rechtsprechung im Streitfall abgelehnt, dass es sich bei der Studie überhaupt um eine „Ware" im Sinne des CISG handelt. Dies würde dann in gleicher Weise auch auf die Auslegung der Incoterms anwendbar sein, die auf dem Begriff „Ware" aufbauen. **150**

OLG Köln aaO: „Nach Art. 3 Abs. 1 CISG findet das Vertragswerk des CISG zwar auch auf Verträge über die Lieferung herzustellender oder zu erzeugender Waren

Anwendung und umfasst damit auch den Werklieferungsvertrag. Die von M eingegangene Verpflichtung zur Durchführung der in Rede stehenden Marktstudie ist jedoch kein Werklieferungsvertrag im Sinne von Art. 3 Abs. 1 CISG, da M keine Ware zu liefern hatte. Als „Waren" sind nur bewegliche körperliche Sache anzusehen, die typischerweise den Gegenstand eines Handelskaufes bilden. Diese Begriffsauslegung findet in der englischen Fassung des UN-Vertragswerkes – dort lautet die Formulierung „supply of goods" – und in der französischen Fassung benutzten Wortwahl „fourniture de marchandises" ihre Entsprechung und Bestätigung. Eine Marktstudie ist nach dem hier entscheidenden Maßstab der Verkehrsanschauung kein typischer Gegenstand eines Handelskaufes. Denn ist der Zweck des letzteren in erster Linie auf die entgeltliche Übertragung von Eigentum und Besitz an der verkauften Sache gerichtet, so steht im vorliegenden Fall das Nutzungsrecht an einem geistigen Arbeitsprodukt im Vordergrund, das lediglich zum Zweck intellektueller Erfassbarkeit in schriftlicher Form verkörpert wird, wobei die Form der Verkörperung für den Auftraggeber der Untersuchung von nachrangiger Bedeutung ist."

Ein vorzeitiger Gefahrübergang von M auf A, etwa schon bei Übergabe der Studie an den Kurierdienst, ist daher auch nicht aus dem CISG zu folgern.

Da damit noch kein Gefahrübergang von M auf A vorlag, erfolgten der Einsatz des Kurierdienstes sowie der Verlust der Marktstudie auf Risiko des M. M kann daher von A keine Bezahlung fordern.

10.2 Software

151 Der Warenbegriff bereitet oft auch Schwierigkeiten, wenn es um Software geht. „Ware" setzt Körperlichkeit voraus, sodass Know-how oder Computerprogramme im Regelfall nicht „Ware" sein können. Software wird daher im Regelfall nicht als Ware angesehen, während diese Schwierigkeit bei Hardware (also beispielsweise dem Rechner, PC) nicht besteht.

Bei Software ist zwischen *Individualsoftware* und *Standardsoftware* zu unterscheiden. Schließen Vertragsparteien einen Vertrag über die Erstellung eines individuellen Computerprogramms ab, überwiegen die arbeits- oder dienstvertraglichen Pflichten, was wegen Art. 3 Abs. 2 CISG zum Ausschluss des CISG führt.

Handelt es sich dagegen um einen Vertrag über Standardsoftware, scheidet das Ausschlusskriterium des Art. 3 Abs. 2 CISG aus. Das CISG ist dann anwendbar. Dies allerdings nur, wenn die Standardsoftware *dauerhaft überlassen* wird. Eine nur zeitweilige Überlassung von Software, bei der die Nutzungsberechtigung nach vereinbartem Zeitablauf zurückgegeben werden muss, schließt die Anwendbarkeit des CISG aus.

Hinweis zum Zollwert

Software ist eigentlich keine „Ware". 152

Anders ist es nach einem Grundsatzurteil des EuGH vom 18.4.1991, C 79/89 Brown Bovery & Cie. nur, wenn ein derartiges *immaterielles Wirtschaftsgut mit einer Ware „verbunden" ist.* In dieser Rechtssache spielte es keine Rolle, ob die auf den Datenträgern gespeicherten Daten und Programmbefehle später anwenderspezifisch verändert oder von den Datenträgern gelöst werden konnten, da für die Festsetzung des Zollwerts der Zeitpunkt der Einfuhr maßgebend und zu diesem Zeitpunkt die Software mit den Datenträgern verbunden war, EuGH aaO.

Software muss hinsichtlich ihres Wertes also dann dem Transaktionswert des Computers nach Art. 71 Ziffer 1 Buchst. c hinzugerechnet werden, wenn der Wert der Software *als immaterielles Wirtschaftsgut* nicht in dem für diesen Computer tatsächlich gezahlten oder zu zahlenden Preis enthalten ist, sondern dem *Käufer kostenlos zur Verfügung gestellt wurde*, um bei der Herstellung des PC auf der Festplatte der Computer installiert zu werden (EuGH, Urteil vom 16.11.2006, C-306/04, Compaq. – Zum Zollwert von auf DVD gespeicherten Filmen vgl. auch BFH, 27.2.2007, VII R 25/06 und BFH, 4.7.2013, VII R 56/11).

Fall 18: Software und UN-Kaufrecht

Ein deutsches Unternehmen (K) bestellte bei einem österreichischen IT-Unternehmen (V) eine CD-ROM mit Programmen, die im internen Firmennetzwerk eingesetzt werden sollten. Es stellte sich heraus, dass nicht alle Programme auf der CD enthalten waren. Nach Reklamation von K übermittelte V fehlende Programme über Telefonleitung. K forderte weiterhin die Belieferung mit einer CD-ROM, die vertragsgemäß sämtliche Software enthalten sollte. V ist der Ansicht, dass Softwarelieferungen teilbar seinen und kam daher der Aufforderung des K auf Neulieferung einer vollständigen CD-ROM nicht nach. K macht Ansprüche nach CISG geltend. Zu Recht? (Fall in Anlehnung an OGH, Urteil vom 21.6.2005, 5 OB45/05m).

Lösungsweg

1. Anwendbarkeit des CISG auf Softwarekauf

153 K kann Gewährleistungsansprüche nach CISG geltend machen, wenn das CISG anwendbar ist. Dies setzt einen Warenkauf voraus. Das CISG ist auf Kaufverträge über *Waren* zwischen Parteien anzuwenden, die ihre Niederlassung in verschiedenen Staaten haben, oder wenn die Regeln des internationalen Privatrechts zur Anwendung des Rechtes eines Vertragsstaates führen (Art. 1 Abs. 1 Buchst. a und b CISG). Dazu muss das zu beurteilende Rechtsgeschäft ein Kaufvertrag über Waren sein.

154 Auch der entgeltliche Erwerb von Computerprogrammen ist nach Auffassung des OGH (aaO) sowie der herrschenden Meinung im Schrifttum als Kauf von beweglichen körperlichen Sachen anzusehen, sodass das CISG anzuwenden ist. Die Übergabe einer Programm-CD gehört gerade beim Softwarevertrag neben der Ablieferung einer Bedienungsanleitung zu den Hauptleistungspflichten, sodass bei Nichtauslieferung einer vollständigen CD-ROM von einer wesentlichen Vertragsverletzung durch die Klägerin gesprochen werden kann.

155 Die dauerhafte Überlassung einer auf Datenträgern verkörperten Standardsoftware gegen Zahlung eines einmaligen Entgelts wird nach Auffassung des OGH (aaO) als Kauf einer beweglichen Sache qualifiziert, wodurch der Vertrag nach CISG zu beurteilen ist, sofern die Parteien seine Anwendung nicht ausgeschlossen haben (Art. 6 CISG). Dem folgt seither die höchstrichterliche Rechtsprechung (zuletzt OGH, Urteil vom 24.11.2010, 9 OB76/10g: Dies gilt allgemein für Softwareüberlassungsverträge, bei denen der Vertragszweck in der unbeschränkten und unbefristeten Verwendung der Software besteht und die Eigentumsübertragung dem Willen der Parteien entspricht.).

2. Käuferansprüche bei unvollständiger Software

Liefert der Verkäufer nur einen Teil der Ware oder ist nur ein Teil der gelieferten Ware vertragsgemäß, so gelten für den Teil, der fehlt oder der nicht vertragsgemäß ist, die Art. 46 bis 50 CISG (Art. 51 Abs. 1 CISG). Der Käufer kann nur dann die Aufhebung des gesamten Vertrages erklären, wenn die unvollständige oder nicht vertragsgemäße Lieferung eine wesentliche Vertragsverletzung darstellt (Art. 51 Abs. 2 CISG). **156**

Nach Art. 25 CISG ist eine von einer Partei begangene Vertragsverletzung wesentlich, wenn sie für die andere Partei solchen Nachteil zur Folge hat, dass ihr im Wesentlichen entgeht, was sie nach dem Vertrag hätte erwarten dürfen, es sei denn, dass die wortbrüchige Partei diese Folge nicht vorausgesehen hat und eine vernünftige Person der gleichen Art diese Folge unter den gleichen Umständen auch nicht vorausgesehen hätte. Damit von einer wesentlichen Vertragsverletzung im Sinne des Art. 25 CISG gesprochen werden kann, muss der vertragstreuen Partei ein Nachteil entstanden sein. Der Nachteil muss ein solches Ausmaß haben, dass dem Vertragspartner im Wesentlichen das entgeht, was er nach dem Vertrag hätte erwarten dürfen. Entscheidend ist die Vertragserwartung der vertragstreuen Partei. Es ist in erster Linie Sache der Parteien, im Vertrag selbst deutlich zu machen, welches Gewicht den einzelnen Teilleistungen zukommt. **157**

Die Teilbarkeit der Leistung ist grundsätzlich dann gegeben, wenn die Ware aus einer Sachmehrheit besteht, das heißt, sich aus mehreren selbständigen Gegenständen zusammensetzt, wobei jeder dieser Gegenstände für den Käufer eine eigenständige wirtschaftliche Einheit bildet.

Der Fall enthält keinen Anhaltspunkt dazu, welche Parteienvereinbarung der Lieferung zugrunde lag, das heißt, ob besprochen wurde, dass die Lieferung des Programms und der Module eine untrennbare Einheit bilden sollte und das Fehlen eines Softwaremoduls die Lieferung für die Beklagte wertlos macht oder eben nicht, bzw., falls Feststellungen dazu nicht möglich sind, welchen Einfluss das Fehlen eines Moduls auf die Nutzbarkeit der Programme und der anderen Module hat. Erst wenn also die näheren Umstände der Bestellung bzw. der tatsächlichen Verwendbarkeit der gelieferten Ware festgestellt sind, kann beurteilt werden, ob der durch die Vertragsverletzung eingetretene Nachteil derart wesentlich ist, dass die gelieferten Teile der Ware für sich allein für die Beklagte faktisch nicht brauchbar sind.

Die Nachlieferung des Programmmoduls über Telefonleitung entspricht heutigen Gepflogenheiten, Softwareteile unmittelbar online zu übermitteln. Die Funktionsfähigkeit des Gesamtprogramms wird dadurch nicht wesentlich gemindert, wenn der Nutzer das Gesamtprogramm nutzen kann. Die Verfügbarmachung des Moduls auf CD-ROM dient allerdings der Sicherung des Grunddatenbestands (Programms) und ist daher ein wesentlicher Bestandteil der Lieferverpflichtung. **158**

K kann daher nach CISG Lieferung einer vollständigen Programm-CD-ROM fordern.

159

Checkliste „Ware"	
Ware	Eine *Ware* ist Gegenstand des Kaufgeschäfts, der Incoterms-Klauseln und der Incoterms-Regeln. Eine Definition des Begriffs „Ware" fehlt in den Incoterms, auch im CISG. Unter Waren sind grundsätzlich nur • zur Zeit der *Lieferung* • bestehende • körperliche Sachen zu verstehen. Auf die Form der Ware kommt es nicht an, auch nicht darauf, ob sie im Moment des Vertragsschlusses schon existiert oder erst noch hergestellt werden muss. *Standardsoftware* kann Ware sein, wenn sie dauerhaft überlassen wird.

Teil 2: Praxisbeispiele für alle Incoterms-2020-Klauseln

1. EXW Ab Werk (benannter Lieferort)

Der Verkäufer prüft, ob 160

- *er bereit ist, dem Käufer die Ware beim Verkäufer oder an einem anderen benannten Ort (z.B. Werk, Fabrik, Lager usw.) zur Verfügung zu stellen,*
- *er nur bis zu diesem Ort die Gefahr tragen will,*
- *und ob er bereit ist, den Käufer so zu unterstützen, dass dieser die Ausfuhr durchführen kann.*

***Besonderheiten**:*

- *Falls der Verkäufer sich verpflichtet, die Ware zur Ausfuhr freizumachen: nicht EXW, sondern FCA*
- *Falls die Ware vom Verkäufer an einen Frachtführer zum Transport im Container, per Flugzeug, LKW oder Bahn oder im multimodalen Transport geliefert werden soll: nicht EXW, sondern FCA*
- *Falls die Ware an Bord eines Schiffes geliefert werden soll: nicht EXW, sondern FOB*
- *Falls die Ware vom Verkäufer längsseits des vom Käufer benannten Schiffes geliefert werden soll: nicht EXW, sondern FAS*

Der Käufer prüft, ob

- *er bereit ist, alle Kosten und Risiken ab Lieferort beim Verkäufer zu tragen,*
- *er bereit ist, die Ware am Lieferort des Verkäufers zu übernehmen*
- *und sich um die Beförderung zu kümmern,*
- *er ggf. in der Lage ist, für die Zollwertanmeldung die ab dem Lieferungsort anfallenden Lieferungskosten auf die außer- und innergemeinschaftlichen Streckenanteile aufzuteilen*
- *und ob er in der Lage ist, (ggf. ohne Unterstützung durch den Verkäufer) die Aus- und Einfuhrformalitäten zu erledigen und Genehmigungen zu beschaffen.*

***Besonderheiten*:**

- *Falls der Käufer nicht bereit ist, Risiken und Kosten ab Lieferort des Verkäufers zu tragen, kein EXW, sondern F-, C- oder D-Klausel.*
- *Falls der Käufer nicht in der Lage ist, die Ausfuhrformalitäten zu erledigen, kein EXW, sondern F-, C- oder D-Klausel.*

Anwendung der Klausel „EXW"

161 Die Klausel EXW („Ab Werk" … benannter Lieferort) bedeutet, dass der Verkäufer seiner Lieferpflicht dadurch nachkommt, dass er die Ware dem Käufer auf dem Gelände des Verkäufers oder an einem anderen benannten Lieferort (also beispielsweise einem Werk, einer Fabrikationsstätte, einem Lager usw.) zur Verfügung stellt, ohne dass er die Ware zur Ausfuhr freigemacht hat und die Ware bereits auf ein abholendes Beförderungsmittel verladen worden ist.

Die Parteien müssen lediglich den Ort der Lieferung benennen. Die Parteien sind jedoch gut beraten, auch die konkrete Stelle am benannten Lieferort so genau wie möglich zu bezeichnen. Eine genau benannte Lieferstelle ermöglicht es beiden Parteien, deutlich zu erkennen, wann bzw. wo die Ware geliefert wird und der Gefahrenübergang auf den Käufer erfolgt; eine solche präzise Angabe markiert auch den Punkt, ab dem die Kosten zulasten des Käufers gehen. Falls die Parteien eine genaue Lieferstelle nicht benennen, wird davon ausgegangen, dass man es dem Verkäufer überlässt, die Stelle auszuwählen, „die für diesen Zweck am besten geeignet ist".

162 Die Klausel EXW stellt eine Minimalverpflichtung für den Verkäufer dar, da der Verkäufer sich lediglich um die vereinbarte Zurverfügungstellung der Ware kümmern muss. Er hat noch bestimmte Nebenpflichten (wie etwa die Pflicht zur Benachrichtigung, damit der Käufer die Ware übernehmen kann (EXW A10), zur transportgerechten Verpackung (EXW A8) sowie zur Informationsverschaffung einschließlich transportbedingter Sicherheitsanforderungen, die der Käufer für die Organisation des Transports benötigt (EXW A4).

Die Lieferung und der Gefahrenübergang erfolgen nicht erst nach der Verladung der Waren, sondern wenn sie dem Käufer zur Verfügung gestellt werden. Die Gefahr des Verlusts oder einer Beschädigung der Waren während einer Verladung, die unter Umständen vom Verkäufer durchgeführt wird, könnte somit durchaus beim Käufer liegen, selbst wenn er an den Verladearbeiten nicht beteiligt ist. Angesichts dieser Möglichkeit wäre es ratsam, wenn die Parteien in den Fällen, in denen der Verkäufer die Verladung durchführen soll, vorab vereinbaren, wer die Gefahr des Verlusts oder von Beschädigungen der Waren während der Verladung trägt. Dies ist eine alltägliche Situation, da der Verkäufer in der Regel eher über die nötigen Verladeeinrichtungen auf seinem Gelände verfügt oder weil geltende Sicherheitsvorschriften den Zutritt zum Gelände des Verkäufers durch unbefugtes Personal verbieten. Wenn der Käufer jegliche Gefahren während der Verladung auf dem Gelände des Verkäufers vermeiden möchte, sollte er in Betracht ziehen, die FCA-Klausel für seinen Kaufvertrag zu wählen.

Eignung für Inlandsgeschäfte: Da die Lieferung erfolgt, indem die Waren dem **163**
Käufer auf dem Gelände des Verkäufers oder an einer anderen benannten Stelle – üblicherweise im Land des Verkäufers oder innerhalb derselben Zollunion – zur Verfügung gestellt werden, hat der Verkäufer keine Verpflichtung, die Ausfuhrabfertigung oder eine Transitabfertigung in Drittländern zu organisieren, die die Waren bei ihrer Durchfuhr passieren. EXW kann für Inlandsgeschäfte geeignet sein, bei denen nicht beabsichtigt ist, die betreffenden Waren zu exportieren. Die Beteiligung des Verkäufers an der Ausfuhrabfertigung beschränkt sich ggf. darauf, Unterstützung bei der Beschaffung von Dokumenten und Informationen zu leisten, die der Käufer möglicherweise für den Export der Waren benötigt.

Keine Eignung für Auslandsgeschäfte: Wenn der Käufer beabsichtigt, die Waren zu exportieren, und er Probleme bei der Erlangung der Ausfuhrabfertigung erwartet, wäre der Käufer besser beraten, die FCA-Klausel zu wählen, gemäß der die Verpflichtung und Kosten für die Erlangung der Ausfuhrabfertigung vom Verkäufer übernommen werden.

Fall 19: Grundlagen zu EXW

164 *Ausgangsfall: Das Exporthaus (E) hat für seine Produkte eine marktbeherrschende Stellung; im weltweiten Exportgeschäft ist man als Branchenführer bekannt. Vertriebsmitarbeiter von E bereisen Auslandsmärkte und tätigen ihre Geschäftsabschlüsse häufig nur mit Handschlag.*

Im Zuge einer Risikoanalyse im Unternehmen E fällt den Beratern auf, dass die Vertriebsmitarbeiter lediglich die wesentlichen Eckdaten ihrer Geschäfte, nämlich die verkaufte Ware sowie den Kaufpreis, ausführlich verhandeln und kontrahieren. Immerhin wird jedes Mal, immer im Zusammenhang mit der Kaufpreisvereinbarung, auch die Lieferbedingung „EXW [Incoterms®2020]" vereinbart. E ist der Ansicht, dass damit die Geschäfte „sicher" seien, es sei auch sowieso noch nie etwas schiefgelaufen.

Was sagt „EXW Incoterms 2020" aus, insbesondere im Hinblick auf die Rechte und Pflichten des Exporteurs? Worüber werden keine Vereinbarungen getroffen?

Lösungsweg

1. Rechte und Pflichten des Verkäufers unter EXW Incoterms 2020

1.1 Grundsätzliches

165 Die Klausel ist völlig unabhängig von der Transportart und dem Transportmittel (auch im multimodalen Transport) verwendbar. Die Klausel setzt keinen grenzüberschreitenden Handel voraus, sodass sie auch im Inlandsgeschäft Verwendung findet.

Die Vertragsparteien sollten den „Lieferort" so präzise wie möglich festlegen und benennen, da mit dem benannten Lieferort zugleich festgelegt wird, an welcher Stelle der Kosten- und Gefahrübergang vom Verkäufer auf den Käufer stattfindet. Hat der Verkäufer mehrere Fertigungsstätten oder Auslieferungslager, sollte die Festlegung des Lieferortes so genau wie möglich erfolgen.

166 Eine besondere Problematik kann der Bereich der Exportformalitäten sein. Zwar muss der Verkäufer den Käufer dahingehend unterstützen, dass dieser die gekaufte Ware auch ausführen kann; diese Unterstützung geht bei der Klausel EXW aber nicht so weit, dass der Verkäufer verpflichtet wird, die notwendigen Ausfuhrgenehmigungen zu beschaffen. Ist es bei der Art der Ware oder aufgrund besonderer gesetzlicher Bestimmungen im Exportland nur den Exporteuren gestattet, eine Ausfuhrgenehmigung zu beantragen, ist die Klausel EXW (aus Sicht des Käufers wegen EXW B7) nicht geeignet, da in diesen Fällen diese Lizenz nur vom Verkäufer beschafft werden kann.

Schließlich gibt die Klausel EXW dem Käufer keine Verpflichtung zur Informationsverschaffung gegenüber dem Verkäufer. Benötigt der Exporteur bestimmte Daten und Informationen, damit seine Lieferung zollrechtlich oder außenhandelsstatistisch überhaupt in den Export gehen kann, dann kann dies nur durch entsprechende Mitwirkung (also Information) des Käufers gelingen. Dies muss daher bei Vereinbarung von EXW gegebenenfalls zusätzlich berücksichtigt werden.

1.2 Wesentliche Pflichten des Verkäufers

Die Klausel EXW stellt in EXW A1 und EXW B1 klar: 167

- Der Verkäufer muss die Ware und die Warenrechnung in vertragsgemäßer Weise liefern und darf sich hinsichtlich der Dokumentation auch eines elektronischen Kommunikationsweges bedienen.
- Der Käufer hat den Kaufpreis entsprechend der Vertragsvereinbarung zu zahlen; hier kommt es dann auf die Zahlungsbedingung des Kaufvertrages an, die regelt, auf welche Weise die Zahlung zu erbringen ist (einfache Zahlung oder dokumentärer Zahlungsverkehr).

Der Verkäufer muss eine Rechnung stellen, EXW A1. Dass die Incoterms diesen 168
Aspekt überhaupt gesondert hervorheben, erklärt sich daraus, dass der Käufer die Handelsrechnung sehr frühzeitig (jedenfalls nicht lange Zeit nach der Lieferung) benötigt, um die notwendigen Formalitäten der Importabwicklung erledigen zu können.

Auf Verlangen des Käufers muss der Verkäufer nach EXW A7 – auf Kosten und 169
Risiko des Käufers – dazu beitragen, dass der Käufer Ausfuhrbewilligungen und andere behördliche Genehmigungen für die Ausfuhr erhalten kann. Dazu stellt EXW B7 klar, dass es in der Risikosphäre des Käufers steht – und er auch die Kosten dafür trägt (EXW B9 Buchst. b) –, dass die behördlichen Genehmigungen einschließlich etwaiger Zollformalitäten für den Export bereitliegen. Die Pflichten des Verkäufers bestehen in der Unterstützung des Käufers, also in der notwendigen Hilfestellung zur Beschaffung von Dokumenten, die im Exportland oder Ursprungsland ausgestellt oder beschafft werden müssen.

Entstehen für diese Hilfestellung Kosten, muss der Käufer dafür aufkommen (EXW B9). Dies gilt selbst dann, wenn formal der Verkäufer im Verkaufsland Abgabenschuldner ist, also etwa bei Ausfuhrabgaben. Aufgrund der Regelung in EXW B9 Buchst. c) wird klargestellt, dass der Verkäufer einen Erstattungsanspruch gegen den Käufer hat, soweit er durch Ausfuhrabgaben direkt belastet wird.

Ferner muss der Verkäufer dem Käufer notwendige Unterlagen zur Verfügung 170
stellen, die für die transportbezogene Sicherheitsüberprüfung der Ware erforderlich sind, EXW A4.

Der Verkäufer ist nach EXW A2 verpflichtet, die Ware in der Weise zu liefern, dass er sie dem Käufer an einem vereinbarten Punkt zur Verfügung stellt; der Käufer muss sie abnehmen bzw. abholen, EXW B2.

2. Gefahrübergang

171 Bei EXW erfolgt der Gefahrübergang ab Bereitstellung am benannten Lieferort, EXW A3/B3. Es muss klar sein, dass ein Gefahrübergang nur dann erfolgen kann, wenn die konkrete Warenlieferung bereits feststeht, bzw. wenn, wie bei Gattungssachen, die Ware konkret bestimmbar ist.

172 Für die Frage des Gefahrübergangs ist zusätzlich Art. 36 CISG heranzuziehen, der sich mit dem maßgeblichen Zeitpunkt der Vertragsgemäßheit der Ware befasst. Nach Art. 36 Abs. 1 CISG haftet nämlich der Verkäufer für eine Vertragswidrigkeit, die im Zeitpunkt des Gefahrübergangs auf den Käufer besteht, auch wenn diese Vertragswidrigkeit erst nach diesem Zeitpunkt offenbar wird.

Das bedeutet, dass der Verkäufer auch für versteckte Mängel haftet, und zwar unabhängig davon, ob der Gefahrübergang bereits erfolgte oder nicht. So ist der Verkäufer verantwortlich, wenn aufgrund mangelhafter Verpackung der Ware auf dem Transportweg Schäden entstehen, da die Vertragswidrigkeit im Sinne des Art. 35 CISG – im Hinblick auf die mangelhafte Verpackung – bereits im Zeitpunkt des Gefahrübergangs vorliegt, auch wenn die Auswirkungen auf die Ware erst später eintreten. Der Verkäufer hat also für eine Vertragswidrigkeit auch dann einzustehen, wenn er diese durch eine Pflichtverletzung verursacht hat. Die Pflichtverletzung muss vor dem Zeitpunkt des Gefahrübergangs liegen.

173 Auch nach Gefahrübergang begangene Pflichtverletzungen können eine Einstandspflicht des Verkäufers begründen, wie sich aus Art. 36 Abs. 2 CISG ergibt. Hier kann man beispielsweise an die Fälle denken, in denen der Verkäufer die Ware nach Gefahrübergang bei Rücknahme der Container beschädigt usw. Eine Pflichtverletzung des Verkäufers kann daher in einem Tun oder Unterlassen bestehen; ein Verschulden ist nicht erforderlich.

3. Kosten

174 Grundsätzlich ist die Verteilung der Kosten bei EXW identisch mit dem Zeitpunkt des Gefahrübergangs, EXW A9/B9. Sämtliche Kosten der Ware (wie etwa öffentliche Abgaben, Versicherungen, Steuern, Lagerkosten usw.) werden mit der Lieferung gemäß EXW A2, also mit der Zurverfügungstellung „ab Werk", dem Käufer zugeordnet; er hat sie zu tragen. Es geht auch zulasten des Käufers, wenn Kosten durch eine Nichtabnahme oder eine unterlassene Bestimmung von Leistungsort oder Leistungszeit entstehen, EXW B9 Buchst. d.

Die Klausel EXW weist in B9 schließlich noch darauf hin, dass Kosten der Aus-, Ein- oder Durchfuhr sowie Kosten für Hilfeleistungen nach EXW A2 zulasten des Käufers gehen, soweit derartige Kosten entstehen.

4. Welche wichtigen Vertragsvereinbarungen umfasst EXW nicht?

175 EXW ist lediglich auf den Kosten- und Gefahrübergang vom Verkäufer auf den Käufer hin ausgerichtet. Nicht gelöst sind mit einer solchen Lieferbedingung alle

anderen wesentlichen Vertragsinhalte, die für die Abwicklung des Exportgeschäfts, aber auch für den wirtschaftlichen Erfolg des Geschäfts von Bedeutung sind oder sein können. Hierzu zählen vor allem

- Zahlungsbedingung
- Klausel zur Forderungssicherung (z.B. Eigentumsvorbehalt, dokumentärer Zahlungsverkehr über Akkreditiv o.ä.)
- Gewährleistungsregeln
- Schadensersatzregelung, Vertragsstrafen usw.
- Einbeziehung wichtiger AGB-Klauseln
- Geltendes Recht, Gerichtsstand, Schiedsklausel

EXW besagt ferner nichts Konkretes zum Aspekt der Exportkontrolle und zu zollrechtlichen Bestimmungen, die der Verkäufer stets und grundsätzlich zu beachten hat. Diese Problematik ist immer dann akut, wenn die Incoterms-Klausel EXW nicht im Inlandsgeschäft, sondern grenzüberschreitend eingesetzt wird. Daher gilt hier die Empfehlung, dass immer dann, *wenn aus Sicht des Käufers Probleme bei der Erlangung der Ausfuhrabfertigung erwartet werden*, anstelle von EXW beispielsweise die FCA-Klausel gewählt werden sollte, da bei FCA der Verkäufer die Verantwortung und Kosten für die Erlangung der Ausfuhrabfertigung trägt.

Fall 20: Bereitstellung zur Abholung

176 *In Abwandlung des Grundfalls (vorhergehend, Fall 19) möchte das Exporthaus E nun noch wissen, ob es genügt, die Exportware lediglich zur Abholung bereitzustellen, oder ob darüber hinaus auch noch eine Verladepflicht auf das vom Käufer organisierte Transportmittel besteht.*

Ferner ist sich E unsicher, wie weit seine Verpflichtung geht, die Ware auf bestimmte Art und Weise zu verpacken.

Schließlich geht E davon aus, dass hinsichtlich der Ausfuhrabwicklung keinerlei Verantwortung für das Exporthaus bestehe. Ist das richtig?

Lösungsweg

1. Abholung und Verladung der Ware

177 Grundsätzlich legt „EXW Incoterms 2020" fest, dass der Verkäufer die Ware liefert, indem er dem Käufer die Ware an einem benannten Ort zur Verfügung stellt. Der „benannte Ort" kann das „Werk", also das Gelände des Verkäufers, aber auch ein anderer benannter Ort sein, an dem die Ware abzuholen ist. Für den Vollzug der Lieferung muss der Verkäufer die Ware nicht auf ein abholendes Transportmittel verladen.

1.1 Abholung

178 Ist bei Vereinbarung der EXW-Klausel kein konkret benannter Lieferort vorhanden, sondern sind verschiedene Abholstellen denkbar, ermöglicht die EXW-Klausel es dem Verkäufer, nach seinem eigenen Ermessen die für ihn zweckmäßigste Abholstelle auszuwählen. Diese Stelle muss der Käufer oder der vom Käufer benannte Frachtführer beim Verkäufer erfragen. Wie der ICC Guide on Transport (ICC Publikation Nr. 775) unter „EXW Q 1" festlegt, muss der Käufer dem Verkäufer den Namen des Frachtführers, den innerhalb des vereinbarten Lieferzeitraums ausgewählten Zeitpunkt, zu dem der Frachtführer oder die benannte Person die Ware übernimmt, sowie die Beförderungsart mitteilen. Diese Mitteilung muss rechtzeitig erfolgen, damit der Verkäufer die Ware rechtzeitig zur Verfügung stellen kann.

1.2 Verladung

179 EXW verpflichtet den Verkäufer nicht zur Verladung der Ware, jedoch entspricht es der üblichen Praxis, dass der Verkäufer die Verladung übernimmt, wenn er dazu in der Lage ist und dies dem Ablauf der Geschäftsabwicklung entgegenkommt. Die damit vom Verkäufer ohne eine aus EXW hervorgehende Verpflichtung übernommene Aufgabe der Verladung geschieht aber auf Gefahr und Kosten des Käufers und setzt deshalb voraus, dass zuvor eine entsprechende Vereinbarung zwischen Verkäufer und Käufer getroffen wurde.

Soll die Verladung auf ein vom Käufer beauftragtes Transportmittel erfolgen, ist allerdings die Verwendung der FCA-Klausel anstelle von EXW geeigneter.

Ansonsten weist der Käufer den von ihm beauftragten Frachtführer an, die Ware abzuholen und alle für die Verladung notwendigen Tätigkeiten (insbesondere Abstellen und Sichern auf der Transportfläche) vorzunehmen. Dazu muss der Käufer dem Frachtführer mitteilen, ob, und wenn ja, welche besonderen Anforderungen an das Verladen (z.B. Ausrüstung des Transportmittels) gestellt werden.

2. Verpackung der Ware

Die Incoterms-Klausel „EXW Incoterms 2020" verlangt vom Verkäufer, dass die Ware, die auf Gefahr des Käufers versandt wird, **180**

- „in einer für den Transport geeigneten Weise verpackt und gekennzeichnet" werden muss, EXW A8,
- es sei denn, die Parteien haben genaue Verpackungs- und Kennzeichnungsanforderungen vereinbart.

Üblicherweise sind die Verpackungskosten allein vom Verkäufer zu tragen, wie sich eindeutig aus EXW A8 Absatz 2 ergibt: „Der Verkäufer hat auf eigene Kosten die Ware zu verpacken...". Je nach Transportmittel können Verpackungen und deren Kosten, die der Verkäufer zu tragen hat, allerdings sehr unterschiedlich ausfallen, sodass der Verkäufer dies bei Kaufvertragsabschluss in seine Preiskalkulation mit einbeziehen muss.

Ist im Moment des Vertragsschlusses noch nicht klar erkennbar, ob spezielle Verpackungsarten benötigt und damit höhere Kosten verursacht werden, kann daher der vereinbarte *Kaufpreis durch eine individuelle Vereinbarung dahingehend erweitert* werden, dass Verpackungskosten gesondert berechnet werden, also zum fest vereinbarten Preis hinzugerechnet werden. Formuliert werden könnte dies beispielsweise durch Verwendung der Klausel wie folgt: „Geliefert wird EXW Incoterms 2020, zuzüglich Verpackungskosten". **181**

Hier gibt es nun zwei Varianten, die in der Praxis vorkommen.

2.1 Unverpackt oder Spezialverpackung

Insbesondere bei Schüttgut, Stückgut, landwirtschaftlichen Produkten usw. kann es vertragsgemäß sein, dass die Ware nicht „verpackt" im Sinne von EXW A8 wird. Dann ist dieser Aspekt nicht weiter zu beachten; die betreffende Ware wird dann unverpackt verkauft oder es gibt eine spezielle, vom Verkäufer und Käufer vereinbarte Verpackungsart, die der Verkäufer zu berücksichtigen und zu befolgen hat. **182**

2.2 Verpackt

Ansonsten gilt, dass eine Ware für den Transport nur dann richtig verpackt ist, wenn die Verpackung der Transportart gerecht wird. „Geeignet" im Sinne der EXW-Klausel ist eine Verpackung also immer dann, wenn sie passend, tauglich und insbesondere auch zweckentsprechend ist. **183**

Da bei Vereinbarung der EXW-Klausel im Kaufvertrag vom Grundsatz her alle Transportarten in Frage kommen können und es für den Verkäufer nicht ohne Weiteres erkennbar ist, welches Transportmittel der Käufer wählen wird, sollte der Käufer dem Verkäufer Informationen zum endgültigen Bestimmungsort der Ware, zur genutzten Transportart und über die Transportroute geben, sodass der Verkäufer erkennen kann, welche Verpackung für den Transport zweckmäßig ist. Gibt der Käufer keine derartigen Informationen, darf der Verkäufer die Verpackung wählen, die für den Transport mit dem abholenden Transportmittel (z.B. einen LKW) geeignet ist; er ist dann nicht verpflichtet, die Ware zusätzlich z.B. auch noch seefest zu verpacken.

3. Zollrechtliche Pflichten

184 Die Incoterms-Klausel „EXW Incoterms 2020" erlegt dem Verkäufer über EXW A7 zwar keine direkte Verpflichtung zur Ausfuhr-/Einfuhrabfertigung auf, sodass hierfür stattdessen der Käufer auf eigene Gefahr und Kosten verantwortlich ist.

3.1 Genehmigungen und Formalitäten

185 Allerdings ergibt sich aus EXW A7 durchaus eine Verpflichtung für den Verkäufer: *Soweit zutreffend*, hat der Verkäufer den Käufer auf dessen Verlangen, Gefahr und Kosten bei der Beschaffung von Dokumenten und/oder Informationen für alle Ausfuhr-/Transit-/Einfuhrabfertigungsformalitäten *zu unterstützen*, die von den Ausfuhr-/Transit-/Einfuhrländern vorgeschrieben sind, z.B. bei Erlangung einer Ausfuhr-/Durchfuhr-/Einfuhrgenehmigung, der Sicherheitsfreigabe für Ausfuhr/Durchfuhr/Einfuhr, einer Warenkontrolle vor der Verladung; und bei Beschaffung sonstiger behördlicher Genehmigungen. Die Unterstützung des Verkäufers *setzt ein Verlangen des Käufers voraus*, EXW A7.

Die einleitende Formulierung in EXW A7 „soweit zutreffend" zeigt, dass EXW A7/B7 nur dann von Bedeutung sind, wenn für die Ausfuhr/Einfuhr tatsächlich behördliche Genehmigungen eingeholt und Zollformalitäten beachtet werden müssen. EXW A7 ist daher unbeachtlich, wenn es um Geschäfte innerhalb eines „Binnenmarktes" (z.B. der EU) oder im Inland geht.

Bei EXW A7/B7 geht es ausschließlich um die Verantwortung für die Erledigung von behördlichen Genehmigungen und Formalitäten, die für die Ausfuhr und die sich daran anschließende Einfuhr benötigt werden. Diese „Verantwortung" schließt damit das Risiko ein, dass eine Partei damit auch das Problem von Ausfuhr- oder Einfuhrverboten trägt und dadurch eine Ausfuhr- oder Einfuhrabfertigung unmöglich gemacht wird. Alle weitergehenden behördlichen Genehmigungen oder Formalitäten, die nicht zur Ausfuhr- oder Einfuhrabfertigung gehören (wie etwa Lizenzen, Bewilligungen usw.), unterfallen EXW A7 nicht.

3.2 Sicherheitsfreigaben

186 Zu den „soweit zutreffend" anfallenden Verpflichtungen des Verkäufers zählen nach EXW A7 gegebenenfalls auch Unterstützungsmaßnahmen für die *„Sicher-*

heitsfreigabe" für Ausfuhr, Einfuhr oder Durchfuhr. Dieser bereits in den Incoterms 2010 neu aufgenommene Begriff wird im Text der Incoterms 2020 nicht näher erläutert. Lediglich in der „Einführung" findet sich eine kurze Formulierung: „... Die Incoterms 2010 waren die erste überarbeitete Fassung der Incoterms-Regeln, die in Kraft treten sollte, nachdem zu Beginn dieses Jahrhunderts in zunehmendem Maße Sicherheitsbedenken aufkamen. Das Bewusstsein für diese Probleme und die daraufhin geschaffenen Versandpraktiken haben sich mittlerweile weitgehend durchgesetzt. Da die Sicherheitsthematik mit den Transportanforderungen verbunden ist, wurde eine *ausdrückliche Zuordnung sicherheitsbezogener Pflichten in die Artikel A4 und A7 jeder Incoterms-Klausel mit aufgenommen...*".

Unter „Sicherheitsfreigaben" sind daher alle relevanten Aktionen, Verfahren und Bewilligungen zu verstehen, die im weitesten Sinne mit Vermeidung von sicherheitsrelevanten Missständen zu tun haben, also etwa das bekannte Scannen von Containern, die für den Export in die USA bestimmt sind und deren elektronische Untersuchung vor kriminellen/terroristischen Aktionen schützen soll. Hierzu gibt es eine Vielzahl von Initiativen, die namentlich nach den Terrorattacken vom 11. September entwickelt wurden, wie etwa CTPAT (Container Trade Partnership against Terrorism), CSI (Container Security Initiative), der ISPS-Code (Internationale Ship and Port Facility Security Code) u.v.a.m., oder auch die ursprünglich durch den Zollkodex geschaffene und nun auch im UZK genannte Personengruppe des Zugelassenen Wirtschaftsbeteiligten (AEO), Art. 38 ff. UZK. **187**

Die Unterstützung des Verkäufers bei der Sicherheitsfreigabe setzt *ein Verlangen des Käufers voraus*, EXW A7, und erfolgt dann auf Gefahr und Kosten des Käufers. Daher muss der Käufer „aktiv" werden, sodass keine Anforderungen an eine wie auch immer geartete „Eigeninitiative" des Verkäufers gestellt werden dürfen. **188**

Fall 21: Scherben aus dem Nachbarland...

189 *Ein niederländischer Lieferant (V) hat mit einem deutschen Abnehmer (K) über den Kauf mehrerer antiker Stücke original Delfter Porzellans verhandelt, die EXW Fabrik Delft Incoterms 2020 geliefert werden sollten.*

Die erste Lieferung wird sehr dringend als Exponat einer Ausstellung mit Antiquitäten benötigt, die K in Bremen veranstaltet. Daher beauftragt K das Unternehmen S, das gerade in den Niederlanden unterwegs ist, das für die Ausstellung benötigte Porzellan bei V abzuholen. In aller Eile werden die Teile bei V in einen Bogen Blister-Folie eingeschlagen, in einen einfachen Karton gelegt und dem S zum Transport an K übergeben.

Als die Lieferung wenig später den K erreicht, befinden sich im Karton nur große Scherben. K meldet sich sofort bei V, reklamiert den Schaden und besteht darauf, die Lieferung nicht bezahlen zu müssen. V dagegen besteht auf Bezahlung. Zu Recht?

Lösungsweg

190 Die Klausel EXW Incoterms 2020 verpflichtet den Verkäufer in EXW A2 „zur Lieferung", wobei er nach EXW A8 Absatz 2 „auf eigene Kosten die Ware zu verpacken..." hat. Fraglich ist an dieser Stelle, welche Anforderungen dabei an die Verpackung gestellt werden.

1. Incoterms

191 Der ICC Guide on Transport behandelt diese Fallgestaltung unter EXW Frage 9 wie folgt: Da sich die Incoterms nicht mit den Pflichten der Parteien zum Stauen und Sichern der Fracht befassen, sollten die Parteien bei Regelungsbedarf die gebotenen Klauseln in den Kaufvertrag aufnehmen".

192 Der Verkäufer ist nur dafür verantwortlich, *die Ware in Übereinstimmung mit dem Kaufvertrag bereitzustellen* (EXW A1), sodass sich der Käufer um die Abholung kümmern kann. Vorausgesetzt wird dabei jedoch, dass „die Ware dem Wissen dem Wissen des Verkäufers entsprechend in einer für den Transport geeigneten Weise verpackt wird, es sei denn, die betreffende Ware wird üblicherweise unverpackt verkauft oder Verkäufer und Käufer vereinbaren eine andere spezielle Verpackungsart" (ICC Guide, aaO). Diese Formulierung findet sich beinahe wortgleich auch im neuen Wortlaut von EXW A8 Absatz 2. Damit stellt EXW A8 Absatz 2 nur auf die *Bedürfnisse der Verpackung* und auf deren Umfang im Hinblick auf den durchzuführenden Transport ab.

2. CISG

Neben der Incoterms-Regel EXW A8 Absatz 2 findet sich auch im CISG eine Vorschrift zur Verpackung, und zwar in Art. 35 Abs. 2 Buchst. d CISG: „Haben die Parteien nichts anderes vereinbart, so entspricht die Ware dem Vertrag nur, ... (d) wenn sie in der für die Ware dieser Art üblichen Weise ... verpackt ist". Das CISG ist allerdings nur anwendbar, soweit die Parteien nicht etwas anderes vereinbaren, vgl. Art. 6 CISG. Mit der Wahl einer Incoterms-Klausel treffen die Parteien im vorliegenden Fall mithin – auch – (über A8/B8) eine individuelle Verabredung zur Verpackung, die Art. 35 CISG überlagert. Werten muss man diese Konkurrenzsituation nun in der Weise, dass **193**

- die Verpackungsanforderung der Incoterms-Regel EXW A8 sich direkt auf den Transport und die Transportverpackung bezieht,
- während die Normierung in Art. 35 Abs. 2 Buchst. d weitergehend eine *übliche und angemessene Verpackung* – abhängig von der Ware – fordert. Dabei ist die Üblichkeit nach den in der Branche geltenden Bräuchen zu bestimmen (hier: Versand von antiken Porzellanstücken!), wobei der angemessene Schutz der Ware beim Transport im Vordergrund steht. Ein notdürftiges Einwickeln antiker Porzellanstücke in einfache Blister-Folie kann daher nicht ausreichend sein. Dies gilt umso mehr, als dem Verkäufer die besondere Problematik des kurzfristig angeforderten Exponats und des schnell aufgebotenen Transportmittels (einfacher Transporter) klar gewesen ist, als die Porzellanstücke flüchtig verpackt und dem Transport mitgegeben wurde. V wusste daher von den besonderen Umständen dieses Transports und hätte auch ohne Weiteres eine geeignetere Verpackung wählen können.

Wird die Ware daher aufgrund mangelhafter Verpackung auf dem Transport beschädigt, muss der Verkäufer dafür einstehen, selbst wenn das eigentliche Schadensereignis erst nach Gefahrenübergang (hier also auf dem Transportweg) eingetreten ist (*Schwenzer*, Kommentar CISG 2019, Art. 35 Rn 31).

3. Ergebnis

V hat daher keinen Anspruch auf Kaufpreiszahlung gegenüber K. **194**

Fall 22: Zollwert einer Lieferung aus Indien

195 *Exporteur E in Indien verkauft individuell gefertigte und patentierte Produkte nach Deutschland, an Importeur K.*

Die vereinbarte Lieferbedingung der Kaufverträge lautet stets: „EXW Mumbai, Incoterms 2020". Dabei steht jedes Kaufgeschäft unter der Einschränkung, dass ein Verkauf durch den deutschen Lizenznehmer K innerhalb des Europäischen Binnenmarktes nur unter der Marke des indischen Lieferanten vertrieben werden darf.

K fragt, wie sich die Lizenzgebühren auf die Berechnung des Zollwertes auswirken.

Lösungsweg

196 Werden zollpflichtige Waren importiert, ist die dem Einfuhrgeschäft zugrunde liegende Lieferklausel in der Zollanmeldung anzugeben, da die damit zwischen Käufer und Verkäufer geregelte Aufteilung der Transportkosten auch im Hinblick auf den anzumeldenden Zollwert von Bedeutung ist.

Für die Verzollung eingeführter Waren ist in der EU grundsätzlich ein Zollwert zugrunde zu legen, der die gesamten Lieferungskosten vom Drittland bis zum *Ort des Verbringens* in das Zollgebiet der Gemeinschaft umfasst. Der Zollwert eingeführter Waren ist nach Art. 70 UZK der *Transaktionswert*, also der für die Waren bei einem Verkauf zur Ausfuhr in das Zollgebiet der Gemeinschaft tatsächlich gezahlte oder zu zahlende Preis.

197 *Für den Verkäufer* entstehen bei der Lieferklausel EXW keinerlei Kosten im Zusammenhang mit der Beförderung der Waren, das heißt, dass derartige Kosten in dem vom Käufer zu zahlenden Preis für die Waren auch nicht enthalten sind.

Werden *Waren mit der Lieferbedingung EXW zur Einfuhr angemeldet*, sind für die Zollwertermittlung die vom Lieferort bis zum Ort des Verbringens angefallenen Kosten dem für die Waren gezahlten oder zu zahlenden Preis hinzuzurechnen (Art. 70 Abs. 2 UZK).

Nach Art. 71 Abs. 1 UZK sind „bei der Ermittlung des Zollwertes nach Artikel 70 dem für die eingeführten Waren tatsächlich gezahlten oder zu zahlenden Preis hinzuzurechnen: … (c) *Lizenzgebühren* für die zu bewertenden Waren, die der Käufer … zu zahlen hat, soweit diese Lizenzgebühren nicht im tatsächlich gezahlten oder zu zahlenden Preis enthalten sind".

Die von K zu zahlenden Lizenzgebühren sind daher dem tatsächlich gezahlten oder zu zahlenden Preis hinzuzurechnen.

Fall 23: Zollwert bei Änderung der Lieferbedingung

Der Käufer K in Köln kauft Haushaltswaren von einem Verkäufer V in China mit der Lieferbedingung „EXW Shanghai" zum Preis von 80.000 €. Die Lieferung soll auf Kosten des Käufers per Luftfracht nach Köln erfolgen. Da der Verkäufer die Ware nicht fristgerecht liefern kann, erklärt er sich nach Absprache mit dem Käufer bereit, die Luftfrachtkosten bis Köln-Flughafen zu übernehmen. Der ursprünglich vereinbarte Kaufpreis (80.000 €) bleibt gleich. Der Luftfrachtbrief weist 4.000 € als vom Verkäufer gezahlte (prepaid) Luftfracht aus. **198**

Wie ist der Zollwert zu ermitteln? (Fallbeispiel von Stefan Vonderbank aus der Vorauflage, Trainingshandbuch Incoterms 2010, Köln 2017, S. 73 f.)

Lösungsweg

1. Vertragsänderung

Es kann in der Praxis vorkommen, dass der Verkäufer der Einfuhrware in Lieferver- **199** zug gerät und daher bereit ist, die Ware anstatt auf Kosten des Käufers auf eigene Kosten zu liefern oder die höheren Kosten einer schnelleren Beförderungsart (z.B. Luftfracht im Vergleich zur ursprünglich vereinbarten Seefracht) ganz oder teilweise zu übernehmen. Dann verständigen sich Verkäufer und Käufer vor der Lieferung der Ware, von der ursprünglich für die Waren vorgesehenen Transportart und/oder Lieferbedingung abzuweichen.

Gefühlsmäßig würde man nun vermuten, dass sich der Zollwert aus dem Rechnungspreis (EXW) zzgl. der auf die Strecke außerhalb der EU entfallenden Beförderungskosten zusammensetzt. Es ergäbe sich mithin ein Zollwert in Höhe von 82.800 € [80.000 € zzgl. 2.800 € (70% von 4.000 €; Anhang 23-01 UZK-IA, Asien – Zone L –)].

Die Zollverwaltung geht in derartigen Fällen der geänderten Beförderungsart und/ **200** oder Lieferbedingung zulasten des Verkäufers allerdings von einer Vertragsänderung aus, die – wenn die Absprache vor dem Zeitpunkt der Annahme der Zollanmeldung (= maßgebender Zeitpunkt) erfolgte – dazu führt, dass die vom Verkäufer übernommenen Beförderungskosten als im Rechnungspreis enthalten anzusehen sind (Kommentar Nr. 12 des Ausschusses für den Zollkodex – Fachbereich Zollwert – bei der EU; abgedruckt im Kompendium der Zollwerttexte, Webseite der Europäischen Kommission ec.europa.eu). Sind davon auch Beförderungskosten innerhalb der Union betroffen, können diese aus dem Zollwert ausgesondert werden (VSF Z 5101 Abs. 88). Im vorliegenden Fall ist also zollwertrechtlich nicht mehr von einem „EXW Shanghai"-Preis auszugehen, sondern von einer Klausel „CPT Köln-Flughafen".

2. Ergebnis

201 Da zollwertrechtlich davon ausgegangen wird, dass der (neue) Rechnungspreis die Luftfrachtkosten enthält, ist vorliegend nicht die Hinzurechnungsvorschrift des Art. 71 Abs. 1 Buchst. e UZK anwendbar, sondern die Abzugsvorschrift des Art. 72 Buchst. a UZK. Demnach können zur Zollwertermittlung im tatsächlich gezahlten oder zu zahlenden Preis (80.000 €) enthaltene Beförderungskosten für die eingeführten Waren nach deren Eingang in das Zollgebiet der Union herausgerechnet werden. Hierbei ist die Luftfrachttabelle (Art. 138 Abs. 2 UZK-IA in Verbindung mit Anhang 23-01 UZK-IA, Asien – Zone L –) zu verwenden. Demnach entfallen 70% der Beförderung auf die Strecke außerhalb und 30% auf die Beförderung innerhalb der EU. Der Zollwert beträgt mithin 78.800 € [80.000 € minus 1.200 € (30% von 4.000 €)].

3. Praxishinweis

202 In der Praxis ist zu beobachten, dass in solchen Fällen häufig noch zu hohe Zollwerte angemeldet werden. Gerade bei unmittelbar vor Lieferung der Waren erfolgten Vertragsänderungen dringen diese Informationen beim kaufenden Unternehmen oftmals nicht rechtzeitig von der Einkaufsabteilung, die solche Absprachen vornimmt, zur Zollabteilung, welche die Zollanmeldungen zu erstellen und den Zollwert zu ermitteln hat, durch. Häufig ist auf der Warenrechnung noch die ursprünglich vereinbarte Lieferbedingung (hier „EXW Shanghai") aufgeführt. Daneben verauslagt der Verkäufer häufig auch zunächst die Luftfrachtkosten, lässt sie sich aber später aufgrund der erfolgten Absprache vom Käufer erstatten. Für die Mitarbeiter der Zollabteilung stellt sich der Fall also wie ursprünglich vereinbart dar. Sie werden den Zollwert also auf der Grundlage des ursprünglich vereinbarten „EXW"-Preises zzgl. der Drittland-Frachtkosten ermitteln und anmelden. Auch die abfertigende Zollstelle erkennt die vor der Verzollung der Waren erfolgte Absprache zwischen den Vertragsparteien nicht und nimmt den angemeldeten – zu hohen – Zollwert als richtig an.

203 Es wird daher dringend angeraten, für eine reibungslose Kommunikation zwischen Einkaufs- und Zollabteilung zu sorgen. Sollten dennoch versehentlich zu hohe Zollwerte angemeldet worden sein, besteht gem. Art. 117 UZK die Möglichkeit, die zu hoch entrichteten Einfuhrabgaben erstattet zu bekommen. Erstattungsanträge können beim für das Einfuhrunternehmen zuständigen Hauptzollamt allerdings nur bis spätestens drei Jahre nach der Annahme der Zollanmeldung gestellt werden.

2. FCA Frei Frachtführer (benannter Lieferort)

Der Verkäufer prüft, ob 204

- *er bereit ist, die Ware einem Frachtführer oder einer anderen vom Käufer benannten Person an einer vereinbarten Stelle am benannten Ort zum vereinbarten Zeitpunkt (Zeitraum) zur Verfügung zu stellen,*
- *er nur bis zu diesem Ort die Gefahr*
- *und die entstehenden Kosten tragen will,*
- *und ob er bereit ist, die Ausfuhrformalitäten zu erledigen.*
- *Der Verkäufer kann – erstmals in Incoterms so geregelt – zusätzlich mit dem Käufer vereinbaren, dass ihm ein begebbares Konnossement ausgestellt wird, vgl. FCA B6 Absatz 2. So ließen sich beispielsweise die bis heute immer noch üblichen FOB-Lieferungen von Containern vermeiden.*

Besonderheiten:

Falls die Ware an Bord eines Schiffes geliefert werden soll: nicht FCA, sondern FOB.

Falls die Ware vom Verkäufer längsseits des vom Käufer benannten Schiffes geliefert werden soll: nicht FCA, sondern FAS.

Der Käufer prüft, ob

- *er bereit ist, alle Kosten und Risiken ab Lieferung der Ware gemäß FCA A2 zu tragen,*
- *er bereit ist, die Ware ab dieser Lieferung zu übernehmen*
- *und auf eigene Kosten einen Beförderungsvertrag abzuschließen,*
- *er ggf. in der Lage ist, für die Zollwertanmeldung die anfallenden Lieferungskosten für den Haupttransport auf die außer- und innergemeinschaftlichen Streckenanteile aufzuteilen,*
- *und ob er in der Lage ist, (ggf. ohne Unterstützung durch den Verkäufer) die Einfuhrformalitäten zu erledigen und etwa erforderliche Genehmigungen zu beschaffen.*

Besonderheiten:

Falls der Käufer nicht bereit ist, Risiken ab Lieferung der Ware an den Frachtführer zu tragen, kein FCA, sondern D-Klausel.

Falls der Käufer nicht in der Lage ist, die Einfuhrformalitäten zu erledigen, kein FCA, sondern DDP.

Falls der Käufer ein begebbares Transportdokument erhalten möchte, mit dessen Hilfe es beispielsweise ermöglicht wird, noch auf dem Transport befindliche Ware weiterzuverkaufen, nicht FCA, sondern CFR, CPT, CIF, CIP.

Anwendung der Klausel FCA

205 „Frei Frachtführer" bedeutet, dass

- der Verkäufer die zur Ausfuhr freigemachte Ware
- an einen vom Käufer benannten Frachtführer oder einen sonstigen Dritten
- am Geschäftssitz des Verkäufers oder einen anderen benannten Ort

liefert. Es muss dabei beachtet werden, dass der ausgewählte Ort der Lieferung, der so präzise wie nur irgend möglich festgelegt werden sollte, Folgen für die Verpflichtung zur Be- und Entladung an diesem Ort sowie für den Gefahrübergang mit sich zieht. Benennt der Käufer für die Entgegennahme der Ware eine andere Person als den Frachtführer, hat der Verkäufer seine Lieferverpflichtung erfüllt, wenn er die Ware an diese Person liefert.

206 Bei Nutzung der Klausel „Frei Frachtführer (benannter Ort)" liefert der Verkäufer die Waren in einer von zwei Verfahrensweisen an den Käufer.

- Wenn der benannte Ort auf dem Gelände des Verkäufers liegt, gelten die Waren als geliefert, sobald sie auf das vom Käufer organisierte Beförderungsmittel verladen wurden.
- Wenn der benannte Ort hingegen an einem anderen Ort liegt, gelten die Waren als geliefert, wenn sie nach der Verladung auf das Beförderungsfahrzeug des Verkäufers den benannten anderen Ort erreichen und auf diesem Beförderungsmittel des Verkäufers entladebereit sind sowie dem Frachtführer oder einer anderen vom Käufer benannten Person zur Verfügung stehen.

207 Unabhängig davon, welcher dieser beiden Orte als Lieferort gewählt wird, kennzeichnet dieser Ort die Stelle, an der der Gefahrenübergang auf den Käufer erfolgt, und den Zeitpunkt, ab dem Kosten zulasten des Käufers gehen.

Frachtführer im Sinne dieser Klausel ist, wer sich durch einen Beförderungsvertrag verpflichtet, die Beförderung auf der Schiene, Straße, in der Luft, zur See oder auf einem Binnenschiff, eventuell sogar in einer Kombination mehrerer Transportarten (multimodal) durchzuführen oder durchführen zu lassen.

FCA verpflichtet den Verkäufer, die Ware nötigenfalls zur Ausfuhr freizumachen. Jedoch hat der Verkäufer keine Verpflichtung, die Ware zur Einfuhr oder Durchfuhr durch Drittländer freizumachen, Einfuhrzölle zu zahlen oder Einfuhrzollformalitäten zu erledigen.

208 Für alle Fälle, in denen ein FCA-Verkäufer ein Konnossement mit einem An-Bord-Vermerk benötigt, ist gemäß FCA B6 Absatz 2 der Incoterms 2020 erstmals ein – optionales – Verfahren eröffnet. Bei entsprechender (zusätzlich notwendiger!)

Vereinbarung der Parteien im Kaufvertrag hat der Käufer seinen Frachtführer anzuweisen, *dem Verkäufer ein Konnossement mit An-Bord-Vermerk auszustellen*. Der Frachtführer kann die Forderung des Käufers erfüllen oder ablehnen, da der Frachtführer nur dann verpflichtet und berechtigt ist, ein derartiges Konnossement auszustellen, wenn die Ware an Bord eines Frachtschiffs verladen wurde. Wenn der Frachtführer dem Verkäufer das Konnossement auf Kosten und Gefahr des Käufers ausstellt, muss der Verkäufer dieses Dokument später an den Käufer übermitteln, da der Käufer das Konnossement zum Erhalt der Ware vom Frachtführer im Bestimmungshafen benötigt. Der Käufer kann dieses Dokument (das üblicherweise aus einem ganzen „Dokumentensatz" besteht), beispielsweise über den Bankenweg vorgelegt bekommen, wenn Banken in die Verfahren der dokumentären Zahlungsabwicklung (z.B. Dokumentenakkreditiv, Dokumenteninkasso) eingeschaltet werden.

Fall 24: Zollformalitäten bei Weiterverkauf

209 *Verkäufer V in Hamburg liefert an seinen inländischen Abnehmer K in Bremen Waren, die für einen anschließenden Weiterverkauf in ein Drittland bestimmt sind. Die Lieferung von V an K erfolgt auf Grundlage der Incoterms-Klausel „FCA, Lagerhalle 12, Hamburger Hafen, Incoterms 2020".*

V weigert sich, sich um die Ausfuhrformalitäten zu kümmern, da er ja an einen inländischen Abnehmer liefere. Zu Recht?

Lösungsweg

210 V weigert sich nur dann zu Recht, die Ausfuhrformalitäten zu erledigen, wenn ihm keine entsprechende Verpflichtung durch FCA auferlegt wird.

Die Incoterms-Regel FCA A7 sieht vor, dass „...der Verkäufer ... die Ausfuhrabfertigungsformalitäten durchzuführen... hat, die von dem jeweiligen Ausfuhrland vorgeschrieben sind...". Im vorliegenden Fall liefert V an K allerdings nur im Inlandsgeschäft.

Fraglich ist daher, ob V von den Pflichten nach FCA A7 betroffen sein kann. In der Formulierung in FCA A7 fehlt der Hinweis, der beispielsweise in der Incoterms-Klausel EXW enthalten ist: Nach EXW A7 müsste ein Verkäufer zumindest „unterstützend" bei den Ausfuhrabfertigungsformalitäten mitwirken.

211 Die Lösung kann schließlich aus dem „Erläuternden Kommentar für Nutzer" der Klauseln EXW und FCA entnommen werden. Während EXW klarstellt, dass es „keine Verpflichtung" des Verkäufers gibt, die Ware zur Ausfuhr freizumachen (Erläuterung 5), ist der entsprechende Kommentar in Ziffer 5 zu FCA deutlicher: „FCA verpflichtet den Verkäufer, die Ware nötigenfalls zur Ausfuhr freizumachen". Unter „nötigenfalls" ist zu verstehen, dass eine Ware, die nicht für das Inland, sondern im weiteren Geschäftsablauf für eine Ausfuhr bestimmt ist, stets vom Verkäufer zur Ausfuhr freizumachen ist. Daher muss sich V grundsätzlich auch um die Ausfuhrdokumente zu kümmern.

212 Dieses Ergebnis könnte nur dadurch verworfen werden, dass zwingende nationale Gesetzesvorschriften dazu auffordern, dass nicht der Verkäufer, sondern ein Dritter (z.B. der Transporteur) tätig werden muss. Eine solche Regelung kennen beispielsweise die USA, die die Erfüllung von Exportvorschriften dem vom US-Verkäufer eingesetzten Transporteur auferlegen. Dass dies dann die Incoterms-Absprache der Vertragsparteien brechen darf, sehen die Incoterms selber vor, da zwingendes nationales Recht eine gewählte Incoterms-Klausel außer Kraft setzen kann (so auch die „Einführung" zu den Incoterms 2020, Ziffer 8 am Schluss des Textes).

Diese Ausnahme kommt hier aber nicht zum Tragen, sodass V die Ausfuhrformalitäten erledigen muss.

Fall 25: Üblicher Liefernachweis

V schließt mit einem Kunden (K) einen Liefervertrag. Er überlegt, ob die Incoterms-Klausel FCA oder aber CPT die richtige Lieferbedingung für seinen Liefervertrag ist. 213

Es ist dem V unklar, was mit dem von FCA geforderten „üblichen Liefernachweis" gemeint ist.

Andernfalls würde er sich für die Klausel CPT entscheiden, aber auch hier ist es V unklar, was mit „üblichem Transportdokument" gemeint ist.

Lösungsweg

1. Anforderungen von C- und F-Klauseln

Die F-Klauseln der Incoterms (FCA, FAS und FOB) fordern in der Incoterms-Regel A6, dass der Verkäufer den „üblichen Nachweis zu erbringen hat, dass die Ware gemäß A2 geliefert worden ist". 214

Im Gegensatz dazu fordern die C-Klauseln (CPT, CIP, CFR und CIF), ebenfalls in Regel A6, dass der Verkäufer das für den Transport vereinbarte „übliche Transportdokument" zur Verfügung zu stellen hat.

Der Unterschied liegt darin begründet, dass Verkäufer und Käufer bei den F-Klauseln und den C-Klauseln unterschiedliche Aufgaben hinsichtlich des Beförderungsvertrages haben.

1.1 F-Klauseln

Bei den F-Klauseln muss sich der *Käufer um den Beförderungsvertrag kümmern*, wie aus den jeweiligen Incoterms-Regeln *B4* aller drei F-Klauseln folgt. Eine solche Verpflichtung hat der Verkäufer nicht, wie sich aus FCA A4 ergibt. Nach A6 besteht eine Verpflichtung des Verkäufers nur darin, dem Käufer auf eigene Kosten den üblichen Nachweis zu erbringen, dass er die Lieferung nach A2 bewirkt hat. 215

- Sofern sich keine anderen Anhaltspunkte ergeben, die auf ein bestimmtes Lieferdokument schließen lassen, muss der Verkäufer dem Käufer das übliche Dokument („usual proof") zum Nachweis der erbrachten Lieferung beschaffen. Wird die Ware auf dem Landweg an das Schiff herangebracht und am Kai (landseitig) geliefert, dann ist das übliche Dokument der Kaiempfangsschein. Wird die Ware wasserseitig angeliefert, nutzt man einen Bordempfangsschein.
- Benötigt der Käufer ein Transportdokument, verpflichtet FCA A6 Absatz 2 den Verkäufer dazu, hierfür Unterstützung zu leisten. Dies kommt beispielsweise beim Seetransport in Seehäfen vor, wenn der Verkäufer bei Anlieferung eines FCL-Containers als Ablader eine *Empfangsbestätigung* erhält oder bei LCL-Gut einen *Empfangsschein*. Wird später ein Seefrachtvertrag abgeschlossen, benö-

tigt der Käufer diese Empfangsbescheinigung, um vom Seefrachtführer das Transportdokument (gegen Rückgabe der Empfangsbescheinigung) zu erhalten: Hier zeigt sich, dass der Verkäufer nach A6 Absatz 2 Unterstützung leisten muss.

- Andererseits benötigt der Verkäufer den Liefernachweis selber, wenn ihm nach FCA A4 Absatz 1 Satz 3 Buchst. a der Abschluss des Transportauftrags obliegt. In diesen Fällen ist das mittels Transportbeauftragung erhaltene Transportdokument (Konnossement oder Seefrachtbrief) gleichzeitig auch der Liefernachweis nach A6. Wenn der Verkäufer wegen der Transportbeauftragung ein *Konnossement* erhalten hat, muss er dieses dem Käufer weiterreichen (FCA A6 Absatz 3), da dieser es (als Inhaberpapier) für die Entgegennahme der Ware im Bestimmungshafen benötigt. Die Kosten der Zusendung des Konnossements trägt der Käufer (vgl. FCA B9 Buchst. b).

1.2 C-Klauseln

216 Hier muss sich der Verkäufer um den Transportvertrag kümmern (Incoterms-Regel A4), und er muss als weitergehende Pflicht nach Incoterms-Regel A6 Absatz 2 dafür sorgen, dass das Dokument, wenn dies vereinbart oder handelsüblich ist, den Käufer in die Lage versetzt, die Ware herauszuverlangen und gegebenenfalls zu verkaufen.

- Innerhalb der C-Klauseln wird hinsichtlich der Transportdokumente nach maritimem Transport (CFR und CIF) und anderen Transportwegen (CPT und CIP) unterschieden. Bei CFR und CIF ist das Transportpapier üblicherweise das Konnossement, das der Verkäufer bei Ablieferung der Ware an Bord eines Schiffes erhält; dieses Papier muss der Verkäufer dem Käufer zur Verfügung stellen, sobald dieser über die Ware verfügen darf.
- Diese strengen Regularien zum begebbaren Inhaberpapier gibt es bei CPT und CIP nicht; hier besteht noch nicht einmal die Pflicht, ein Transportpapier zur Verfügung zu stellen, es sei denn, der Käufer wünscht ein solches, A6 Absatz 1.

2. Ergebnis

217 V wird danach entscheiden, ob er den Transportvertrag abschließen will (C-Klausel) oder nicht (F-Klausel), wobei er beachten muss, dass die Vereinbarung einer C-Klausel ihm weitergehende Pflichten hinsichtlich des Transportpapiers (A6 Absatz 2) auferlegen kann, wenn er den Seetransportweg wählt.

Fall 26: Übergabe an einen Frachtführer

Exporteur E und der ausländische Geschäftspartner (K) vereinbaren eine Warenlieferung unter Einbindung der Incoterms-Klausel „FCA Frei Frachtführer Schuppen 12, Tor 2, Hafen in X, (Incoterms 2020)". 218

E ist unsicher, ob er die Ware einem von K beauftragten Spediteur übergeben darf, da die „FCA-Klausel" doch von Frachtführer spreche.

Lösungsweg

1. Beauftragung eines Frachtführers

„Frei Frachtführer" („free carrier") bedeutet, dass 219

- der Verkäufer die zur Ausfuhr freigemachte Ware
- an einen vom Käufer benannten Frachtführer oder einen sonstigen Dritten
- am Geschäftssitz des Verkäufers oder einen anderen benannten Ort

liefert.

Es muss dabei beachtet werden, dass der ausgewählte Ort der Lieferung, der so präzise wie nur irgend möglich festgelegt werden sollte, Folgen für die Verpflichtung zur Be- und Entladung an diesem Ort sowie für den Gefahrübergang mit sich zieht. Benennt der Käufer für die Entgegennahme der Ware eine andere Person als den Frachtführer, hat der Verkäufer seine Lieferverpflichtung erfüllt, wenn er die Ware an diese Person liefert. 220

Frachtführer im Sinne von FCA ist, wer sich durch einen Beförderungsvertrag verpflichtet, die Beförderung auf der Schiene, Straße, in der Luft, zur See oder auf einem Binnenschiff, eventuell sogar in einer Kombination mehrerer Transportarten (multimodal) durchzuführen oder durchführen zu lassen.

Hinsichtlich des Transports hat also der *Käufer (K) die Verantwortung* auf seiner Seite: Er hat die Transportdisposition, muss den Frachtführer beauftragen und muss, sollte er den Frachtauftrag durch den Verkäufer vornehmen lassen, die dem V entstehenden Kosten tragen. In beiden Fällen gehen mit der Übergabe an den Frachtführer Gefahr und Kosten auf den Käufer über.

2. Frachtführer – Spediteur

Schwierigkeiten bereiten kann bei der Klausel FCA die Abgrenzung zwischen Frachtführer und Spediteur. 221

Die Unterscheidung ist beispielsweise wichtig, wenn der Käufer dem Verkäufer einen Spediteur als Transportbesorger benennt; nach Incoterms-Regel FCA A2 Absatz 3 Buchst. b erfüllt der Verkäufer seine Verpflichtung zur Lieferung unter bestimmten Umständen bereits mit der Übergabe der Ware an den Spediteur, der dann „another person nominated by the buyer" im Sinne von FCA A2 ist, und nicht erst in dem Moment, in dem der Spediteur das Transportgut dem von ihm beauftragten Frachtführer übergibt.

222 Die Abgrenzung zwischen Frachtführer und Spediteur gelingt wie folgt:

- Ein Frachtführer wie auch der Verfrachter von Seeschiffen ist zum Gütertransport verpflichtet,
- während der Spediteur lediglich die Verpflichtung übernimmt, die Versendung des Gutes für Rechnung des Versenders zu besorgen. Damit trifft den Spediteur keine Beförderungspflicht, sondern nur die Pflicht, die Beförderung zu organisieren.

Abgrenzungsschwierigkeiten und Auswirkungen vor allem auf die Haftungsproblematik gibt es immer dann, wenn ein Unternehmen sowohl Fracht- als auch Speditionsverträge abschließt.

223 Da der Spediteur auch zum Selbsteintritt befugt ist (also bei Ausnutzung der vom Gesetz vorgesehenen Befugnis selber die Beförderung übernimmt), hat er hinsichtlich der Beförderung die Rechte und Pflichten eines Frachtführers oder Verfrachters. Damit ist es erforderlich, im Einzelfall zu prüfen, ob ein Fracht- oder ein Speditionsvertrag vorliegt. Hierzu gibt es verschiedene Einordnungshilfen:

- Zunächst ist die Verabredung der Vertragsparteien des Beförderungsvertrages heranzuziehen. Wenn als Hauptleistung ein Transport, eine Transportzeit sowie weitere Einzelheiten des Transports bis hin zur Übernahme einer Obhutspflicht am Transportgut vereinbart werden, kann vom Abschluss eines Frachtvertrages ausgegangen werden. Dagegen sprechen die Vereinbarung einer Sammelversendung oder die Erteilung eines „Speditionsauftrages" für den Abschluss eines Speditionsvertrages.
- Auch die von den Vertragsparteien verwendeten Dokumente können eine Hilfestellung für die Unterscheidung ermöglichen. Wird ein Frachtbrief verwendet und wird der mit der Beförderung Beauftragte als Frachtführer bezeichnet, ist die Lage klar. Gleiches gilt, wenn ein Konnossement zu den Dokumenten gehört. Dagegen spricht für einen Speditionsvertrag, wenn Speditionsformulare, Speditionsübernahmebescheinigungen, Speditionsfrachtbriefe oder Speditionsversicherungspolicen usw. verwendet werden.
- Schließlich können sich Anhaltspunkte aus der tatsächlichen Abwicklung des Geschäfts ergeben, sodass bei einer Einzelfallbetrachtung sowie Auslegung der Willenserklärung der Charakter des Vertrages ermittelt werden kann.

3. Voraussetzungen der FCA-Klausel

224 Um die Voraussetzungen der Anwendbarkeit der Klausel FCA zu erfüllen, muss die Transportperson also „Frachtführer" sein.

Soll ein „Spediteur" diese Funktion erfüllen, muss er dem vertraglichen Frachtführer gleichgestellt werden können. Er muss dann aufgrund des Frachtvertrages mit seinem Auftraggeber, durch den er die Verantwortung für den Transport des Gutes zum Bestimmungsort übernimmt, als vertraglicher Frachtführer tätig werden. Im Luft- und Seetransport, wie auch im multimodalen Transport, ist die Beförderungsverpflichtung des Spediteurs durch den Abschluss des Frachtvertrages sowie die Ausstellung eigener Luftfracht- oder Seefrachtbriefe (Konnossemente, FIATA Bill of Lading) erkennbar.

In der anglo-amerikanischen Welt, die kein eigenständiges Speditionsrecht kennt, wird ein „freight forwarder" entweder als Vertreter („agent") im Namen des Versenders tätig, oder aber er übernimmt als Geschäftsherr („principal") selber die Verantwortung für den Transportauftrag.

Fall 27: Pumpen in den Osten ...

225 *Exporteur E, ein deutscher Händler für Industriepumpen, hat einen neuen Abnehmer für innovative Ein- oder Mehrzylinder Membranpumpen mit Kugel- oder Klappenventilen, der seinen Sitz in Minsk, Weißrussland hat. Dieser Abnehmer ist für E neu und unbekannt. Überhaupt hat E bislang immer nur innerhalb des EU-Binnenmarktes geliefert, aber der neue Markt verspricht gute Gewinnmargen. Überhaupt: Der Abnehmer K ist mit der Lieferbedingung „80 % Vorkasse bei Vertragsschluss, 20 % bei Verladung der Lieferung am deutschen Abgangsort der Lieferung" einverstanden – das ist doch mal etwas anderes als die ständige Quälerei mit dem Einräumen von Zahlungszielen im EU-Markt, sich häufendem Zahlungsverzug der europäischen Abnehmer usw.*

Was E Sorgen macht, ist seine Unsicherheit hinsichtlich seiner Pflichten in der Ausfuhrabfertigung. Er möchte mit einem großen Transporter, den der Käufer beauftragt, auf dem Straßenweg „FCA Hamburg, Incoterms 2020" liefern und fragt, welche Pflichten er bei „FCA" für die Lieferung nach Minsk im Einzelnen hat und was zu beachten ist, falls er keine Ausfuhrgenehmigung erhält.

Lösungsweg

1. Ausfuhr-/ Einfuhrabfertigung

226 Die Klausel FCA Incoterms 2020 legt in der Regel A7 fest:

„(a) *Ausfuhrabfertigung*: Gegebenenfalls hat der Verkäufer alle Ausfuhrabfertigungsformalitäten durchzuführen und zu bezahlen, die von dem jeweiligen Ausfuhrland vorgeschrieben sind, z.B.: Ausfuhrgenehmigung; Sicherheitsfreigabe für die Ausfuhr; Warenkontrolle vor der Verladung; und sonstige behördliche Genehmigungen.

(b) *Unterstützung bei der Einfuhrabfertigung*: Gegebenenfalls hat der Verkäufer den Käufer auf dessen Verlangen, Gefahr und Kosten bei der Beschaffung von Dokumenten und/oder Informationen für alle Transit-/Einfuhrabfertigungsformalitäten, einschließlich Sicherheitsanforderungen und Warenkontrollen vor der Verladung, zu unterstützen, die von den Transit-/Einfuhrländern vorgeschrieben sind".

227 Beim Verkauf von Ware, die an einen Bestimmungsort außerhalb des Abgangszollgebietes geliefert wird, ist es Pflicht des Verkäufers, auf eigene Gefahr und Kosten alle Zollformalitäten durchzuführen, die für die Ausfuhr der Ware vom benannten Lieferort (hier also Hamburg) erforderlich sind. Hierzu zählen auch Ausfuhrlizenzen oder andere behördliche Genehmigungen, die möglicherweise benötigt werden. Zu beachten ist, dass A7 nur diejenigen behördlichen Genehmigungen erfasst, die für die Lieferung vom Verkäufer an den Käufer erforderlich und ausfuhr-, transit-

und einfuhrbedingt sind – alle anderen *nicht damit im Zusammenhang stehenden Genehmigungen* (Lizenzen, Bewilligungen, Registrierungen usw.) sind in A7 nicht gemeint.

Formalitäten, die außerhalb der Grenzen des Abgangszollgebietes anfallen (Durchfuhr, Transit), müssen vom Käufer auf dessen Gefahr und Kosten übernommen werden.

Am benannten Ort (Hamburg) wird die Ware noch vor dem Passieren der Zollgrenzen in den *Gewahrsam eines Frachtführers übergeben, der im Auftrag des K den Transport* der Pumpen nach Minsk *durchführt*. Wenn es im Beförderungsvertrag entsprechend vereinbart wird, müssen Käufer und Frachtführer dem FCA-Verkäufer auf dessen Verlangen, Gefahr und Kosten Unterstützung bei der Beschaffung zusätzlicher Informationen (z.B. Beschaffung einer Endverbleibsbescheinigung, Endnutzungserklärung usw.) oder bei der Abwicklung der Ausfuhrformalitäten leisten – dazu müsste der Käufer dem Frachtführer vorab die notwendigen Anweisungen erteilen. **228**

Welche konkreten Genehmigungserfordernisse für die jeweilige Aus-, Durch- und Einfuhr zu beachten sind, lässt sich nur anhand des jeweils konkreten Sachverhalts eines Liefergeschäfts feststellen. Grundsätzlich lässt sich für die Ausfuhrfreimachung festhalten: Für Waren, die aus dem Zollgebiet der Union verbracht werden, bedarf es nach Art. 263 Abs. 1 UZK der *Abgabe einer Vorabanmeldung* bei der zuständigen Zollstelle, wobei diese in Form einer Zollanmeldung (Definition in Art. 5 Nr. 12 UZK), einer Wiederausfuhranmeldung nach Art. 270 UZK (Definition in Art. 5 Nr. 13 UZK) oder einer summarischen Ausgangsanmeldung nach Art. 271 erfolgen kann. **229**

Sofern für die Ausfuhr außerdem eine Genehmigung erforderlich ist, ist auch diese beim Ausfuhrverfahren vorzulegen. Nach Abgabe der Ausfuhranmeldung, die durch eine in der EU ansässige Person auf elektronischem Wege erfolgt, kontrolliert die Ausfuhrzollstelle die Anmeldung, prüft etwaige Genehmigungsvorbehalte oder Einschränkungen/Förmlichkeiten und nimmt gegebenenfalls auch noch eine Zollbeschau der Warenlieferung vor (Art. 188 UZK). Nach positivem Abschluss des Verfahrens wird die Warenlieferung zur Ausfuhr überlassen, Art. 194 UZK. **230**

2. Erfüllung/Nichterfüllung der Ausfuhrfreimachung

Ist eine Ausfuhrfreimachung nicht möglich, weil behördlich benötigte Genehmigungen verweigert werden, verletzt der Verkäufer die ihm durch FCA A7 auferlegte *Pflicht zur Ausfuhrfreimachung*. **231**

Die Pflicht zur „Lieferung der Ware" nach FCA A2 ist, *solange sich die Ausfuhrfreimachung lediglich verzögert*, zunächst nicht betroffen, da die Incoterms-Regel FCA A2 Absatz 1 nur auf einen vereinbarten Zeitpunkt (Tag) innerhalb eines vereinbarten Zeitraums (Frist) verweist, wobei, da die Incoterms selber keine weitere Festlegung zur Bestimmung von Lieferzeitpunkt und Lieferzeitraum treffen, auf die Norm des Art. 33 CISG zurückgegriffen werden kann, die in Art. 33 Buchst. c CISG auch eine „angemessene Frist nach Vertragsschluss" ausreichen lässt, um der Lieferpflicht nachzukommen. In diesen Fällen hat die verzögerte Ausfuhrfreimachung zur Folge, dass der Verkäufer seine kaufvertragliche Pflicht so lange nicht verletzt, wie die Lieferung noch innerhalb einer angemessenen Frist nach Vertragsschluss möglich ist.

232 Bleibt die Ausfuhrfreimachung aus, kann der Käufer entweder vom Verkäufer (im Sinne des Art. 46 CISG) verlangen, dass er sich weiterhin um die Überlassung der Ware zur Ausfuhr bemüht und so lange auch die Zahlung des Kaufpreises zurückhalten, Art. 71 CISG.

Alternativ kann der Käufer, wenn die Nichterfüllung der Ausfuhrfreimachung sich als wesentliche Vertragsverletzung darstellt, den Kaufvertrag nach Art. 49 Abs. 1 Buchst. a CISG aufheben und gegebenenfalls auch Schadensersatz nach Art. 45 CISG für den durch die nicht erfolgte Ausfuhrfreimachung entstandenen Schaden verlangen.

233 Die über FCA Incoterms 2020 auferlegte Verpflichtung des Exporteurs zur Ausfuhrabfertigung birgt also einige Risiken für den Exporteur, vor allem, wenn eine Ausfuhrgenehmigung nicht erteilt wird, Transitgenehmigungen für die Durchfuhr durch Transitländer nicht ausgestellt werden oder auch Endverbleibserklärungen/ Einfuhrbescheinigungen im Zielland ausbleiben und damit die Durchführbarkeit des Liefergeschäfts erschweren oder unmöglich machen. Dies gilt umso mehr, wenn zwischen Vertragsabschluss und tatsächlicher Durchführung des Liefergeschäfts ein längerer Zeitraum vergeht und sich zwischenzeitlich behördliche Vorgaben, Verfahren oder schlicht auch nur Markt- oder politische Umstände so ändern, dass eine bei Vertragsschluss noch unbehinderte Geschäftsabwicklung sich als zunehmend erschwert oder gar unmöglich erweist. In den letztgenannten Fällen wird der Käufer eher von seinem nach Art. 49 Abs. 1 CISG eröffneten Recht Gebrauch machen und die Beendigung des Vertrags verlangen, während diese Möglichkeit für den Verkäufer nicht eröffnet ist. Das heißt: Der Verkäufer kann – wenn neuere Umstände die Ausführung des Vertrages erschweren – keine Vertragsaufhebung erklären, da dieses Recht nach Art. 49 CISG nur „dem Käufer" offensteht. Daher kann der Verkäufer also auch nicht – sollten die Umstände dazu führen, dass er die Ausfuhrabfertigung aufgrund neuerer Umstände nicht durchführen kann – die Ware anderweitig verkaufen, sondern er muss abwarten, bis der Käufer tätig wird und damit zu erkennen gibt, wie dieser sich die weitere Entwicklung des Geschäfts vorstellt.

Fall 28: Pandemie – Pflicht zur Vertragserfüllung, Vertragsaufhebung oder Schadensersatz?

In Ergänzung zum vorhergehenden Fall 27 stellt sich die weitergehende Problematik, wie eigentlich mit Fällen umzugehen ist, in denen dem Exporteur die Vertragserfüllung aufgrund von Umständen unmöglich gemacht wird, die außerhalb seines Einflussbereiches liegen. Das krasse Beispiel dafür, im Jahr 2020 mit „Corona" weltweit erlebt, ist der Fall einer Pandemie. 234

Kann eine Pandemie einen Fall von „Force Majeure" auslösen, also zum „Wegfall der Geschäftsgrundlage" führen, mit der Folge, dass der Verkäufer nicht mehr liefern muss, der Käufer aber auch keine Rechtsbehelfe wahrnehmen darf und vor allem auch keinen Anspruch auf Schadensersatz geltend machen kann?

Lösungsweg

1. Force Majeure

Force Majeure (Höhere Gewalt) liegt vor, wenn *objektiv* ein von außen das Geschäft schädigendes Ereignis vorliegt, das *subjektiv* auch mit äußerster Sorgfalt der Geschäftspartner nicht abgewendet werden kann und daher dafür sorgt, dass die geschäftliche Aktivität so nachhaltig gestört wird, dass an einer Durchführung der Vereinbarung kein Interesse mehr besteht. 235

Ausgangspunkt ist also die Frage, ob der zwischen den Parteien geschlossene Vertrag dadurch, dass sich die die Grundlage des Vertrages bildenden Umstände schwerwiegend verändert haben, unter Berücksichtigung der Interessen beider Parteien anzupassen ist. Eine solche Möglichkeit der Vertragsanpassung wegen veränderter Umstände ist in den einzelnen Rechtsordnungen ganz unterschiedlich angelegt, in der Regel aber an strenge Voraussetzungen gebunden.

Grundlage dieser Gedanken im deutschen Recht ist § 313 BGB, der Folgendes aussagt: „(1) Haben sich Umstände, die zur Grundlage des Vertrags geworden sind, nach Vertragsschluss schwerwiegend verändert und hätten die Parteien den Vertrag nicht oder mit anderem Inhalt geschlossen, wenn sie diese Veränderung vorausgesehen hätten, so kann Anpassung des Vertrags verlangt werden, soweit einem Teil unter Berücksichtigung aller Umstände des Einzelfalls, insbesondere der vertraglichen oder gesetzlichen Risikoverteilung, das Festhalten am unveränderten Vertrag nicht zugemutet werden kann." 236

Bleibt es danach bei dem Vertrag in der Form, wie er abgeschlossen wurde, ist zu untersuchen, welche Partei welche Leistungen zu erbringen hätte und welche der Parteien die ihr obliegenden Leistungen nun nicht in der ursprünglich zugesagten Form erfüllen kann. Gibt es vielleicht Möglichkeiten, doch noch – wenn auch deut- 237 lich aufwendiger und/oder etwas später – zu dem vertraglich zugesagten Ergebnis zu kommen? Falls nicht, ist des Weiteren zu untersuchen, ob das Leistungshindernis (wie im Fall der Pandemie im Jahr 2020 wirklich Corona-bedingt war oder) auch anderen Umständen zuzuschreiben ist.

2. Vertragliche Lösung

238 Es ist zunächst zu prüfen, *ob der Vertrag* direkt oder indirekt *eine Lösung* für die aktuelle Situation *bereithält.*

Wenn der Vertrag keine Lösung bereithält, ist anhand der vertraglichen Absprachen im Einzelnen zu untersuchen, welche der Parteien nach dem Vertrag das Risiko dafür zu übernehmen hat, dass die zugesagte Leistung Umstände bedingt (z.B. Pandemie) nicht wie vertraglich versprochen erfüllt werden kann.

In diesem Zusammenhang können dann zwar auch Incoterms-Klauseln, die für den Vertrag vereinbart sind, von Bedeutung sein, doch ist bereits aus dem vorangehenden Beispielsfall erkennbar geworden, dass Incoterms-Klauseln in derartigen *Konstellationen eines von außen einwirkenden Umstands*, der zu Leistungsstörungen führt, *keine praktikable Lösung* aufzeigen können. Stattdessen ist daher auf allgemeine Grundsätze des Zivil-/Handelsrechts zurückzugreifen. Es wird über die Incoterms-Klausel nur klargestellt, wessen Risikosphäre der äußere Umstand (Höhere Gewalt) zugerechnet wird.

3. Befreiung von vertraglicher Verpflichtung?

239 Führt höhere Gewalt (beispielsweise eine Pandemie) dazu, dass der Exporteur weder liefern darf (= Verletzung der kaufvertraglichen Lieferverpflichtung) noch gegebenenfalls verpflichtende Ausfuhr-/Transit- oder Einfuhrabfertigungen vornehmen kann (Verletzung von Verpflichtungen aus Incoterms-Vereinbarungen), stellt sich also die Frage danach, ob es Normen gibt, die in Fällen unverschuldeter Leistungsstörung zum Wegfall der Geschäftsgrundlage und damit zur Leistungsbefreiung in der Weise führen, dass die aufgrund der Nichtleistung eines Lieferanten geschädigte Käuferseite auch keinen Anspruch auf Erhebung von Schadensersatzansprüchen hat.

Hierzu kommt es darauf an, welches Recht für den Vertrag gilt:

3.1 CISG

240 Im internationalen Warenkauf kommt das UN-Kaufrecht/CISG zur Anwendung. Dieses sieht in Art. 79 CISG eine Höhere-Gewalt-Klausel vor, deren Eingreifen aber an *enge Voraussetzungen* gebunden ist.

Art. 79 CISG legt fest: „(1) Eine Partei hat für die Nichterfüllung einer ihrer Pflichten nicht einzustehen, wenn sie beweist, dass die Nichterfüllung auf einem außerhalb ihres Einflussbereichs liegenden Hinderungsgrund beruht und dass von ihr vernünftigerweise nicht erwartet werden konnte, den Hinderungsgrund bei Vertragsabschluss in Betracht zu ziehen oder den Hinderungsgrund oder seine Folgen zu vermeiden oder zu überwinden. (2) Beruht die Nichterfüllung einer Partei auf der Nichterfüllung durch einen Dritten, dessen sie sich zur völligen oder teilweisen Vertragserfüllung bedient, so ist diese Partei von der Haftung nur befreit, (a) wenn sie nach Absatz 1 befreit ist und (b) wenn der Dritte selbst ebenfalls nach Absatz 1 befreit wäre, sofern Absatz 1 auf ihn Anwendung fände. (3) Die in diesem Artikel vorgesehene Befreiung gilt für die Zeit, während der der Hinderungsgrund besteht. (4) Die Partei, die nicht erfüllt, hat den Hinderungsgrund und seine Auswirkung auf ihre Fähigkeit zu erfüllen der anderen Partei mitzuteilen. Erhält die andere Partei die Mitteilung nicht innerhalb einer angemessenen Frist, nachdem die nicht erfüllende Partei den Hinderungsgrund kannte oder kennen musste, so haftet sie für den aus diesem Nichterhalt entstehenden Schaden."

Danach bleibt der Vertrag im Prinzip unverändert. Die nicht vertragsgemäß leis- **241**
tende Partei bleibt insbesondere an den Vertrag gebunden und kann ihn nicht einseitig aufheben. Solange die Voraussetzungen des Art. 79 CISG gegeben sind, kann die Höhere-Gewalt-bedingt nicht leistende Partei aber nicht auf Schadensersatz in Anspruch genommen werden, wenn sie unmittelbar nach Erkennbarwerden des möglichen Hinderungsgrundes der anderen Partei davon Mitteilung macht. Das Vorliegen dieser Voraussetzung ist im Einzelfall zu prüfen.

3.2 Deutsches Zivil- und Handelsrecht

Das deutsche Zivilrecht belässt die nicht vertragsgemäß leistende Vertragspartei **242**
zunächst – trotz Pandemie – in einer Leistungspflicht und lässt nur unter sehr engen Möglichkeiten eine Leistungsbefreiung zu,

- etwa wenn die Lieferung/Leistung *unmöglich* geworden ist, weil eine Ware auf allen Märkte nicht mehr beschaffbar oder herstellbar ist (hier wäre der Leistungsverpflichtete zwar zum Schadensersatz verpflichtet, was allerdings ein „Verschulden" – Vorsatz oder Fahrlässigkeit – des Leistungsverpflichteten voraussetzt – und dieses dürfte aber in der Regel nicht nachzuweisen sein),
- oder weil die *Vertragsgrundlag*e als solche *weggefallen* ist (hier kommt es nicht auf ein „Verschulden" des Leistungsverpflichteten an).

Das deutsche BGB/HGB kennt den Begriff der höheren Gewalt nicht als allgemei- **243**
nes Prinzip. Anstelle dessen kommt das Instrument des *Wegfalls der Geschäftsgrundlage* in Betracht, das in § 313 BGB (oben zitiert) normiert ist. Der Wegfall der Geschäftsgrundlage befreit einen Lieferanten von seiner Lieferpflicht, wenn die Geschäftsabwicklung aufgrund massiver Veränderung der Umstände dazu führt, dass am Vertrag nicht festgehalten werden kann. Die Pandemie des Jahres 2020 hat allerdings gezeigt, *dass Liefergeschäfte nicht direkt durch die Pandemie gefährdet oder gestört wurden*, sondern eher die Situation „Stay at Home/Home Office" dazu führte, dass Unternehmen nicht mehr produktiv arbeiten konnten, Container nicht verfügbar waren, weil sie in Krisenländern nicht ausgeladen oder geleert in Liefermärkte zurückgeführt werden konnten usw. Da es also durchaus streitig enden kann, wenn überlegt wird, ob eine Pandemie tatsächlich ein Recht zur Vertragsbeendigung wegen Wegfalls der Geschäftsgrundlage gibt, sollte bei Verabredung von Kaufvereinbarungen mit Incoterms-Klausel sicherheitshalber

eine „Störungsklausel“ hinzugefügt werden, die sich mit den möglichen Fällen höherer Gewalt auseinandersetzt (Force-Majeure-Klausel).

4. Force-Majeure-Klausel im Vertrag

244 Grundsätzlich ist die Vereinbarung einer solchen Klausel, insbesondere im internationalen Geschäftsverkehr, sinnvoll. Die Klausel kann folgende Inhaltsmerkmale haben:

- Die vertragliche Grundlage mit einer *Definition der Fälle höherer Gewalt*, die die Tatbestandsvoraussetzungen für eine Haftungsbefreiung bilden und die für diese Fälle ausdrücklich nationales Recht verdrängen sollten.
- Die Klausel sollte für ein äußeres, also nicht betrieblich bedingtes, unvorhersehbares und unabwendbares Ereignis gelten, das das Einhalten des Vertrags auch bei äußerster Sorgfalt erschwert oder unmöglich macht. Dies können Naturkatastrophen oder andere Ereignisse wie Terroranschläge, Boykottmaßnahmen oder auch Streiks, Materialknappheit oder auch Epidemien sein.
- Die Internationale Handelskammer hat ihre Force-Majeure-Klausel in 2020 neu aufgelegt und hält damit ein aktuelles Muster vor: (https://iccwbo.org/content/uploads/sites/3/2020/03/icc-forcemajeure-hardship-clauses-march2020.pdf)

3. CPT Frachtfrei (benannter Bestimmungsort)

Der Verkäufer prüft, ob 245

- *er bereit ist, die Ware einem Frachtführer (ggf. an einem vereinbarten Ort) zu übergeben,*
- *den Beförderungsvertrag abzuschließen,*
- *die Beförderungskosten der Ware bis zum Bestimmungsort zu tragen,*
- *ferner die Gefahr bis zum Lieferort (also bis zum Ort der Übergabe der Ware an den Beförderer) zu tragen*
- *und ob er bereit ist, die Ausfuhrabfertigung durchzuführen.*
- *Der Verkäufer muss dem Käufer Transportdokumente zur Verfügung stellen, die bei Bedarf oder bei entsprechender Verabredung mit dem Käufer die Funktion des Traditions- und Inhaberpapiers erfüllen müssen.*

Besonderheiten:

Falls die Ware vom Verkäufer auch versichert werden soll: nicht CPT, sondern CIP.

Falls die Ware in einen Bestimmungshafen zu befördern ist: nicht CPT, sondern CFR.

Der Käufer prüft, ob

- *er bereit ist, alle Risiken ab Lieferung der Ware an den Frachtführer (z.B. ab Verladung, CPT B3),*
- *sowie die Kosten (soweit sie nicht mit dem Beförderungsvertrag zusammenhängen, vgl. CPT B9) zu tragen,*
- *er ggf. in der Lage ist, bei einem innerhalb der Gemeinschaft endenden Beförderungsvertrag die innergemeinschaftlichen Beförderungskosten getrennt auszuweisen und bei der Zollwertanmeldung als Abzug geltend zu machen*
- *und ob er in der Lage ist, (ggf. ohne Unterstützung durch den Verkäufer) die Einfuhrformalitäten zu erledigen und etwa erforderliche Genehmigungen zu beschaffen.*

Besonderheiten:

Falls der Käufer nicht bereit ist, Risiken ab Lieferung der Ware an den Beförderer zu tragen, kein CPT, sondern D-Klausel.

Falls der Käufer nicht in der Lage ist, die Einfuhrabfertigung durchzuführen (CPT B7), kein CPT, sondern nur DDP.

Falls das am Bestimmungsort ankommende Transportmittel vom Verkäufer zu entladen ist: nicht CPT/DAP/DDP, sondern nur DPU – bei DPU liegt dann aber die Einfuhrabfertigung wieder beim Käufer, DPU B7.

Anwendung der Klausel CPT

246 Bei Nutzung der Klausel „Frachtfrei" erfolgen die Lieferung der Ware und der Gefahrenübergang vom Verkäufer an den Käufer

- durch Übergabe der Ware an den Frachtführer,
- welcher *vom Verkäufer beauftragt* wurde,
- oder durch Verschaffung der so gelieferten Ware.
- Hierzu kann der Verkäufer die Ware in einer für die verwendete Transportart geeigneten Art und Weise und an einem diesbezüglich geeigneten Ort in den Besitz des Frachtführers übergeben.

247 Nach der so erfolgten Lieferung der Ware an den Käufer übernimmt der Verkäufer jedoch keine Garantie dafür, dass die Ware ihren Bestimmungsort in einwandfreiem Zustand oder in der angegebenen Qualität erreicht bzw. dass die Ware überhaupt am Bestimmungsort eintrifft. Der Grund hierfür ist, dass mit Lieferung der Ware an den Käufer durch Übergabe an den Frachtführer zugleich auch der Gefahrenübergang vom Verkäufer auf den Käufer erfolgt; ungeachtet dessen muss jedoch der Verkäufer einen Vertrag zur Beförderung der Ware vom Lieferort zum vereinbarten Bestimmungsort abschließen.

248 Hinweis: Die älteren Incoterms *2010* enthielten an dieser Stelle noch die Besonderheit, dass der Verkäufer die „Lieferung der Ware" an „den Frachtführer oder eine andere vom Verkäufer bestimmte Person" erbringen durfte, CPT Incoterms 2010, Anwendungshinweis 1. Dies konnte in der Praxis zu Unsicherheiten führen, wie groß der Bezug dieser „Person" zur beförderten Ware sein musste, was bei einem „Spediteur", der eine Beförderung lediglich organisiert, nicht der Fall sein konnte, außer in den Fällen, dass der Spediteur zugleich Frachtführer war. Diese Unsicherheit ist im neuen CPT Incoterms 2020 behoben, indem der Verkäufer die Ware nur noch an den Frachtführer übergeben darf, um seine Lieferverpflichtung zu erfüllen und den Gefahrübergang herbeizuführen.

249 „Frachtführer" ist, wer sich durch einen Beförderungsvertrag verpflichtet, die Beförderung auf der Schiene, Straße, in der Luft, zur See, mit einem Binnenschiff oder in einer Kombination von Transportarten durchzuführen oder durchführen zu lassen.

Werden mehrere aufeinander folgende Frachtführer für die Beförderung zum benannten Bestimmungsort eingesetzt, geht die Gefahr auf den Käufer über, sobald die Ware dem *ersten* Frachtführer übergeben worden ist. Erster Frachtführer ist derjenige, der die Ware selbst oder durch einen Subunternehmer als erster übernimmt. Aufeinander folgende Frachtführer sind im internationalen Rechtsverkehr geläufig.

Die Klausel CPT weist zwei kritische Punkte auf, da der Gefahrübergang vom Verkäufer auf den Käufer einerseits und die Kostentragungspflicht andererseits an verschiedenen Orten stattfinden, beziehungsweise übergehen. Daher muss bei Einsatz der Klausel CPT unbedingt darauf geachtet werden, dass bei Abschluss der Lieferbedingung **250**

- der *Lieferort* genau bestimmt wird, da dies der Platz ist, an dem die Ware dem (ersten) Frachtführer übergeben wird und zugleich der Gefahrübergang vom Verkäufer auf den Käufer stattfindet
- und der *Bestimmungsort* genau bestimmt wird, da der Verkäufer diese präzise Angabe für den Abschluss des Beförderungsvertrages benötigt. Außerdem entscheidet der Bestimmungsort über den Kostenübergang zwischen den Parteien.

CPT verpflichtet den Verkäufer, die Ware nötigenfalls zur Ausfuhr freizumachen. **251** Jedoch hat der Verkäufer keinerlei Verpflichtungen, die Ware zur Einfuhr oder Durchfuhr durch Drittländer freizumachen, Einfuhrzölle zu zahlen oder Einfuhrzollformalitäten zu erledigen.

Fall 29: Fehlerhafte „ESumA" im Importgeschäft

252 *Ein deutscher Importeur bezieht Waren von einem türkischen Lieferanten, „CPT München, Incoterms 2020". Auf Grundlage des Liefervertrages schließt der ausländische Exporteur einen Beförderungsvertrag mit einer türkischen Spedition ab und liefert die Ware an diesen Beförderer aus.*

Da der Lieferant es versäumt, genauere Spezifikationen zur Lieferung abzugeben, unterlaufen der türkischen Spedition bei der Eingangszollstelle der EU Fehler bei der summarischen Eingangsanmeldung (ESumA).

Es kommt zwischen Ex- und Importeur zum Streit darüber, wer für die fehlerhafte Eingangsanmeldung verantwortlich ist und zu welchen Konsequenzen die fehlerhaften Angaben führen.

Lösungsweg

1. Summarische Eingangsmeldung

253 Für Waren, die in das Zollgebiet der Union verbracht werden, ist grundsätzlich eine summarische Eingangsanmeldung (ESumA) abzugeben (Art. 127 Abs. 1 und 2 UZK). Diese enthält alle Angaben, die für eine Risikoanalyse zu Zwecken des Schutzes und der Sicherheit erforderlich sind (Art. 127 Abs. 5 und Art. 128 UZK).

254 Die summarische Eingangsanmeldung ist vor dem Verbringen von Waren in das Zollgebiet der Union elektronisch über ATLAS-EAS bei der ersten Eingangszollstelle abzugeben (Art. 127 Abs. 3 UZK). Es steht außerdem die Internet Eingangs-/Ausgangs-SumA (IIA) für die Abgabe der summarischen Eingangsanmeldung zur Verfügung. Wenn eine elektronische Anmeldung vom Teilnehmer nicht übermittelt werden kann, ist das Sicherheitsdokument (Formular 033023) in zweifacher Ausfertigung sowie bei mehr als einer Warenposition zusätzlich die Liste der Warenpositionen – Sicherheit (Formular 033024) zu verwenden. Des Weiteren kann die Eingangszollstelle die Verwendung eines Handelspapiers zulassen, wenn es die gemäß Anhang 9 Anlage A UZK-TDA erforderlichen Angaben enthält (weitere Informationen vgl. www.zoll.de).

2. Verantwortliche Person

255 Grundsätzlich ist der Beförderer für die summarische Eingangsanmeldung (Art. 127 Abs. 4 UZK) verantwortlich, die vom Beförderer oder einer der in Art. 127 Abs. 4 Buchst. a und b UZK genannten Personen abgegeben werden kann. Beförderer ist die Person, die die Waren in das Zollgebiet der Union verbringt oder für die Beförderung der Waren in das Zollgebiet verantwortlich ist (Art. 5 Nr. 40 UZK). In der Regel ist dies die Reederei, die Spedition, die Flug- oder Eisenbahngesell-

schaft. In der ESumA ist die EORI-Nummer des Beförderers anzugeben. In ATLAS-EAS wird für den Beförderer der Begriff Verbringer verwendet.

Im Rahmen von Chartervereinbarungen im See- oder Luftverkehr oder einer vertraglichen Vereinbarung über die gemeinsame Nutzung von Laderaum ist die Person Beförderer, die über die Verbringung von Waren in das Zollgebiet einen Vertrag abgeschlossen und einen Fracht- oder Luftfrachtbrief ausgestellt hat. **256**

Beim Vessel-Sharing im Seeverkehr oder Code-Sharing im Flugverkehr werden von den Vertragspartnern jeweils eigene Fracht- oder Luftfrachtbriefe ausgestellt, sodass diese als Beförderer gelten. Wenn z.B. eine Vessel-Sharing-Vereinbarung zwischen zwei Reedereien besteht, ist von diesen jeweils eine ESumA für die Waren abzugeben, für die sie die Verantwortung für die Beförderung in das Zollgebiet der Union übernommen haben. In diesem Fall kann der Beförderer vom Betreiber des aktiven Beförderungsmittels, der für die Abgabe eines Umleitungsantrags oder einer Ankunftsmeldung verantwortlich ist, abweichen. Im Flugverkehr bestehen Interline-Vereinbarungen. Bei diesen wird nur ein Luftfrachtbrief von der durchführenden Fluggesellschaft als Beförderer ausgestellt, auch wenn sich Fracht weiterer Fluggesellschaften an Bord befindet. **257**

Im kombinierten Verkehr ist die Person Beförderer, die das Beförderungsmittel betreibt, das sich nach seinem Verbringen in das Zollgebiet der Union als aktives Beförderungsmittel von selbst fortbewegt. Der Beförderer weicht somit in diesen Fällen vom Betreiber des aktiven Beförderungsmittels ab. Bei einem Lkw auf einem RoRo-Schiff ist zum Beispiel der Lkw-Fahrer bzw. dessen Spedition Beförderer. Im See- und Luftverkehr ist zudem vom Betreiber des grenzüberschreitenden aktiven Beförderungsmittels bei der ersten Ankunft im Zollgebiet der Union eine Ankunftsmeldung bei der Eingangszollstelle abzugeben (Art. 133 UZK). Die Ankunftsmeldung ersetzt nicht die Mitteilung der Gestellung. **258**

Die Ankunftsmeldung kann über ATLAS-EAS oder als Internetanmeldung abgegeben werden. Wenn die Ankunftsmeldung per Internetanmeldung abgegeben wird, ist der unterzeichnete Ausdruck in doppelter Ausfertigung der Eingangszollstelle, bei der das Beförderungsmittel tatsächlich ankommt, vorzulegen. **259**

Die Person, die die ESumA abgibt, ist auch für den Inhalt verantwortlich. Verantwortlich ist daher die Person,

- die die Waren in das Zollgebiet verbringt
- oder die Verantwortung über die Beförderung hat
- oder im Namen des Verbringers/Beförderers handelt und die betreffenden Waren gestellen oder gestellen lassen kann
- oder die eine der vorstehend genannten Personen vertritt.

3. Ergebnis

Zollrechtlich ist damit die Spedition verantwortlich, haftungsrechtlich dagegen folgt aus CPT A4 Absatz 2, dass der Verkäufer u.a. auch für „transportbezogene Sicherheitsanforderungen für die Beförderung" verantwortlich ist. Nach herr- **260** schender Ansicht zählt die ESumA, die der Risikoanalyse zu Sicherungszwecken dient (vgl. Art. 128 UZK), zu den von CPT A4 umfassten Sicherheitsanforderungen.

261 Danach trägt der Exporteur die Verantwortung für die Richtigkeit der Informationen, die zur ESumA führen. Falsche Angaben in der ESumA können zur Zollschuldentstehung gem. Art. 79 Abs. 1 Buchst. a UZK führen, wenn durch die Falschangabe eine völlig andere Ware angemeldet als tatsächlich eingeführt wird. Sofern jedoch kein Täuschungsversuch vorliegt und die übrigen Voraussetzungen gem. Art. 124 Abs. 1 Buchst. h UZK erfüllt sind, kann die Zollschuld auch wieder erlöschen. Davon unbeschadet ist jedoch die Verhängung einer Sanktion möglich (Art. 42 UZK, Art. 125 UZK).

Fall 30: Zusatzkosten des Beförderungsvertrags

Der Exporteur E soll eine Ware an den französischen Abnehmer K, CPT Lyon, Incoterms 2020, liefern. 262

Vereinbarungsgemäß (nach CPT A4) schließt der Exporteur den Beförderungsvertrag mit einem Transportunternehmen zu üblichen Bedingungen und auf seine Kosten ab. Der Beförderungsvertrag enthält die Regelung, dass der Vertragspartner des Transportunternehmens nicht nur übliche, sondern sämtliche Kosten des Transports bis zur Anlieferung am Zielort trägt.

Diese Vereinbarung einschließlich der Kostenvereinbarung teilt E dem K mit, und der Liefervertrag zwischen E und K wird endgültig unterzeichnet.

Wenige Tage nach Abschluss des Liefervertrags erhöht die Spedition die Frachtraten. Außerdem kommt es während des Transports streikbedingt zu einer erheblichen Verzögerung der Auslieferung, was ebenfalls kostentreibend wirkt.

E verlangt von K nicht nur die Differenz, die durch die Erhöhung der Frachtrate entstanden ist, sondern auch die durch den Streik zusätzlich verursachten Kosten. Zu Recht?

Lösungsweg

1. Erhöhung der Transportkosten

E kann von seinem Abnehmer die höheren Transportkosten nur verlangen, wenn 263
die Vertragsvereinbarung/der Kaufvertrag dies zulässt.

Zwischen den beiden Kaufvertragsparteien ist ein Vertrag „CPT Lyon, *Incoterms 2020*" abgeschlossen worden, dem die Kostenkalkulation des Transportvertrages mit einer eindeutigen Frachtrate zugrunde lag. Entscheidend ist dieser Moment: Zum *Zeitpunkt des Abschlusses des Kaufvertrags* stand eine eindeutige Summe der Transportkosten fest, die der E nach CPT A9 zu tragen hat. Etwaige Erhöhungen nach diesem Zeitpunkt gehen zulasten des E; höhere Frachtkosten kann E daher nicht verlangen.

2. Zusätzliche Transportkosten nach Gefahrübergang

Anders sieht es dagegen mit der Kostenverteilung aus, wie sich aus CPT B9 264
Buchst. a ergibt. Da der Käufer nach dieser Incoterms-Regel „alle die Ware betreffenden Kosten ab dem Zeitpunkt der Lieferung gemäß CPT A2 zu tragen hat", und da der Zeitpunkt der Lieferung nach CPT A2 zugleich auch der Moment des Gefahrübergangs ist (CPT A3), entscheidet der *Moment des Gefahrübergangs* darüber, welche Kosten zu wessen Lasten gehen.

265 Grundsätzlich liegt es danach in der Risikosphäre des Käufers, wenn nach Gefahrübergangs *unvorhergesehene Kosten* (etwa durch hoheitlichen Eingriff, Unfall, Streik usw.) eintreten.

- Gibt es *keine* eindeutige anderslautende Festlegung im Liefervertrag, trägt *der Käufer alle die Ware betreffenden Kosten ab Gefahrübergang*. Also müsste *der Käufer* die streikbedingten Zusatzkosten tragen.
- Anders ist es dagegen nur, wenn der *Beförderungsvertrag* festlegt, dass *alle* die Ware betreffenden Kosten während des Transports bis zu ihrer Ankunft am vereinbarten Bestimmungsort zulasten des Verkäufers gehen sollen. Dies ist im vorliegenden Fall gegeben: Laut Transportvertrag soll E *alle* Kosten bis zum Zielort tragen. Diese Bestimmung hat er dem K auch mitgeteilt, und sie wurde damit auch Grundlage des Kaufvertrags.

Im Ergebnis kann E daher keine Zusatzkosten K verlangen.

Fall 31: Wo ist der „Bestimmungsort"?

V und K schließen einen Kaufvertrag über eine Warenlieferung von Ulm nach Paris, CPT Paris Incoterms 2020. Es ist im Moment des Vertragsabschlusses noch nicht klar, an welcher Stelle oder an welchem Ort im Großraum Paris angeliefert werden soll. Da die Niederlassung des K sich unmittelbar am Stadtrand von Paris, im Vallée de la Marne befindet und diese Niederlassung von Deutschland aus hervorragend über die Autobahn A4 erreichbar ist, ohne dass mit dem LKW ins Stadtgebiet hineingefahren werden muss, beauftragt V den Transporteur mit der Beförderung der Ware bis zur Niederlassung des K am Stadtrand. **266**

Bei Anlieferung der Ware in der Niederlassung verlangt der K einen Weitertransport zu seinem Außenlager nach Levallois-Perret, also einmal quer durch Paris auf die andere Seite der Stadt, was aufgrund gewaltiger Staus und Wartezeiten zu erheblichen Zusatzkosten des Transports führte. K geht ganz selbstverständlich davon aus, dass diese Kosten nicht ihn, K, treffen, sondern von V zu tragen sind. Zu Recht?

Lösungsweg

1. Transport bis zum Bestimmungsort

267 Nach CPT A4 gilt: „Der Verkäufer hat für die Ware einen Beförderungsvertrag von der gegebenenfalls vereinbarten Lieferstelle am Lieferort bis zum benannten Bestimmungsort oder einer gegebenenfalls vereinbarten Stelle an diesem Ort abzuschließen oder zu verschaffen. Der Beförderungsvertrag ist zu den üblichen Bedingungen auf Kosten des Verkäufers abzuschließen und hat die Beförderung auf der üblichen Route in der üblichen Weise und einem Transportmittel der Bauart zu gewährleisten, die normalerweise für den Transport der verkauften Warenart verwendet wird. *Ist keine bestimmte Stelle vereinbart* und ergibt sie sich auch nicht aus der Handelspraxis, kann der Verkäufer die Stelle am Lieferort und am benannten Bestimmungsort auswählen, die für den Zweck am besten geeignet ist."

268 Die Incoterms selbst sagen dazu in den „Hinweisen für die Nutzer" vor CPT, in Ziffer 5, recht wenig: „Die Parteien sind außerdem gut beraten, am vereinbarten Bestimmungsort die Stelle so genau wie möglich anzugeben, da dies die Stelle ist, bis zu der der Verkäufer den Beförderungsvertrag abschließen muss und folglich die Transportkosten bis zu dieser Stelle zu Lasten des Verkäufers gehen."

269 Der ICC Guide on Transport, der zu den Incoterms 2010 entwickelt wurde, geht in der Auslegung weiter (s. dort, CPT Frage 2): „... Wann immer der Käufer berechtigt ist, den Zeitpunkt für die Versendung der Ware und / oder den benannten Bestimmungsort oder die Stelle für die Entgegennahme der Ware innerhalb dieses Ortes zu bestimmen, hat er den Verkäufer in angemessener Weise darüber zu benachrichtigen. *Ist keine bestimmte Stelle am Bestimmungsort vereinbart* oder ergibt sie sich nicht aus Handelsbräuchen, *kann der Verkäufer die Stelle am benannten Bestimmungsort auswählen*, die für seine Zwecke am besten geeignet ist, und seinem Frachtführer entsprechende Anweisung erteilen." Diese Auslegungsregel entspricht fast genau dem Wortlaut von CPT A4, Incoterms 2020.

2. Ergebnis

270 Da die Vertragsparteien bei Abschluss des Kaufvertrags keine präzise „Stelle" festgelegt hatten, die der Frachtführer am „Bestimmungsort Paris" anzusteuern hatte, war es völlig in Ordnung, dass V bei Vereinbarung des Beförderungsvertrags die Anweisung gab, die Ware am Ort der Niederlassung des K anzuliefern. Die zusätzlich entstandenen Transportkosten für die Beförderung der Ware an eine andere Stelle muss K tragen (beziehungsweise, wenn der Frachtführer mit V die Gesamttransportkosten abrechnet, dem V erstatten).

Fall 32: Die Papiere fehlen...

Im vorhergehenden Fall gab es auch noch eine Komplikation: Die Papiere fehlen ... 271

K hatte zwischenzeitlich, nachdem V die Ware dem Frachtführer übergeben hatte, die Ware an einen Zweiterwerber Z weiterverkauft. Nun wollte K erreichen, dass die Ware direkt dem Z im 17. Arrondissement in Paris zugestellt und als neuem legitimierten Erwerber der Ware ausgehändigt wird. Da K den Weiterverkauf telefonisch getätigt hatte, fordert er von V die Zusendung des „Transportpapiers", um es an Z weiterzureichen, damit dieser die transportierte Ware an sich herausverlangen kann.

V war jedoch nicht in der Lage, dieser Aufforderung nachzukommen, da er die Dokumente in seinen (sehr ungeordneten) Unterlagen nicht auffinden konnte. Hierdurch kommt es zu deutlichen Verzögerungen im Weiterverkauf der Ware, und es entstehen Kosten für Standzeiten des Transporters und zusätzliche Tagegelder für den Fahrer.

Welche Rolle spielen „Transportpapiere" überhaupt und kann K von V Schadensersatz dafür verlangen, dass er keinen Frachtbrief übergeben kann, mit dessen Hilfe K den Z hätte legitimieren können, die Ware rechtzeitig an sich herauszuverlangen?

Lösungsweg

FCA A6 Incoterms 2020 legt hierzu fest: „Falls handelsüblich oder falls der Käufer es verlangt, hat der Verkäufer auf eigene Kosten dem Käufer das oder die übliche(n) Transportdokument(e) für den gemäß A4 vertraglich vereinbarten Transport zur Verfügung zu stellen. 272

1. Transportdokument

Dieses Transportdokument muss die vertragliche Ware erfassen und innerhalb der zur Versendung vereinbarten Frist datiert sein. 273

Falls vereinbart oder handelsüblich, muss das Dokument den Käufer auch in die Lage versetzen, die Herausgabe der Ware bei dem Frachtführer am benannten Bestimmungsort einfordern zu können und *es dem Käufer ermöglichen, die Ware während des Transports durch Übergabe des Dokuments an einen nachfolgenden Käufer oder durch Benachrichtigung an den Frachtführer zu verkaufen.*

Wird ein solches Transportdokument als begebbares Dokument und in mehreren Originalen ausgestellt, muss dem Käufer ein vollständiger Satz von Originalen übergeben werden".

In dem vom CPT-Verkäufer geschlossenen Beförderungsvertrag sollte der gesamte Transport der Ware ab der gewählten Abholstelle bis zur Übergabe der Ware an 274 den Käufer am vereinbarten Bestimmungsort möglichst in Form eines einzigen Vertragswerks geregelt sein. Das wird schwierig, wenn vertragliche Transportpflichten im Rahmen von Unteraufträgen an weitere Frachtführer z.B. im Straßentransport, in der Luftfracht, im Schiffstransport oder der Eisenbahn übertragen werden. Hier entstehen verschiedene Transportpapiere.

275 Die meisten internationalen Transportübereinkommen schreiben vor, dass der vertraglich beauftragte Frachtführer dem Versender/Verlader ein bestimmtes Transportdokument oder eine bestimmte Güterempfangsbescheinigung (Luftfrachtbrief, Konnossement, Straßenfrachtbrief) über die zum Transport übernommene Fracht aushändigen muss.

Dieses Transportdokument dient als Nachweis dafür, dass die Ware am Lieferort für die Beförderung zum benannten Bestimmungsort in die Obhut des Frachtführers übernommen wurde. Es kann auch so eingesetzt werden, dass es nur dem Inhaber ermöglicht, die Herausgabe der Ware zu verlangen (wie dies etwa beim Konnossement der Fall ist). Im vorliegenden Fall sollte ein Transportpapier erstellt werden, das es dem Käufer ermöglicht, die Ware während des Transports durch Übergabe des Dokuments an einen nachfolgenden Käufer zu verkaufen. Dieses Dokument kann V dem K nicht verschaffen.

2. Pflicht des Verkäufers zur Dokumentenverschaffung

276 Fraglich ist daher, ob es einen Schadensersatzanspruch des K gegen V gibt. Ein solcher könnte sich aus Art. 34 CISG ergeben.

Art. 34 CISG normiert: *„Hat der Verkäufer Dokumente zu übergeben, die sich auf die Ware beziehen, so hat er sie zu dem Zeitpunkt, an dem Ort und in der Form zu übergeben, die im Vertrag vorgesehen sind.* Hat der Verkäufer die Dokumente bereits vorher übergeben, so kann er bis zu dem für die Übergabe vorgesehenen Zeitpunkt jede Vertragswidrigkeit der Dokumente beheben, wenn die Ausübung dieses Rechts dem Käufer nicht unzumutbare Unannehmlichkeiten oder unverhältnismäßige Kosten verursacht. *Der Käufer behält jedoch das Recht, Schadenersatz nach diesem Übereinkommen zu verlangen"*.

277 Die Pflicht zur Übergabe von Dokumenten besteht nur dann, wenn sie „im Vertrag vorgesehen" ist. Mit der im Kaufvertrag enthaltenen Lieferbedingung „CPT Incoterms 2020" werden zugleich auch die Incoterms-Regeln mit vereinbart, mithin also auch die Incoterms-Regel CPT A6, wonach V verpflichtet ist, dem K das notwendige Dokument zur Verfügung zu stellen. Da ihm dies aber aufgrund der von ihm zu vertretenden Umstände (Unordnung in den Unterlagen) nicht möglich war, muss er nach Art. 34 Satz 3 CISG dem K den Schaden ersetzen, der dem K dadurch entsteht, dass er das Inhaberpapier nicht an Z weiterreichen kann und es damit zu Verzögerungen kam.

Fall 33: Zahlungspflicht des Empfängers bei bloßer Übernahme der Fracht?

Spedition S steht in ständiger Geschäftsbeziehung zu der mittlerweile insolventen V, für die S Warensendungen zu fixen Kosten beförderte. Das Handelsunternehmen K bezog von V Warensendungen, wobei es keine vertraglichen Verabredungen zwischen V und K über die Übernahme der Beförderungskosten, also auch keine Incoterms-Vereinbarung, gab; V übernahm stattdessen regelmäßig die Beförderungskosten zu festen Preisen. 278

S lieferte die letzten Sendungen, für die keine Frachtbriefe ausgestellt wurden, an K aus. Bei den letzten Warenauslieferungen blieb die Bezahlung der Transportkosten durch V aus.

Da V für die zuletzt durchgeführten Transporte die Frachtlohnansprüche der S in Höhe von 40.133,58 € nicht beglichen hat und inzwischen insolvent ist, fordert S die Begleichung dieser Kosten nunmehr von K als Empfängerin der Warensendungen. Zu Recht? (Fall nach BGH, Urteil vom 11.1.2007, I ZR 177/04).

Lösungsweg

1. Grundlage § 421 Abs.2 HGB

Spedition S kann gegen die Empfängerin der Warenlieferungen, K, einen Zahlungsanspruch nach § 421 HGB geltend machen, wenn dessen Voraussetzungen erfüllt sind. § 421 HGB regelt in Abs. 1 Satz 1 das Recht des Empfängers, vom Frachtführer zu verlangen, ihm das Frachtgut gegen Erfüllung der Verpflichtungen aus dem Frachtvertrag (also Lieferung der Ware *und* Übergabe der Frachtbriefe) abzuliefern. 279

In § 421 Abs. 2 HGB findet sich dann die Grundlage für einen etwaigen Zahlungsanspruch des Frachtführers: „Der Empfänger, der sein Recht nach § 421 Absatz 1 Satz 1 HGB geltend macht, hat die noch geschuldete Fracht bis zu dem Betrag zu zahlen, der aus dem Frachtbrief hervorgeht. Ist ein Frachtbrief nicht ausgestellt oder dem Empfänger nicht vorgelegt worden oder ergibt sich aus dem Frachtbrief nicht die Höhe der zu zahlenden Fracht, so hat der Empfänger die mit dem Absender vereinbarte Fracht zu zahlen, soweit diese nicht unangemessen ist. 280

2. Voraussetzungen

Die Voraussetzungen des § 421 Abs. 2 HGB sind nicht schon dann erfüllt, wenn der Empfänger eine Warensendung annimmt. Die Bestimmung knüpft die Frachtzahlungspflicht des Empfängers nicht mehr, wie *die alte Norm des § 436 HGB (a.F.)*, an die Entgegennahme der Warensendung *und* des Frachtbriefes, sondern 281 daran an, *dass der Empfänger sein Recht nach § 421 Abs. 1 Satz 1 HGB geltend macht.*

282 Der Empfänger erwirbt einen Anspruch auf Ablieferung des an der Ablieferungsstelle angekommenen Gutes erst dann, wenn er sich bereit erklärt, die Ansprüche des Frachtführers aus dem Frachtvertrag zu erfüllen. Auch wenn er die insoweit erforderliche Willenserklärung nicht abgibt, ist der Frachtführer dem Absender gegenüber zur Ablieferung der Sendung an den Empfänger verpflichtet.

283 Die tatsächliche Entgegennahme der Sendung bedeutet aus der Sicht des Frachtführers mithin zunächst einmal nur, dass der Empfänger seiner Aufforderung zur Mitwirkung tatsächlich nachkommt. Das gilt auch für den Regelfall, dass der Empfänger die Warensendung beim Absender gekauft hat. Dabei kann in Bezug auf die Frachtkosten häufig vereinbart sein, dass der Verkäufer diese verauslagt und der Käufer sie ihm erstatten muss. In Betracht kommt aber auch, dass der Verkäufer die Fracht in den Kaufpreis mit einkalkuliert und dem Käufer daher eine frachtfreie Lieferung verspricht, wie es im vorliegenden Fall gegeben ist.

284 Bietet der Verkäufer die Kaufsache in einem solchen Fall *unter der Bedingung* an, dass sich der Käufer zur Begleichung der Frachtkosten bereit erklärt, gerät dieser im Hinblick auf die vertragliche Abrede über die Frachtkosten nicht in Annahmeverzug. Zum Zeitpunkt des Übergabeangebots kann der Käufer nicht beurteilen, ob er bei Verweigerung der Annahme in Annahmeverzug gerät, da er nicht weiß oder wissen kann, ob die Fracht bereits bezahlt sei oder der Absender mit dem Frachtführer vereinbart hat, dass dieser die Fracht vom Käufer nicht fordern darf.

285 Ein Käufer, dem eine Kaufsache ausgehändigt wurde, ist danach aus der Sicht eines objektiven Frachtführers zwar regelmäßig daran interessiert, die Warensendung tatsächlich in Empfang zu nehmen; ihm liegt aber häufig nichts daran, einen eigenen Übergabeanspruch gegen den Frachtführer dadurch zu begründen, dass er diesem die Zahlung der Fracht verspricht.

Ein Frachtführer kann die Bereitschaft des Empfängers, die Sendung entgegenzunehmen, daher nach Ansicht des BGH aaO nicht als eine entsprechende Willenserklärung verstehen. Dieses Ergebnis ist interessengerecht, weil der Frachtführer, dem daran gelegen sei, dass auch der Empfänger Schuldner der Fracht wird, bei der Ablieferung erklären kann, dass die Fracht noch nicht beglichen sei und daher vom Empfänger übernommen werden müsse.

286 Ergänzender Hinweis

Die gesetzliche Regelung in § 421 HGB erfasst

- nicht nur Fälle, in denen Absender und Empfänger vereinbart haben, dass der Empfänger die Frachtkosten zu tragen hat.
- Sie gilt auch dann, wenn sich der Absender zur Tragung dieser Kosten verpflichtet oder wenn er dem Empfänger die Versandkosten bereits in Rechnung gestellt hat.

Dem Frachtführer, der seinen Frachtlohn noch nicht erhalten hat, steht es demgegenüber frei, die *Ablieferung des Gutes im Hinblick auf die noch offenen Fracht-*

kosten abzulehnen und den Empfänger zur Geltendmachung des Ablieferungsanspruchs mit den im Gesetz vorgesehenen Folgen herauszufordern. Damit ist der Frachtführer, der mit der Ablieferung des Gutes sein gesetzliches Pfandrecht lockert und dessen Durchsetzung gefährdet (vgl. § 441 Abs. 2 und 3 HGB), hinreichend gesichert.

3. Ergebnis

Hat der Empfänger den *Ablieferungsanspruch geltend gemacht*, steht dem Frachtführer unter den weiteren Voraussetzungen des § 421 Abs. 2 HGB ein eigener Anspruch auf Zahlung des restlichen Frachtlohns zu, sodass er auf einer *Zug-um-Zug-Zahlung* der restlichen Frachtkosten gegen Ablieferung des Frachtguts bestehen kann. **287**

Da Letzteres im vorliegenden Fall unterblieben ist, hat S keinen Anspruch gegen K auf Zahlung des Frachtlohns.

Fall 34: Fehlende Unterstützung des Käufers

288 *V liefert an K eine Ware „CPT Istanbul Incoterms 2020". Da die gesamte Geschäftsbeziehung eher flüchtig ist und Vertragsabsprachen meist in hektischer Umgebung über Mobiltelefon erfolgen, unterbleiben weitere Vereinbarungen im Hinblick auf Details der Lieferbedingungen beziehungsweise notwendiger Informationen für Ausfuhr-/Einfuhrabfertigung usw.*

V stellt die Warenlieferung zusammen und bemerkt erst jetzt, dass er eine Ausfuhrgenehmigung benötigt und dafür weitere Angaben seitens des türkischen Käufers nötig sind. V versucht daher unverzüglich telefonisch – allerdings erfolglos – sich mit K in Istanbul in Verbindung zu setzen, da K über längere Zeit nicht erreichbar ist. Es kommt zu deutlichen Lieferverzögerungen und dadurch auch zu einem wirtschaftlichen Schaden des V. Kann V diesen Schaden von K ersetzt verlangen?

Lösungsweg

289 V kann nur dann Schadensersatz von K beanspruchen, wenn die Lieferverzögerung dadurch verursacht wurde, dass K dem V wichtige Informationen für die Ausfuhrabfertigung nicht (rechtzeitig) zur Verfügung stellen konnte, weil er das entsprechende Verlangen des V nach Unterstützung nicht rechtzeitig erhalten hatte.

Hierzu legt die Incoterms-Regel in CPT B7 Buchst. a fest: „Gegebenenfalls hat der Käufer den Verkäufer auf dessen Verlangen, Gefahr und Kosten bei der Beschaffung von Dokumenten und/oder Informationen für die Ausfuhrabfertigungsformalitäten ... zu unterstützen, die von dem betreffenden Ausfuhrland vorgeschrieben sind".

290 Die Pflicht des Käufers zur Unterstützung des Verkäufers setzt nach CPT B7 also *ein Verlangen des Verkäufers voraus* und wird dann auf Gefahr und Kosten des Käufers erfüllt. Fraglich ist, welche Anforderungen an ein solches „Verlangen" zu stellen sind.

1. CISG

291 In Betracht kommt zunächst Art 27 CISG, der Folgendes aussagt: „Soweit in diesem Teil des Übereinkommens nicht ausdrücklich etwas anderes bestimmt wird, nimmt *bei einer* Anzeige, *Aufforderung oder sonstigen Mitteilung*, die eine Partei gemäß diesem Teil mit den nach den Umständen geeigneten Mitteln macht, *eine Verzögerung* oder ein Irrtum *bei der Übermittlung der Mitteilung oder deren Nichteintreffen dieser Partei nicht das Recht, sich auf die Mitteilung zu berufen.*

Hier sind nun zwei Dinge grundsätzlich zu unterscheiden: **292**

- Für die in Teil II des CISG (also für die Art. 14 bis 24 CISG) geregelten *Erklärungen, die den Vertragsschluss zwischen den Kaufvertragsparteien begründen*, gilt das sogenannte „Zugangsprinzip".
- Für die in Teil III des CISG (Art. 25 bis 88 CISG), also Mitteilungen im Zuge der Vertragsabwicklung oder aus Anlass von Leistungsstörungen, gilt dagegen das sogenannte „Absendeprinzip". Hier weist also Art. 27 CISG bei „Mitteilungen nach Teil III des CISG", die „mit den nach den Umständen geeigneten Mitteln" gemacht werden, dem Empfänger das Risiko eines Verlusts oder einer Verzögerung zu.

Das „Absendeprinzip" passt im vorliegenden Fall nicht, da es dem V gegenüber K nicht um Mitteilung einer Leistungsstörung oder ähnlichem geht, sondern um die Aufforderung im Sinne von CPT B7, ihm benötigte Informationen für die grundsätzliche Erfüllung der kaufvertraglichen Verpflichtungen zur Ausfuhrabfertigung, die über die Vereinbarung der Incoterms-Klausel CPT eingegangen wurden, zu beschaffen. Eine Lösung des vorliegenden Falles über Art. 27 CISG scheidet daher aus, sodass die verspätete Unterstützung durch K nicht zu einer Schadensersatzpflicht des K über Art. 27 CISG führen kann. **293**

2. Zugangsprinzip

Es kommt daher bei der die Unterstützungspflicht des K auslösenden Verlangenserklärung des V (im Sinne von CPT B7) auf das Zugangsprinzip an. **294**

- Da damit die Unterstützung auf eine Willenserklärung des V (sein Verlangen nach CPT B7) zurückgehen muss, die dem K zugehen muss, spielt eine Initiative des K zur Unterstützung in der Ausfuhrabfertigung keine Rolle.
- Es spielt auch die „Rechtzeitigkeit" der Unterstützungsleistung nach der Neufassung der Incoterms 2020 keine Rolle mehr. Die alte Textversion der Incoterms 2010 enthielt in CPT A10 und B10 jeweils noch den eindeutigen Begriff der „Rechtzeitigkeit" der Unterstützungshandlung – dieser ist nunmehr in der neuen Incoterms-Regel CPT B7 Incoterms 2020 nicht mehr enthalten.

Die zeitliche Verzögerung der Unterstützungsleistung des K ist damit zwar auf die erst späte Erreichbarkeit des K zurückzuführen, doch geschieht nach CPT B7 die Unterstützung in der Ausfuhrabfertigung „auf Verlangen, Gefahr und Kosten" des V. V hätte sich also selber rechtzeitig darum kümmern müssen, ob er weitere Informationen von K für die Ausfuhrabwicklung benötigt; das späte Nachfassen geschah daher auf sein Risiko einer möglichen Verspätung. **295**

Damit war die fehlende „Rechtzeitigkeit" der Unterstützung ein Teil der Risikosphäre des V, die nicht auf K verlagert wurde.

3. Ergebnis

296 V kann dem K die Nichterreichbarkeit nicht zum Vorwurf machen. Ein Schadensersatzanspruch wegen „nicht rechtzeitiger Unterstützungsleistung" ist daher nicht gegeben.

Fall 35: Transport ohne Versicherung

V liefert an K eine Ware „CPT Istanbul Incoterms 2020". Aufgrund der Incoterms-Klausel, die den V nicht verpflichtet, einen Versicherungsvertrag für die Beförderung der Ware abzuschließen, unterlässt der V dies auch, und beauftragt den Frachtführer F mit dem Transport der Ware nach Istanbul. K hat Sorge, dass die Ware beim Transport verloren geht oder abhandenkommt und überlegt, ob er sicherheitshalber einen Versicherungsvertrag abschließen sollte. **297**

Lösungsweg

1. Grundsätzliches

Die Incoterms-Klausel CPT unterscheidet sich dadurch von der Klausel CIP, dass es **298**
bei CPT keine Verpflichtung für den Verkäufer gibt, auf eigene Kosten eine Transportversicherung abzuschließen.

- Stattdessen legt CPT A5 fest: „Der Verkäufer hat gegenüber dem Käufer keine Verpflichtung, einen Versicherungsvertrag abzuschließen".
- Und umgekehrt lautet CPT B5: „Der Käufer hat gegenüber dem Verkäufer keine Verpflichtung, einen Versicherungsvertrag abzuschließen".

So entsteht eine Situation, die im Warenkauf natürlich hoch brisant werden kann. **299**
Es liegt ja gerade in der Natur des Warenversands, dass Transportrisiken durch Unfall, Verlust oder sonstiges Abhandenkommen der Ware, Verderb bei langen Wartezeiten, sonstige Einwirkung durch Witterung usw. entstehen können. CPT lässt es zwar zu, dass die Vertragsparteien keine Absprache darüber treffen müssen, wer sich um die Transportversicherung kümmern soll, doch liegt gerade hier eine gefährliche Lücke: Es ist gerade im Interesse jedes Beteiligten, eine ausreichende Transportversicherung zu haben.

2. Ansatz in CPT A5 Satz 2

Treffen die Vertragspartner keine Absprache über eine Transportversicherung und **300**
verbleibt es bei CPT (anstelle von CIP), dann *trägt nach CPT B3 der Käufer ab dem Zeitpunkt der Lieferung nach CPT A2* (also ab dem Moment, in dem der Verkäufer die Ware an den Frachtführer übergibt) alle Gefahren des Verlusts oder der Beschädigung der Ware.

Es ist daher erkennbar im vorrangigen Interesse des Käufers, sich vor diesen Risiken zu schützen. Daher kommt hier der Wortlaut CPT A5 Satz 2 zum Zuge: „Jedoch muss der Verkäufer dem Käufer auf dessen Verlangen, Gefahr und Kosten jeweils im Besitz des Verkäufers befindliche Informationen zur Verfügung stellen, die der Käufer zur Erlangung des Versicherungsschutzes benötigt."

301 Da der Haupttransport der Ware vom Lieferort bis zum Bestimmungsort in den Risikobereich des Käufers fällt, und da weiterhin der Käufer oft nicht über alle Detailinformationen zur Ware verfügt, die zur korrekten Versicherungsdeckung benötigt werden könnten, kann der Verkäufer über CPT A5 verpflichtet werden, diese Detailinformationen preiszugeben, damit der K sich um den Versicherungsschutz kümmern kann.

Für diese vom Verkäufer herauszugebenden Informationen gilt wiederum das Zugangsprinzip (vgl. dazu den vorherigen Fall), da der Käufer diese Informationen *„vom Verkäufer verlangen"* muss. Dabei ist an den Umfang der vom Verkäufer zu gebenden Informationen keine zu hohe Anforderung zu stellen: Für die korrekte Versicherung benötigt der Käufer vorrangig *die Angaben zur Ware, die ohnehin vom Verkäufer selber* stammen. Für weitere Informationen, die beispielsweise – zusätzlich – von einem Dritten eingeholt werden müssen, trägt der Verkäufer keine Verantwortung, sodass inhaltliche Fehler zulasten des Käufers gehen, da er „die Gefahr" der Informationen trägt, CPT A5 Satz 2.

3. Praxishinweis

302 Auch ohne diese grundsätzlichen Erwägungen zur Transportversicherung gibt es in der Praxis oft eine ganz einfache und einvernehmliche Lösung, auch wenn „CPT" vereinbart wird.

Wenn nämlich der Verkäufer eine Generalpolice für sämtliche seiner Warenlieferungen innehat und damit auch für ein solches Einzelgeschäft wie im vorliegenden Fall ein Versicherungsschutz grundsätzlich vorhanden ist, der für den nötigen Schutz dieses Geschäfts ausreicht (ohne dabei beispielsweise die Qualität einer „all risks"-Abdeckung wie bei CIP zu erreichen), dann genügt eine entsprechende Absprache der Parteien. Bei dieser Lösung ist der Käufer verpflichtet, dem Käufer die Kosten für seine Unterstützung zu erstatten, CPT B9 Buchst. d.

Fall 36: Das „handelsübliche" Transportpapier

Und noch eine weitere Frage haben die Beteiligten des vorhergehenden Fallbeispiels. 303

Dieses Mal geht es nicht um die Transportversicherung, sondern um die Transportdokumente unter der Vereinbarung „CPT Istanbul Incoterms 2020", von denen in CPT A6 die Rede ist. Insbesondere ist bei V von Interesse, was unter einem „handelsüblichen Dokument" zu verstehen ist und ob es bei einem Transport in die Türkei Besonderheiten zu beachten gibt.

Lösungsweg

1. „Dokumente"

Die Incoterms-Regel CPT A6 sagt in ihrem ersten Absatz: „Falls handelsüblich oder 304
falls der Käufer es verlangt, hat der Verkäufer auf eigene Kosten dem Käufer das oder die übliche/n Transportdokument/e für den gemäß CPT A4 vertraglich vereinbarten Transport zur Verfügung zu stellen."

Grundsätzlich ist bei „Dokumenten", die in internationalen Handelsgeschäften 305
verwendet werden, zu beachten, dass es ja auch noch eine Abwicklung des Auslandszahlungsverkehrs gibt. Immer dann, wenn der Verkäufer dem Käufer ein Zahlungsziel einräumt und in diesem Zusammenhang das Risiko eingeht, die Kaufpreiszahlung zu spät oder gar nicht zu erhalten, bietet sich als Lösungsmodell an, die pünktliche Kaufpreiszahlung dadurch abzusichern, dass grundsätzlich der Weg über die Banken eingeschlagen wird. So können die Geschäftspartner – üblicherweise im Rahmen ihrer Zahlungsbedingung des Kaufvertrages – vereinbaren, dass die Banken beider Geschäftspartner die Bezahlung der Warenlieferung Zug um Zug gegen Hergabe der Exportdokumente erledigen. Hier spielt dann natürlich auch das Transportpapier als eines der Dokumente eine Rolle, neben allen anderen für das Auslandsgeschäft wichtigen weiteren Papieren (Handelsrechnung, Versicherungszertifikat, Zolldokumente usw.).

Unter den Bankabwicklungen gibt es zwei für die Praxis besonders wichtige For- 306
men, das sogenannte Dokumenteninkasso und das Dokumentenakkreditiv. Bei Letzterem verspricht die Bank des Käufers dem Verkäufer abstrakt und selbstschuldnerisch die Bezahlung der Ware, wenn die mit dem Käufer vereinbarten Dokumente „akkreditivgerecht", also einwandfrei, bei ihr vorgelegt werden. Und da kommt dann auch das „Transportpapier" ins Spiel: Was haben die Geschäftspartner denn eigentlich vereinbart? Und was ist, wenn nichts Besonderes verabredet wurde, ein „handelsübliches" Dokument?

Zum Transportpapier kann man an dieser Stelle sagen, dass *unter einer Bank-* 307
abwicklung (Inkasso, Akkreditiv) grundsätzlich die „Originalpapiere" verlangt werden; das Originaldokument (Frachtbrief, Konnossement) wird ebenfalls im Original

benötigt, wenn aus dem einen oder anderen Grund die Ware vom Frachtführer herausverlangt werden soll. Ansonsten kann es ausreichen, nur eine Kopie des Transportpapiers zu haben.

2. CISG

308 Das CISG regelt in Art. 34: „Hat der Verkäufer Dokumente zu übergeben, die sich auf die Ware beziehen, so hat er sie zu dem Zeitpunkt, an dem Ort und in der Form zu übergeben, die im Vertrag vorgesehen sind…" Damit verweist das CISG auf den Kaufvertrag und die entsprechende Vereinbarung der Geschäftspartner.

Wenn diese aber im Vertrag nicht etwas Spezielles geregelt haben, verbleibt nur der Hinweis auf das „handelsübliche" Dokument, welches als Mindestvoraussetzung dadurch verabredet wurde, weil die Geschäftspartner sich auf „CPT Incoterms 2020" verständigt haben und CPT in A6 auf dieses Dokument hinweist.

309 Welche weiteren Dokumente der V dem K zusätzlich zu liefern hat (und später für eine eventuelle dokumentäre Bankenabwicklung im Zahlungsverkehr herangezogen werden können), ergibt sich ebenfalls über Art. 34 CISG aus dem Vertrag; dies betrifft Dokumente wie etwa die Handelsrechnung, Ursprungszeugnisse, Zolldokumente, Versicherungspapiere usw.

Wurde auch hierzu wiederum nichts Spezielles im Kaufvertrag vereinbart, muss der V mindestens noch eine Handelsrechnung bereitstellen, da diese in CPT A1 zur Bedingung gemacht wird, sowie – *gegebenenfalls* – über CPT A7 auch Dokumente für die Ausfuhr-/Einfuhrabfertigung, sofern diese benötigt werden.

3. Handelsüblich

310 Im Incoterms-Text findet sich kein Hinweis darauf, was unter „handelsüblich" zu verstehen ist. Wieder kann das CISG helfen, das eine Auffangvorschrift in Art. 9 Abs. 2 CISG enthält: „Haben die Parteien nichts anderes vereinbart, so wird angenommen, dass sie sich in ihrem Vertrag oder bei seinem Abschluss stillschweigend auf Gebräuche bezogen haben, die sie kannten oder kennen mussten und die im internationalen Handel den Parteien von Verträgen dieser Art in dem betreffenden Geschäftszweig weithin bekannt sind und von ihnen regelmäßig beachtet werden."

311 Hieraus folgt, dass eine „Üblichkeit" gemeint ist, die auf einer hypothetischen Ermittlung des Parteiwillens und auf eine hypothetische Einigung auf eine in dem Geschäftsbereich verbreitete und international allgemein anerkannte Übung zielt. Danach muss V dem K jedenfalls zumindest ein Transportpapier „zur Verfügung stellen" (CPT A6 Absatz 1), das „die vertragliche Ware erfasst und innerhalb der zur Versendung vereinbarten Frist datiert ist…", CPT A6 Absatz 2, Satz 1).

4. Ergebnis

312 Es wird anhand dieses Beispielfalles deutlich, wie wichtig auch einfache Detailabsprachen der Geschäftspartner sein können. Es genügt daher in der Praxis vielleicht, einfach einen Kaufvertrag „Ware gegen Geld" abzuschließen und sich an-

sonsten um nichts weiter zu kümmern... – wird schon gutgehen! Das tut es eben nicht. Selbst die Vereinbarung einer Incoterms-Klausel alleine genügt nicht, denn es ist in jedem Fall besser, eine klare Vorstellung über den Nutzen eines vereinbarten Transportpapiers (Inhaberpapier, Traditionspapier, notwendiges Papier für eine Bankenabwicklung usw.) zu haben, als auf den Rückgriff in CPT A6 „handelsübliches Dokument" angewiesen zu sein.

4. CIP Frachtfrei versichert (benannter Bestimmungsort)

313 ▶ ***Der Verkäufer prüft, ob***

- *er bereit ist, die Ware einem Frachtführer zu übergeben,*
- *den Beförderungsvertrag abzuschließen,*
- *die Beförderungskosten der Ware bis zum Bestimmungsort zu tragen,*
- *zusätzlich eine Versicherung „all risks" gegen Transportrisiken abzuschließen,*
- *die Gefahr bis zum Lieferort (also dem Ort der Übergabe der Ware an den Frachtführer) zu tragen*
- *und die Ausfuhrformalitäten zu erledigen.*
- *Der Verkäufer muss dem Käufer Transportdokumente zur Verfügung stellen, die bei Bedarf oder bei entsprechender Verabredung mit dem Käufer die Funktion des Traditions- und Inhaberpapiers erfüllen müssen.*

Besonderheiten:

Falls die Ware vom Verkäufer nur befördert, aber nicht versichert werden soll: nicht CIP, sondern CPT.

Falls die Ware vom Verkäufer in einen Bestimmungshafen zu befördern ist: nicht CIP, sondern CIF.

Falls das Importland vorschreibt, dass ein Versicherungsschutz nur im Importland eingedeckt werden darf, nicht CIP, sondern CPT.

Der Käufer prüft, ob

- *er bereit ist, alle Risiken ab Lieferung der Ware an den Frachtführer (z.B. ab Verladung, CIP B3)*
- *sowie die Kosten (soweit sie nicht mit dem Beförderungsvertrag zusammenhängen, vgl. CIP B9) zu tragen,*
- *ob er in der Lage ist, die Einfuhrformalitäten zu erledigen und etwa erforderliche Genehmigungen zu beschaffen,*
- *und ob er gegebenenfalls in der Lage ist, bei einem innerhalb der Gemeinschaft endenden Beförderungsvertrag die innergemeinschaftlichen Beförderungskosten getrennt auszuweisen und bei der Zollwertanmeldung als Abzug geltend zu machen.*

Besonderheiten:

Falls der Käufer nicht bereit ist, Risiken ab Lieferung der Ware an den Beförderer zu tragen, kein CIP, sondern D-Klausel.

Falls der Käufer nicht in der Lage ist, die Einfuhrabfertigung durchzuführen (CIP B7), kein CIP, sondern nur DDP.

Falls das am Bestimmungsort ankommende Transportmittel vom Verkäufer zu entladen ist: nicht CIP/DAP/DDP, sondern nur DPU – bei DPU liegt dann aber die Einfuhrabfertigung wieder beim Käufer, DPU B7!

Anwendung der Klausel CIP

CIP eignet sich für Geschäfte, bei denen die Lieferung der Ware und der Gefahrenübergang vom Verkäufer an den Käufer 314

- durch Übergabe der Ware an den Frachtführer,
- welcher vom Verkäufer beauftragt wurde,
- oder durch Verschaffung der so gelieferten Ware erfolgt.
- Hierzu kann der Verkäufer die Ware in einer für die verwendete Transportart geeigneten Art und Weise und an einem diesbezüglich geeigneten Ort in den Besitz des Frachtführers übergeben.

Nach der so erfolgten Lieferung der Ware an den Käufer übernimmt der Verkäufer 315 jedoch keine Garantie dafür, dass die Ware ihren Bestimmungsort in einwandfreiem Zustand oder in der angegebenen Qualität erreicht bzw. dass die Ware überhaupt am Bestimmungsort eintrifft. Der Grund hierfür ist, dass mit Lieferung der Ware an den Käufer durch Übergabe an den Frachtführer zugleich auch der Gefahrenübergang vom Verkäufer auf den Käufer erfolgt; ungeachtet dessen muss jedoch der Verkäufer einen Vertrag zur Beförderung der Ware vom Lieferort zum vereinbarten Bestimmungsort abschließen.

Mit Ausnahme der Versicherungspflicht sind die beiden Klauseln CIP und CPT hin- 316 sichtlich der Verpflichtungen der Parteien in A1 bis A10 und B1 bis B10 weitgehend identisch.

Die Klausel CIP ist dann die richtige Lieferbedingung für die Parteien, wenn *zusätzlich* zur in der Klausel CPT getroffenen Liefervereinbarung auch eine Regelung hinsichtlich der Versicherung getroffen werden soll und der Verkäufer dafür verantwortlich ist, auch die Transportversicherung gegen die vom Käufer getragene Gefahr des Verlusts oder der Beschädigung der Ware während der Beförderung zu beschaffen.

Der Verkäufer muss einen Versicherungsvertrag für die auf den Käufer überge- 317 hende Gefahr des Verlustes oder der Beschädigung der Ware während des Transports von der Lieferstelle mindestens bis zum Bestimmungsort abschließen. Dies kann zu Schwierigkeiten führen, wenn das Bestimmungsland vorschreibt, dass der Versicherungsschutz in diesem Land erworben werden muss: In diesem Fall sollten die Parteien in Betracht ziehen, unter der Klausel CPT zu verkaufen bzw. zu kaufen. Der Käufer sollte ebenfalls bedenken, dass der Verkäufer unter der Klausel CIP der Incoterms 2020 für umfassenden Versicherungsschutz sorgen muss, um die

Bedingungen der Klausel (A) der Institute Cargo Clauses oder einer ähnlichen Klausel zu erfüllen, wohingegen die Klausel (C) der Institute Cargo Clauses einen geringeren Versicherungsschutz vorsieht. Den Parteien steht jedoch immer noch die Möglichkeit offen, einen geringeren Versicherungsschutz zu vereinbaren.

318 CIP verpflichtet den Verkäufer, die Ware nötigenfalls zur Ausfuhr freizumachen. Jedoch hat der Verkäufer keinerlei Verpflichtungen, die Ware zur Einfuhr oder Durchfuhr durch Drittländer freizumachen, Einfuhrzölle zu zahlen oder Einfuhrzollformalitäten zu erledigen.

Fall 37: Bedeutung des Transportdokuments

Ein deutscher Importeur (K) bestellt eine Ware bei einem englischen Lieferanten (V) und möchte, dass die Warenlieferung versichert wird. Unsicher ist K im Hinblick auf die richtige Incoterms-Klausel: Er überlegt, ob er mit V die Lieferbedingung „CIP Bremen, Incoterms 2020" oder „FCA Liverpool, Incoterms 2020" vereinbaren soll. 319

Für K ist es jedenfalls entscheidend, die eingekaufte Ware zwischenzeitlich weiterverkaufen zu können, wenn der Marktpreis sich günstig entwickelt. Dazu würde er aber, falls sich die Ware auf dem Transportweg befindet, ein entsprechendes Dokument benötigen.

Da V und K üblicherweise elektronisch miteinander kommunizieren und die Dokumente daher auch nur in elektronischer Form vorliegen, sieht er hier Probleme im Hinblick auf eine Wahl der Incoterms-Klausel „CIP".

Wie sollte sich K entscheiden?

Lösungsweg

Die Incoterms-Klauseln CIP und FCA, die hier zur Auswahl stehen, enthalten in der jeweiligen Incoterms-Regel A6 Bestimmungen dazu, welche Pflichten der Verkäufer im Hinblick auf das Transportdokument zu erfüllen hat. 320

- FCA verlangt in Regel A6, dass der Verkäufer ... gegenüber dem Käufer auf eigene Kosten den üblichen Nachweis zu erbringen hat, dass die Ware nach Regel A2 geliefert worden ist. Wenn ein elektronisches Transportdokument der übliche Nachweis für die Geschäfte der Vertragsparteien ist, wäre danach FCA die hier einsetzbare Incoterms-Klausel.
- CIP dagegen verlangt in Regel A6 Absatz 2 deutlich mehr vom Verkäufer: „Das Transportdokument muss die vertragliche Ware erfassen ... und den Käufer auch in die Lage versetzen, die Herausgabe der Ware bei dem Frachtführer am benannten Bestimmungsort einfordern zu können und es dem Käufer zu ermöglichen, die Ware während des Transports durch Übergabe des Dokuments an einen nachfolgenden Käufer ... zu verkaufen."

Der Wortlaut von CIP Incoterms-Regel A6 Absatz 2 entspricht dem Wunsch des K, die auf dem Transportweg befindliche Ware mithilfe des Transportpapiers (etwa eines Ladescheins oder Konnossements) weiter zu veräußern.

1. Elektronisches Dokument

Fraglich ist, ob Incoterms-Klauseln elektronische Dokumente zulassen und ob, sofern es zum Einsatz kommt, auch ein elektronisches Konnossement möglich ist. 321

Incoterms gehen grundsätzlich davon aus, dass elektronische Dokumente zum Einsatz kommen.

- Bereits die älteren Incoterms 2010 nahmen auf „elektronische" Dokumente Bezug. Die „Einführung" der Incoterms 2010 sah in Ziffer 5 ausdrücklich vor, dass seit der neuen Version der Incoterms grundsätzlich die elektronische Kommunikation der Kommunikation in Papierform gleichgesetzt wird, sofern die Parteien dies vereinbaren oder es handelsüblich ist. Diesen Grundsatz griff die „Einführung" zu den Incoterms nochmals bei der Erläuterung bestimmter Begriffe (hier: Transportdokument) wie folgt auf: „Ein Satz von Informationen, bestehend aus einer oder mehreren elektronischen Nachrichten, ist gleichbedeutend mit dem entsprechenden Dokument in Papierform." Schon mit den älteren Incoterms 2010 war es daher möglich, elektronische Transportpapiere zu verwenden.
- Die neuen Incoterms 2020 greifen dieses Konzept auf und formulieren die elektronischen Dokumente – sehr zeitgemäß – als inzwischen etwas Selbstverständliches. Alle 11 Incoterms-Klauseln enthalten in ihren Incoterms-Regeln A1 folgenden Text: *„Jedes vom Verkäufer bereitzustellende Dokument kann in Papierform oder in elektronischer Form vorliegen, je nachdem, wie dies zwischen den Parteien vereinbart wird oder handelsüblich ist."*

2. Elektronisches Konnossement

322 Fraglich ist, ob auch ein Konnossement elektronisch sein darf. Bisher war es stets so, dass ein Konnossement oder Ladeschein *grundsätzlich der Schriftform* bedurfte.

Seit April 2013 sind jedoch mit einer Novelle des Seehandelsrechts im deutschen Handelsgesetzbuch (Gesetz zur Reform des Seehandelsrechts vom 20.04.2013 BGBl. I S. 831, mit Wirkung vom 25.4.2013) die entsprechenden Vorschriften ausdrücklich geändert worden:

- § 443 Abs. 3 HGB: „Dem *Ladeschein* gleichgestellt ist eine elektronische Aufzeichnung, die dieselben Funktionen erfüllt wie der Ladeschein, sofern sichergestellt ist, dass die Authentizität und die Integrität der Aufzeichnung gewahrt bleiben (elektronischer Ladeschein)."
- § 516 Abs. 2 HGB: „Dem *Konnossement* gleichgestellt ist eine elektronische Aufzeichnung, die dieselben Funktionen erfüllt wie das Konnossement, sofern sichergestellt ist, dass die Authentizität und die Integrität der Aufzeichnung gewahrt bleiben (elektronisches Konnossement)."

Danach ist es seit Mitte 2013 möglich, auch mithilfe elektronischer Traditions- und Inhaberpapiere zu arbeiten.

3. Ergebnis

K kann daher die *für ihn günstigere CIP-Klausel* wählen, ohne sich Sorgen im Hinblick auf das Transportpapier machen zu müssen, sofern darauf geachtet wird, dass alle an die elektronische Form gestellten Voraussetzungen erfüllt werden. **323**

Zudem muss K darauf achten, dass die unter CIP A5 Absatz 2 vom V abzuschließende Versicherung eine „all risks"-Deckung darstellt.

Fall 38: Transportschaden vor Ankunft am Ausgangshafen

324 *Ein indischer Verkäufer (V) schließt mit einem Abnehmer (K) einen Liefervertrag über eine Container-Ladung individuell gefertigter Holzschnitzarbeiten, „CIP Bremerhaven CT 4, Incoterms 2020".*

V setzt für den Transport des Containers in Indien bis zur Verladung im Seehafen einen Spediteur (S) ein, der ein CTD (Combined Transport Document) ausstellt, welches für den LKW- und den anschließenden, auch von S erbrachten Schiffstransport gilt. Vor Erreichen des Terminals im Absendehafen wird der Transport in einen Unfall verwickelt und die Lieferung vollständig zerstört. Es kommt daher nicht mehr zu einer Verladung an Bord des Schiffes.

Zu prüfen ist, ob

1. *V seine Lieferverpflichtung nach CIP A2 erfüllt hat*
2. *und ob V seine Verpflichtung, dem K „das übliche Transportpapier" zu liefern, erfüllen kann.*

Lösungsweg

1. Lieferpflicht nach CIP A2

325 Nach CIP A4 muss der Verkäufer sich um den Beförderungsvertrag kümmern. Er muss den Beförderungsvertrag auf eigene Kosten entweder abschließen oder ihn „beschaffen", also für seinen Abschluss sorgen, und zwar für eine Beförderung der Ware bis zu einem benannten Bestimmungsort (hier: Bremerhaven) oder, sofern entsprechend vereinbart, bis zu einem bestimmten Ort/Platz/Punkt an diesem Bestimmungsort (Containerterminal 4/CT 4 in Bremerhaven). Wäre keine besondere Lieferstelle am Bestimmungsort vereinbart und gäbe es dafür auch keine Übung oder Praxis, dürfte der Verkäufer die nach seiner Ansicht bestgeeignete Ablieferungsstelle auswählen.

326 Nach Incoterms-Klausel CIP A2 muss der Verkäufer die Ware dem (ersten) Frachtführer in Übereinstimmung mit den Verpflichtungen nach dem Beförderungsvertrag (CIP A4) übergeben, und zwar zum vereinbarten Termin oder innerhalb einer vereinbarten Frist, CIP A2. Der Übergabeort ist der „Lieferort". Dieser Pflicht ist V hier nachgekommen, indem er dem S den Container zur Beförderung in den Seehafen übergab. Hat V seine Lieferpflicht nach CIP A2 erfüllt, bedeutet dies zugleich auch,

- dass der Gefahrübergang von V auf K erfolgt ist, CIP A3,
- also das Risiko, dass die Ware zerstört wird, auf K übergegangen ist.

2. Unterschied zu CFR und CIF

Während es also bei CIP (und auch bei CPT) für die *Erfüllung der Lieferpflicht nach A2* ausreicht, dem ersten Beförderer die Ware zur Beförderung zu übergeben, genügt dies bei den für den Seetransport gedachten Klauseln CFR und CIF nicht. Diese Klauseln sehen in A2 nämlich vor, dass der Verkäufer die *Ware im Absendehafen bis an Bord eines Schiffes* liefert. Wird die Ware in diesen Fällen *noch vor der Verladung* zerstört, kann V seine Lieferpflicht nicht mehr erfüllen. Gleichzeitig bedeutet dies, dass – mangels Erfüllung der Lieferpflicht – auch noch kein Gefahrübergang von V auf K erfolgen kann. Wäre im vorliegenden Fall also eine Seetransportklausel gewählt worden, hätte sich dies im Nachhinein für den Verkäufer als nachteilig herausgestellt. **327**

Im *Ergebnis* ist daher festzuhalten, dass im Fall der Incoterms-Klausel(n) CIP (und CPT) der Verkäufer seine nach A2 bestehende Lieferpflicht erfüllt hatte, sobald er die Ware dem ersten Transporteur übergab.

3. Transportdokument nach CIP A6

Nach CIP A6 muss V dem K das *übliche Transportdokument* liefern. Nach CIP A6 Absatz 2 muss das Transportdokument die vertragliche Ware erfassen ... und den Käufer in die Lage versetzen, die Herausgabe der Ware bei dem Frachtführer am benannten Bestimmungsort einfordern zu können und es dem Käufer zu ermöglichen, die Ware während des Transports durch Übergabe des Dokuments an einen nachfolgenden Käufer ... zu verkaufen. **328**

Diese Pflicht kann V zweifellos erfüllen, da er von S ein CTD erhalten hat. Ein Combined Transport Document (CTD) oder Multimodal Transport Document (MTD) versteht sich als Beförderungsdokument für den kombinierten Transport. Es wird von einem Gesamtbeförderer, der auch ein Spediteur sein kann, für den kombinierten Transport ausstellt. **329**

Mit Übergabe dieses Papiers an K erfüllt V auch seine Pflicht nach CIP A6.

Auch hier wäre die Situation bei CIF oder CFR anders, da in diesen Fällen das Transportpapier erst bei Verladung an Bord eines Schiffes ausgestellt worden wäre (wozu es hier wegen des Unfalls aber nicht mehr kam).

Fall 39: ICC – „Institute Cargo Clauses"

330 *Der deutsche Verkäufer V verabredet mit seinem ausländischen Vertragspartner in einem englischsprachigen Liefervertrag die Lieferbedingung „Term of Delivery: CIP Ankara Incoterms 2020 – ICC (A) IUA". Hinsichtlich der im Vertrag verwendeten Abkürzungen bestehen aufseiten des V Unklarheiten und er möchte wissen, welche Bedeutung diese vom ausländischen Abnehmer verwendeten Abkürzungen haben.*

Außerdem verwirrt es den V, dass bei der Klausel CIP Incoterms 2020 – neuerdings – eine höhere Versicherungsdeckung nötig ist, als es bei CIF Incoterms 2020 der Fall ist. Auch hierzu möchte er daher nähere Informationen erhalten.

Lösungsweg

1. ICC

331 Eine Besonderheit der Incoterms-Klauseln besteht darin, dass die für alle Transportarten geeignete Klausel „CIP" ebenso wie die für den Seetransport vorgesehene Klausel „CIF" in den jeweiligen Incoterms-Regeln auf Transportversicherungen hinweisen, die Deckungshöhen der Klauseln (A) der Institute Cargo Clauses entsprechen. Die „Institute Cargo Clauses" wiederum werden in der Praxis häufig mit „ICC" abgekürzt, was natürlich für Verwirrung sorgen kann, wenn man weiß, dass auch die Regelwerke der Incoterms 2020 auf die International Chamber of Commerce (ebenfalls mit „ICC" abgekürzt) zurückgehen. Die Abkürzung „ICC" wird daher in der Praxis mehrfach verwendet.

332 Die Klausel CIP ist dann die richtige Lieferbedingung für die Parteien, wenn zusätzlich zur in der Klausel CPT getroffenen Liefervereinbarung auch eine Regelung hinsichtlich der Versicherung getroffen werden soll und der Verkäufer dafür verantwortlich ist, auch die Transportversicherung gegen die vom Käufer getragene Gefahr des Verlusts oder der Beschädigung der Ware (all risks) während der Beförderung zu beschaffen.

2. Die neue Deckungshöhe in CIP

333 Der neue Text der Incoterms 2020 (*Einführung, Ziffer 70*) schreibt dazu: „In den Incoterms 2010 wird dem Verkäufer gemäß Punkt A3 der Klauseln CIF und CIP die Verpflichtung auferlegt, auf eigene Kosten eine Transportversicherung abzuschließen, die zumindest der Mindestdeckung gemäß den Klauseln (C) der Institute Cargo Clauses (Lloyds Market Association/International Underwriting Association – LMA/ IUA) oder ähnlichen Klauseln entspricht. Die Klauseln (C) der Institute Cargo Clauses bieten Versicherungsschutz für eine Reihe von aufgeführten Gefahren, vorbehaltlich entsprechend aufgegliederter Ausschlüsse; die Klauseln (A) der

Institute Cargo Clauses hingegen decken alle Gefahren ab, sofern sie nicht unter die ebenfalls hierzu aufgeführten Ausschlüsse fallen.

Während der Beratungen im Rahmen der Ausarbeitung der Incoterms 2020 wurde der Wunsch geäußert, von den Klauseln (C) zu den Klauseln (A) der Institute Cargo Clauses zu wechseln und somit den vom Verkäufer zu beschaffenden Versicherungsschutz zugunsten des Käufers zu erweitern. Dies könnte natürlich auch zu Kostensteigerungen bei Versicherungsprämien führen. Der gegensätzliche Standpunkt, weiterhin die Klauseln (C) der Institute Cargo Clauses zu verwenden, wurde ebenso vehement vertreten, insbesondere von Akteuren aus der Branche der internationalen Frachtschifffahrt. Nach eingehender Beratung inner- und außerhalb des Rahmens der Arbeitsgruppe (Drafting Group) wurde die Entscheidung gefasst, unterschiedliche Mindestdeckungen in der Incoterms Klausel CIF sowie in der Incoterms Klausel CIP vorzugeben. In der ersten Klausel, die mit höherer Wahrscheinlichkeit im Seegüterhandel Anwendung findet, wird die gegenwärtige Regelung mit den Klauseln (C) der Institute Cargo Clauses als Standardposition beibehalten, obgleich es selbstverständlich den Parteien überlassen wird, gegebenenfalls höhere Deckungssummen zu vereinbaren. **334**

Im zweiten Fall, insbesondere bei der Incoterms Klausel CIP, muss der Verkäufer ab jetzt für Versicherungsschutz entsprechend den Klauseln (A) der Institute Cargo Clauses sorgen, obwohl jedoch auch hier den Parteien die Möglichkeit offensteht, sich auf eine geringere Mindestdeckungshöhe der Versicherung zu einigen. **335**

Somit besteht in den neuen Incoterms 2020 eine unterschiedliche Versicherungspflicht: **336**

- in CIP (all risks)
- und CIF (Mindestdeckung).

Der Verkäufer muss nach CIP A5 auf seine Kosten eine Transportversicherung abschließen, die den Käufer oder eine andere Person mit versichertem Interesse an den Gütern berechtigt, direkt beim Versicherer Ansprüche geltend zu machen. Die Versicherung muss bei zuverlässigen Versicherern oder Versicherungsgesellschaften mit einwandfreiem Ruf abgeschlossen werden. Dabei haben die Parteien grundsätzlich die Möglichkeit, den Umfang der Versicherung vertraglich zu vereinbaren.

3. Institute Cargo Clauses

Fehlt eine solche vertragliche Absprache, gibt CIP A5 vor, dass eine Mindestdeckung gemäß Klausel A der „Institute Cargo Clauses" oder einem ähnlichen Bedingungswerk erforderlich ist. Die sogenannten „Institute Cargo Clauses" sind die von der „International Underwriting Association of London" (IUA) herausgegebenen Versicherungsbedingungen, Police-Formen und Transportversicherungsverträge, die vor allem im Seetransport und Landtransport nutzbar sind. Die „Institute Cargo Clauses" haben drei Kategorien: **337**

- Klauseltyp „A" gewährt den umfangreichsten Versicherungsschutz („all risks"). Dieser Klauseltyp A ist nicht etwa nur eine kurze Formulierung oder ein kurzer Satz, sondern er wird in einem mehrseitigen Dokument ausformuliert (Muster für alle Klauseltypen, auch die Zusatzversicherungen, z.B. auf der Webseite von Lloyds: https://www.lmalloyds.com/lma/ underwriting/marine/JCC/JCC_ Clauses_ Project/Cargo_Clauses.aspx;
- Klauseltyp „B" versichert nur die in der Versicherungspolice ausdrücklich genannten Risiken („named perils", zum Beispiel Überbordspülen, Seewasserschäden, Totalverluste ganzer Kolli beim Laden und Löschen)
- und Klauseltyp „C" bietet einen nur eingeschränkten Mindestschutz für bestimmte Schadensereignisse wie etwa Große Havarie, Feuer, Strandung, Seebeben usw.

338 Zusätzlich – und zuvor einzelvertraglich unter den Parteien ausbedungen – können vereinbart werden: „Institute War Clauses" (Kriegsklausel), „Institute Strike Clauses" (Streikklausel), „Malicious Damage Clauses" (für mutwillige Beschädigung oder Zerstörung), „Institute Commodity Trade Clauses" usw.

Diesen Zusatzschutz muss der Verkäufer auf Verlangen und Kosten des Käufers – vorbehaltlich der durch den Käufer zu stellenden Informationen und vom Verkäufer benötigten Informationen – beschaffen, CIP A5, 2. Absatz.

339 Die Versicherung muss zumindest den im Vertrag genannten Preis zuzüglich zehn Prozent (d.h. 110 %) decken und in der Währung des Vertrags ausgestellt sein. Der Versicherungsschutz für die Ware muss ab der in A2 festgelegten Lieferstelle mindestens bis zum benannten Bestimmungsort gelten. Der Verkäufer muss dem Käufer die Versicherungspolice oder -urkunde bzw. einen sonstigen Nachweis über den Versicherungsschutz aushändigen. Ferner hat der Verkäufer dem Käufer auf dessen Verlangen, Gefahr und Kosten jene Informationen zur Verfügung zu stellen, die der Käufer für den Abschluss etwaiger zusätzlicher Versicherungen benötigt.

Fall 40: Versicherung nach „DTV Güter"

Der deutsche Verkäufer V verabredet mit seinem Vertragspartner in einem englischsprachigen Liefervertrag die Lieferbedingung „Term of Delivery: CIP Ankara Incoterms 2020". Hinsichtlich der im Vertrag vorgesehenen Versicherung möchte V die ihm bekannten Bedingungen „DTV Güter verwenden und fragt, ob dies nach den neuen Bestimmungen der Incoterms 2020 möglich ist. 340

Lösungsweg

Werden Versicherungsverträge nicht auf der Basis der „Institute Cargo Clauses" geschlossen, sieht CIP A5, 1. Absatz die Möglichkeit vor, „any similar clauses" für den Abschluss eines Versicherungsvertrages zugrunde zu legen. Ein ähnliches Bedingungswerk sind beispielsweise die von deutschen Transportversicherern genutzten DTV Güterversicherungsbedingungen. 341

Bei den „DTV Güterversicherungsbedingungen 2000/2011 (DTV-Güter 2000/2011) – Volle Deckung" handelt es sich um eine unverbindliche Bekanntgabe von Versicherungsbedingungen des Gesamtverbandes der Deutschen Versicherungswirtschaft e.V. (GDV) zur fakultativen Verwendung.

Abweichende Vereinbarungen sind also möglich.

1. DTV Güter

Die Güterversicherungsbedingungen 2000/2011 sehen in Ziffer 2.1. vor: „Der Versicherer trägt *alle Gefahren*, denen die Güter während der Dauer der Versicherung ausgesetzt sind, sofern nichts anderes bestimmt ist. 342

1.1 Nur zusätzlich versicherbar

Auch wenn es sich bei dieser Versicherung um eine so genannte „all risks"-Versicherung handelt, sind bestimmte Schadensfälle nicht automatisch mitversichert. Nicht versicherte Gefahren sind nach Ziffer 2.4. der Güterversicherungsbedingungen 2000/2011 Gefahren, die nur zusätzlich versichert werden können: Gefahren 343

- des Krieges, Bürgerkrieges oder kriegsähnlicher Ereignisse und solche, die sich unabhängig vom Kriegszustand aus der feindlichen Verwendung von Kriegswerkzeugen sowie aus dem Vorhandensein von Kriegswerkzeugen als Folge einer dieser Gefahren ergeben;
- von Streik, Aussperrung, Arbeitsunruhen, terroristischen oder politischen Gewalthandlungen, unabhängig von der Anzahl der daran beteiligten Personen, Aufruhr und sonstigen bürgerlichen Unruhen; der Beschlagnahme, Entziehung oder sonstiger Eingriffe von hoher Hand; aus der Verwendung von chemischen, biologischen, biochemischen Substanzen oder elektromagnetischen Wellen als

Waffen mit gemeingefährlicher Wirkung, und zwar ohne Rücksicht auf sonstige mitwirkende Ursachen; der Zahlungsunfähigkeit und des Zahlungsverzuges des Reeders, Charterers oder Betreibers des Schiffes oder sonstiger finanzieller Auseinandersetzungen mit den genannten Parteien, es sei denn,

- dass der Versicherungsnehmer nachweist, dass er die genannten Parteien oder den beauftragten Spediteur mit der Sorgfalt eines ordentlichen Kaufmanns ausgewählt hat;
- der Versicherungsnehmer bzw. Versicherte der Käufer ist und nach den Bedingungen des Kaufvertrags keinen Einfluss auf die Auswahl der am Transport beteiligten Personen nehmen konnte.

Die vorgenannten – ausgeschlossenen – Gefahren können allerdings im Rahmen der entsprechenden DTV-Klauseln mitversichert werden, was einer zusätzlichen Vereinbarung mit dem Versicherer bedarf.

1.2 Nicht ersatzpflichtige Schäden

344 Nach Ziffer 2.5. der Güterversicherungsbedingungen 2000/2011 leistet der Versicherer keinen Ersatz für Schäden, verursacht durch

- eine Verzögerung der Reise;
- inneren Verderb oder die natürliche Beschaffenheit der Güter;
- handelsübliche Mengen-, Maß- und Gewichtsdifferenzen oder -verluste, die jedoch als berücksichtigt gelten, sofern hierfür eine Abzugsfranchise vereinbart ist;
- normale Luftfeuchtigkeit oder gewöhnliche Temperaturschwankungen; nicht beanspruchungsgerechte Verpackung oder unsachgemäße Verladeweise, es sei denn, der Versicherungsnehmer hat diese weder vorsätzlich noch grob fahrlässig verschuldet.

Außerdem leistet der Versicherer keinen Ersatz für mittelbare Schäden aller Art, sofern nichts anderes vereinbart ist.

2. Verpflichtung des Verkäufers nach CIP

345 Nach CIP A5, Absatz 5, muss der Verkäufer dem Käufer die Versicherungspolice oder einen sonstigen Nachweis über den Versicherungsschutz übermitteln, und er muss dem Käufer jegliche Information über den Versicherungsschutz zugänglich machen, *sodass der Käufer entscheiden kann, ob er zusätzlichen Versicherungsschutz wünscht oder eigenständig eindeckt.*

Fall 41: Versicherung bei Anwendung „CMR"

Der deutsche Verkäufer V liefert an seinen Abnehmer K in Mazedonien Waren, allerdings nicht auf Basis von CIP Skopje Incoterms 2020, sondern lediglich auf Basis von CPT Skopje Incoterms 2020. 346

V möchte damit gerne die ihm zu umfangreich erscheinende und ihn finanziell treffende neue Versicherungspflicht „all risks" von CIP umgehen, andererseits aber auch vermeiden, mit K über die Versicherungspflicht zu diskutieren und dadurch eventuell den Nachteil zu erleiden, von K die Versicherungspflicht vertraglich auferlegt zu bekommen. So hofft er darauf, dass K „es nicht merkt...", dass eine fehlende Regelung zur Versicherung nachteilig für ihn (K) ausfallen könnte, sobald die Ware in Deutschland von V an den Frachtführer übergeben wurde und danach ein Schaden entsteht.

Immerhin aber besteht K darauf, dass auf den Liefervertrag das „CMR" anwendbar sein solle.

Lösungsweg

1. Anwendung des CMR

Das „Übereinkommen über den Beförderungsvertrag im internationalen Straßen- 347 güterverkehr" (CMR = Convention on the Contract for the international Carriage of Goods by Road; **C**onvention relative au Contrat de transport international de **m**archandise par **r**oute) gehört zu den internationalen Abkommen, die den grenzüberschreitenden Güterverkehr vereinheitlichen. Das Abkommen stammt aus dem Jahr 1956, ist ein völkerrechtlicher Vertrag und gilt zwischen den 57 Vertragsstaaten (Deutschland und Mazedonien sind Vertragsstaaten). Die CMR-Vorschriften sind, von den im CMR geregelten Ausnahmen abgesehen, nicht abdingbar und bedürfen keiner besonderen Vereinbarung. Insofern hätte es des besonderen Bestehens des K auf Anwendbarkeit des CMR gar nicht bedurft.

Das CMR gilt nach Art. 1 Abs. 1 für jeden Vertrag über die entgeltliche Beförde- 348 rung von Gütern auf der Straße, mithin also für den „Beförderungsvertrag". Der Beförderungsvertrag ist im vorliegenden Fall wegen der Incoterms-Klausel CPT nach Incoterms-Regel CPT A4 von V abzuschließen, ohne Verpflichtung des V, eine Transportversicherung einzudecken. Fraglich ist, ob sich eine solche Verpflichtung aus dem CMR ergibt.

2. Versicherungspflicht nach CMR

Das CMR ist, anders als man vermuten könnte, keine abschließende Kodifikation 349 des grenzüberschreitenden Straßengüterverkehrs, sondern regelt nur einige frachtrechtliche Fragen; auch der Vertragsschluss zum Beförderungsvertrag wird vom CMR in Art. 4 nur lückenhaft geregelt, sodass zur Lückenfüllung nach den Prinzipien des IPR auf das anwendbare nationale Recht zurückzugreifen ist.

350 Vor allem kennt das CMR *keine Versicherungspflicht*. Diese kann daher nur

- mit besonderen Vereinbarungen der Parteien, z.B. nach Ziffer 29 der ADSp 2016
- oder durch spezielle vertragliche Vereinbarung, also eine eindeutige und ausdrückliche Vertragsformulierung
- oder durch Beinhaltung der Versicherungspflicht innerhalb der Incoterms-Klauseln CIP und CIF

erreicht werden. Selbst wenn zur Klärung der Lückenfüllung nach den Regeln des IPR auf „deutsches Recht" zurückgegriffen würde, ergäbe sich aus den zivilrechtlichen Vorschriften des deutschen Rechts keine automatische Versicherungspflicht für eine der Kaufvertragsparteien.

Fall 42: Hat das „alte" CIP Vorteile?

Der deutsche Verkäufer V hat für seine Waren einen neuen Abnehmer K in 351
Mazedonien. Bei Verhandlung der Lieferbedingungen verlangt der K von V, dass die Lieferung auf Kosten des V und „mit Versicherung" erfolgen soll. Da es keine weitere Abstimmung zu diesem Punkt gibt, überlegt V, ob er in der Auftragsbestätigung „Lieferung auf Basis von CIP Skopje Incoterms 2020" oder besser „Lieferung auf Basis von CIP Skopje Incoterms 2010" schreiben soll.

V ist sich unsicher, ob die Verwendung einer „alten" Incoterms-Klausel überhaupt möglich ist, denn er hat gelesen, dass die Incoterms 2020 „ab 1.1.2020 in Kraft" sind.

Lösungsweg

1. Verwendung älterer Incoterms-Versionen

Alle ICC Texte mit dem Namen „Incoterms", also auch die sehr weit zurückliegen- 352
den seit der Anfangszeit im Jahr 1936 oder 1953, vor allem aber auch die Versionen jüngeren Datums (so vor allem 1990, 2000, 2010), die die Unternehmen seit Beginn der Globalisierung verstärkt nutzen, sind Regelwerke, die die (private) Organisation der Internationalen Handelskammer als freiwillig nutzbare Texte zur Verfügung stellt. Es ist seit Gründung der Internationalen Handelskammer im Jahr 1919 eine der Zielsetzungen, die Förderung und Verbesserung des Welthandels sowie die Harmonisierung und Liberalisierung von internationalen Handelsverfahren und Geschäftsusancen zu erreichen.

Die von ihr in fortlaufend nummerierten „Publikationen" herausgegebenen 353
„Richtlinien" (z.B. für die Abwicklung von Dokumentenakkreditiven, Inkassi, Bankgarantien usw.), die „Mustervertragstexte (z.B. der ICC Muster-Kaufvertrag) und eben auch die in Versionen von 1936, 1953, 1967, 1976, 1980, 1990, 2000, 2010 und zuletzt 2020 herausgegebenen standardisierten Lieferbedingungen mit dem Namen „Incoterms" sind allesamt Texte, die für Nutzer der Texte nur dadurch verbindlich werden, dass diese die Texte ausdrücklich in ihre Geschäftsbeziehung aufnehmen oder die Texte zur Grundlage ihrer Geschäfte oder von deren Abwicklung machen. Von daher ist es grundsätzlich möglich, einem Geschäft eine Incoterms-Klausel einer älteren Textversion zugrunde zu legen.

2. Bedeutung des Inkrafttretens

Vielfach wird in der Praxis der vorgenannte Aspekt nicht ausreichend beachtet. Die 354
ICC empfiehlt daher, dass jeder Vereinbarung einer Incoterms-Klausel stets auch der Hinweis folgen sollte, welche Textversion für die Vereinbarung verbindlich sein soll. Daher lautet die korrekte Vereinbarung ja auch: *Lieferung auf Basis von CIP*

Skopje Incoterms 2020. Damit ist eindeutig festgelegt, dass die Version 2020 gelten soll.

355 Wird von den Geschäftspartnern vergessen, eine Textversion zu vereinbaren, dann würde eine Vereinbarung ohne Jahreszahl wie „Lieferung auf Basis von CIP Skopje *Incoterms*" für alle Geschäfte vor dem 1.1.2020 dazu führen, dass damit schon der *seit September 2019 vorliegende neue Text der Incoterms 2020 verabredet* wird, obwohl damals ja noch die Fassung von 2010 „in Kraft" war, und dass automatisch die Textversion 2020 gelten würde, da diese „ab 1.1.2020" in Kraft ist.

3. Vor- oder Nachteil der CIP-Versionen 2010/2020

356 V überlegt, ob die „ältere" CIP-Version für ihn vorteilhaft ist, weil sie für ihn geringere Kosten für die von ihm zu beschaffende Transportversicherung bedeuten würde.

- CIP A3 Buchst. b Incoterms 2010 sagt aus: „Der Verkäufer hat auf eigene Kosten eine Transportversicherung abzuschließen, die zumindest der Mindestdeckung gemäß den Klauseln (c) der Institute Cargo Clauses oder ähnlichen Klauseln entspricht ...".
- Der Umfang der hiernach zu versichernden Gefahren und Schäden liegt weit unter dem tatsächlichen Bedürfnis der Praxis, warum in den letzten Jahrzehnten bei Nutzung der CIP-Klausel der jeweils in Kraft befindlichen Incoterms-Versionen immer wieder vor der „Unterdeckung" gewarnt wurde. Die „Mindestdeckung" bietet dem Verkäufer zwar Kostenvorteile, wenn er den Versicherungsvertrag abschließt. Aber die Incoterms haben daher – in der Textversion 2010 beispielsweise in CIP B3 Buchst. b – die Möglichkeit eröffnet, dass der Käufer (dann allerdings auf eigene Kosten) vom Verkäufer eine über die Mindestdeckung hinausgehende Versicherung fordern kann.
- In der Praxis war es daher auch schon bei Geltung der „alten" Incoterms 2010 üblich, dass der Verkäufer so gut wie immer einen umfassenden Versicherungsschutz besorgte – auf Wunsch des Käufers sogar auch noch über „all risks" hinaus (vgl. dazu Fall 40) – und die Mehrkosten, die *über die Kosten für die Mindestdeckung hinausgingen*, in die dem Käufer auferlegten Gesamtkosten mit einrechnete.

357 Hinweis:

Auch unter CIP Incoterms 2020 ist ein geringerer Versicherungsschutz als „all risks" möglich, sofern die Vertragspartner sich entsprechend einigen. Dies ergibt sich aus:

- CIP A5 Abs. 1 Satz 1: „Sofern nicht anders vereinbart ..."
- sowie aus den „Erläuternden Kommentaren für Nutzer" vor CIP, Ziffer 4, letzter Satz: „Den Parteien steht jedoch immer noch die Möglichkeit offen, einen geringeren Versicherungsschutz zu vereinbaren".

5. DAP Geliefert Benannter Ort (Bestimmungsort)

Der Verkäufer prüft, ob 358

- *er bereit ist, die Ware (entladebereit) bis zu einem Bestimmungsort zu liefern,*
- *den Transport zu beauftragen oder zu organisieren,*
- *die Beförderungskosten der Ware bis zum Bestimmungsort zu tragen,*
- *die Gefahr bis zum Lieferort (zugleich der Bestimmungsort) zu tragen*
- *und gegebenenfalls die Ausfuhrformalitäten zu erledigen.*
- *Der Verkäufer muss dem Käufer das für den Transport übliche Transportdokument zur Verfügung stellen.*

Besonderheiten:

Falls der Verkäufer auch die Einfuhrformalitäten erledigen soll: nicht DAP, sondern DDP.

Falls Verkäufer auch entlädt, und nicht nur entladebereit zur Verfügung stellt: nicht DAP, sondern DPU.

Der Käufer prüft, ob

- *der Verkäufer alle Risiken und Kosten (gemäß DAP A9) bis zum Bestimmungsort tragen soll,*
- *er, der Käufer, dazu bereit ist, die Einfuhrformalitäten zu erledigen*
- *und die ankommende Ware selber zu entladen,*
- *und ob er ggf. in der Lage ist, bei einem innerhalb der Gemeinschaft endenden Beförderungsvertrag die innergemeinschaftlichen Beförderungskosten getrennt auszuweisen und bei der Zollwertanmeldung als Abzug geltend zu machen.*

Besonderheiten:

Falls der Käufer nicht bereit ist, die Einfuhrformalitäten zu erledigen: nicht DAP, sondern DDP.

Falls der Käufer am Bestimmungsort nicht selber entladen will, sondern dies Aufgabe des Verkäufers sein soll: nicht DAP, sondern DPU.

Anwendung der Klausel DAP

359 Bei Nutzung der Klausel „Geliefert benannter Ort" erfolgen die Lieferung der Ware und der Gefahrenübergang vom Verkäufer der Ware an den Käufer,

- sobald die Ware dem Käufer
- auf dem ankommenden Beförderungsmittel des Verkäufers entladebereit
- am benannten Bestimmungsort oder
- an der vereinbarten Stelle an diesem Ort, sofern eine derartige Stelle vereinbart wurde, zur Verfügung gestellt wird.

360 Der Verkäufer trägt alle Risiken in Zusammenhang mit der Beförderung der Ware zum benannten Bestimmungsort oder zu der vereinbarten Stelle an diesem Bestimmungsort. In dieser Incoterms-Klausel sind daher Lieferung und Ankunft am Bestimmungsort identisch.

361 Die Klausel DAP sieht in A2 vor, dass der Verkäufer die Ware entladebereit zu liefern hat. Trotzdem kann es *nach den Bestimmungen des Beförderungsvertrages* vorgesehen sein, dass die Beförderung erst mit dem Abladen endet und die durch die Erfüllung des gesamten Beförderungsvertrages (Transport und Abladung) entstehenden Kosten durch den Verkäufer (als Vertragspartner des Frachtunternehmers) zu tragen sind. Die Kosten der Abladung sind dann vom Verkäufer zu tragen; sie können vom Grundsatz her nur dann an den Käufer weitergegeben werden, wenn dies schon in der Lieferbedingung des Grundvertrages (des Kaufvertrages) entsprechend vereinbart wurde.

362 DAP verpflichtet den Verkäufer, die Ware gegebenenfalls zur Ausfuhr freizumachen. Jedoch hat der Verkäufer keine Verpflichtung, die Ware zur Einfuhr oder nach der Lieferung zur Durchfuhr durch Drittländer freizumachen, Einfuhrzölle zu zahlen oder Einfuhrzollformalitäten zu erledigen.

363 Sollte es der Käufer versäumen, eine Einfuhrabfertigung zu organisieren, wird die Ware in einem Hafen oder Binnenterminal im Bestimmungsland zurückgehalten. Die Gefahr des Verlusts, der entstehen könnte, während die Ware im Eingangshafen des Bestimmungslandes zurückgehalten wird, trägt dann der Käufer, denn die Lieferung ist noch nicht erfolgt; gemäß DAP B3 (a) verbleibt die Gefahr des Verlusts oder der Beschädigung der Ware beim Käufer, bis die Durchfuhr bzw. Weiterbeförderung zu einer benannten Stelle im Inland wiederaufgenommen werden kann. Wenn die Parteien zur Vermeidung dieses Szenarios möchten, dass der Verkäufer die Ware zur Einfuhr freimacht, jegliche Einfuhrzölle oder -steuern zahlt und alle Einfuhrzollformalitäten erledigt, sollten die Parteien möglicherweise die DDP-Klausel verwenden.

364 Die Klausel DAP ist immer dann die richtige Lieferbedingung, wenn eigentlich auch die Klauseln FCA oder CPT anwendbar wären, der Käufer jedoch weder Gefahr und Kosten des Transports (wie bei FCA) noch die Gefahr allein (wie bei CPT) tragen will, sondern die gesamten Gefahren und Kosten bis zum Bestimmungsort zulasten des Verkäufers gehen sollen. Der Kosten- und Gefahrübergang mit Errei-

chen eines Platzes am Bestimmungsort werden diesem Wunsch des Käufers gerecht.

Wenn die Parteien erreichen wollen, dass der Verkäufer die Kosten und Gefahren nur solange tragen soll, bis die Ware ein Terminal (zum Beispiel zur Umladung) erreicht hat, bevor Sie an einen anderen Platz/Ort weiter transportiert wird, sollte anstelle von DAP die Klausel DPU vereinbart werden; alternativ kann auch DAT Incoterms 2010 gewählt werden. **365**

Fall 43: Nicht abgeholte Ware

366 *Verkäufer (V) liefert an den Käufer (K) vertragsgemäß Waren in einfacher Kartonverpackung „DAP Alter Holzhafen, Y-Straße 22, Bremen, Incoterms 2020". Für die Anlieferung war ein Zeitraum der zweiten Juliwoche des Jahres vorgesehen. Zusätzlich hat K dem V gestattet, die Ware bei Anlieferung vor dem Firmengelände abzustellen, falls bei Anlieferung kein Mitarbeiter für das Entladen zur Verfügung steht.*

Bei Anlieferung am 8. Juli ist trotz vorheriger Benachrichtigung der Mitarbeiter des K niemand anwesend. V stellt daraufhin die Lieferung an der vereinbarten Adresse auf dem Gehweg ab.

Offenbar wird die Warenlieferung über längere Zeit nicht abgeholt. Sie behindert den Fußgänger-Verkehr, sodass ein Bußgeldbescheid droht.

Lösungsweg

367 Fraglich ist im vorliegenden Fall, welche Vertragspartei für die Kosten aufkommt, wenn die vereinbarte Warenlieferung gemäß „DAP" dem Käufer am Bestimmungsort zwar zur Verfügung gestellt wird, aber dort vom Käufer nicht abgeholt wird.

1. Kostenlast nach Zurverfügungstellung der Ware

368 Eine erste Antwort darauf liefert die Incoterms-Regel DAP A2: „Der Verkäufer muss die Ware liefern, indem er sie dem Käufer auf dem ankommenden Beförderungsmittel entladebereit an der ggf. benannten Stelle, am benannten Bestimmungsort zur Verfügung stellt oder die so gelieferte Ware verschafft. In jedem Fall muss der Verkäufer die Ware zum vereinbarten Termin oder innerhalb der vereinbarten Frist liefern."

369 Unter dem „Zurverfügungstellen der Ware" ist zu verstehen, dass der Verkäufer den Käufer – zum Beispiel durch entsprechende Benachrichtigung – in die Lage versetzen muss, die entladebereite Ware in Empfang zu nehmen.

Im vorliegenden Fall wurde K durch V über die Anlieferung informiert. Damit hat V seine Pflicht nach DAP A2 erfüllt.

Mit vollzogener Lieferung nach DAP A2 ging zugleich auch die Gefahr auf den K über, DAP B3, und ab diesem Moment hat K auch entstehende Kosten zu tragen, DAP B9.

In der Konsequenz bedeutet dies, dass nach DAP B9 Buchst. a der Käufer alle die Ware betreffenden Kosten zu tragen hat (also auch Kosten für einen etwaigen Bußgeldbescheid), die ab diesem Zeitpunkt der Lieferung entstehen.

2. Fehlende Benachrichtigung

An diesem Ergebnis könnte sich nur dann etwas ändern, wenn innerhalb eines vereinbarten Lieferzeitraums dem Käufer die Option offensteht, den exakten Zeitpunkt innerhalb einer vereinbarten Lieferfrist und/oder die Stelle für die Warenabnahme am benannten Bestimmungsort festzulegen. **370**

- Ein vereinbarter Liefer*zeitraum* liegt vor (zweite Juliwoche).
- Auch der exakte Bestimmungs*ort* stand bereits fest.
- Da aber noch ein genauer Lieferzeitpunkt fehlte, oblag es dem K nach DAP B10, den V darüber zu benachrichtigen, wann genau die Lieferung erfolgen sollte. Diese Benachrichtigung hat K versäumt.

Da K es versäumte, den exakten Lieferzeitpunkt festzulegen und den V darüber zu informieren, hat er die nach Abladung der Ware entstandenen Kosten nach DAP B9 Buchst. e zu tragen.

Fall 44: Erneut: Nicht abgeholte Ware

371 *Verkäufer (V) liefert an den Käufer (K) vertragsgemäß Waren in einfacher Kartonverpackung „DAP Skopje, Borka Talevski 11, Incoterms 2020". Für die Anlieferung war der 8. Juli vormittags vorgesehen.*

Bei Anlieferung um 10 Uhr am 8. Juli ist trotz vorheriger Benachrichtigung an der Anschrift des K niemand anwesend. Der Frachtführer des V wartet noch bis 14.30 Uhr, entlädt dann die Ware selber, stellt die Lieferung an der vereinbarten Adresse ab und tritt die Rückfahrt Richtung Deutschland an. Kurz darauf wird die unbeaufsichtigte Ware gestohlen.

K verweigert die Bezahlung. Zu Recht?

Lösungsweg

372 Der Lösungsweg beginnt so wie im vorhergehenden Beispielsfall.

1. Zurverfügungstellung der Ware

373 Nach Incoterms-Regel DAP A2 gilt: „Der Verkäufer muss

- die Ware liefern,
- indem er sie dem Käufer
- *auf dem ankommenden Beförderungsmittel*
- *entladebereit*
- *an der gegebenenfalls benannten Stelle, am benannten Bestimmungsort*
- *zur Verfügung stellt* oder die so gelieferte Ware verschafft.
- In jedem Fall muss der Verkäufer die Ware zum vereinbarten Termin oder innerhalb der vereinbarten Frist liefern."

Unter dem „Zurverfügungstellen der Ware" ist zu verstehen, dass der Verkäufer den Käufer – zum Beispiel durch entsprechende Benachrichtigung – *in die Lage versetzen muss, die entladebereite Ware in Empfang zu nehmen. Diese Pflicht hat V erfüllt.*

2. Ware wird vom Käufer nicht entladen und abgeholt

374 Die Besonderheit dieser Fallvariante besteht darin, dass der Frachtführer des V nach längerer Wartezeit – und nach deutlichem Verstreichen der „Frist"/„vormittags" (DAP A2) die Ware ablädt und ohne weitere Absicherung und Aufsicht vor der Adresse des K stehenlässt.

Fraglich ist, ob das Abladen die richtige Handlung war. Die Lösungen dazu finden sich im CISG.

3. Möglichkeiten des Verkäufers nach CISG

3.1 Rechtsbehelfe

Solange V alle ihm ohne Mitwirkung des K möglichen Verpflichtungen erfüllt und die Handlungen zur Vornahme der Lieferung erbracht hat, aber der Käufer/Empfänger der Ware trotz Lieferung zum vereinbarten Termin oder innerhalb der vereinbarten Frist (vormittags) nicht entlädt und die Ware übernimmt, könnte V wegen nicht erfolgter Übernahme der Ware (DAP B2; Pflicht zur Abnahme nach Art. 60 CISG) *Rechtsbehelfe* geltend machen, die ihm (im hier vorliegenden internationalen Warenkauf) nach den Bestimmungen des CISG , Art. 61 ff. CISG, zustehen. Dies soll hier nicht weiter thematisiert werden, da V wegen des Verhaltens des Frachtführers (Abladen der Ware und damit Ermöglichung des Diebstahls) die Rechtsbehelfe nicht mehr geltend machen kann. **375**

3.2 Maßnahmen zum Erhalt

Für die Situation des V kann Art. 85 CISG in Betracht kommen. Diese Norm regelt Folgendes: **376**

- „Nimmt der Käufer die Ware nicht rechtzeitig ab oder versäumt er, falls Zahlung des Kaufpreises und Lieferung der Ware Zug um Zug erfolgen sollen, den Kaufpreis zu zahlen,
- und hat der Verkäufer die Ware noch in Besitz oder ist er sonst in der Lage, über sie zu verfügen,
- so *hat der Verkäufer die den Umständen angemessenen Maßnahmen zu ihrer Erhaltung zu treffen*.
- Er ist berechtigt, die Ware zurückzubehalten, bis ihm der Käufer seine angemessenen Aufwendungen erstattet hat."

Die Aussagen des Art. 85 CISG sind eindeutig. Anders als im vorhergehenden Beispielsfall, in dem der Käufer es dem Verkäufer ausdrücklich gestattet hatte, eine Ware auch zu entladen und unbeaufsichtigt stehen zu lassen, ist diese Möglichkeit in vorliegenden Fall nicht eröffnet, wenn eine solche Vereinbarung fehlt und wenn der Käufer es versäumt, die Ware rechtzeitig zu übernehmen. **377**

Im Gegenteil, Art. 85 CISG verpflichtet den Verkäufer sogar, die Ware in seiner Obhut zu behalten, um sie „zu erhalten", also Schaden von ihr abzuwenden (Diebstahl), und/oder dafür zu sorgen, dass sie sich nicht „verschlechtert" (z.B. durch Witterungseinfluss Schaden nimmt usw.). Damit übernimmt Art. 85 CISG dieselbe Funktion wie ein *„Schadenminderungsgebot"*.

Der *Inhalt der Erhaltungspflicht* bestimmt sich nach dem Maßstab der Angemessenheit, sodass die Umstände des Einzelfalls konkret zu untersuchen sind. Allgemein ist festzuhalten, dass der V die Ware zu lagern hat und vor schädlichen Einflüssen schützen muss. Im vorliegenden Fall hätte der Frachtführer des V die Ware beispielsweise einem vertrauenswürdigen Lagerhalter/Depot übergeben können, wenn eine noch längere Wartezeit unzumutbar geworden war. **378**

Die für die Erhaltung entstehenden Kosten kann V von K ersetzt verlangen.

4. Ergebnis

379 Keinesfalls war V (bzw. der Frachtführer) berechtigt, die Ware einfach abzuladen und unbeaufsichtigt zurückzulassen. Der hierdurch mögliche Diebstahl ist daher dem V zuzurechnen, sodass K die Lieferung nicht bezahlen muss.

Fall 45: Verdorbene Ware

Verkäufer V liefert eine Ware an Käufer K, „DAP Cartagena, Columbia, Incoterms 2020". Da es sich bei der im Container erfolgten Lieferung um verderbliche Ware handelt, verdirbt ein Teil der Ware aufgrund hoher Temperaturen auf der letzten Teilstrecke der Seereise. **380**

Zwischen V und K entzündet sich ein Streit darüber, wer die Kosten für die notwendige und aufwendige Reinigung des Containers zu zahlen hat.

Lösungsweg

Hinsichtlich der Kosten sagen die Incoterms-Regeln der DAP-Klausel lediglich: **381**

- Der Verkäufer hat nach DAP A9 Buchst. a alle die Ware und ihren Transport betreffenden Kosten zu tragen, ausgenommen der Kosten, die nach DAP B9 vom Käufer zu tragen sind.
- Der Käufer muss alle Kosten ab dem Zeitpunkt der Lieferung (DAP A2) tragen, DAP B9 Buchst. a.
- Eine Regelung zur Verantwortung hinsichtlich des Containers (Reinigung etc.) fehlt und kann sich daher nur aus dem Beförderungsvertrag ergeben, den V mit dem Beförderer abgeschlossen hat.

Nach dem Beförderungsvertrag ist der *Verkäufer gegenüber dem Beförderer* verpflichtet. Pflichten des Verkäufers aus diesem Vertrag umfassen auch den sorgfältigen Umgang mit dem (meist gemieteten) Container, wobei zu den Verantwortlichkeiten auch die Reinigung zählt, wenn diese notwendig wird. **382**

Die Pflicht des V, für die Reinigungskosten aufzukommen, ergibt sich daher auf zweifache Weise:

- zum einen daraus, dass die Verschmutzung noch vor Gefahrübergang eintrat und V daher alle mit dem Transport zusammenhängenden Kosten zu tragen hat.
- Zum anderen ergibt sich seine Kostentragungspflicht aus der Verantwortung gegenüber dem Beförderer.

Fall 46: Kartoffeln nach Idaho

383 *Ein merkwürdiger Fall: Kartoffeln nach Idaho! Eigentlich ist Idaho doch selber Kartoffelproduzent. Idaho im Nordwesten der USA kennt man durch seine Kartoffeln – ein Viertel aller Kartoffeln für den US-Markt werden hier angebaut. Ausgerechnet hier benötigt man aber etwas ganz Spezielles: neue Kartoffelsorten aus Norddeutschland.*

Also bestellt K aus Orofino, Idaho, USA beim deutschen Händler V die neuen deutschen Sorten der frühen Reifegruppe 3, die Sorten Huckleberry Gold, Ikarus und Pocahontas, „DAP Railway Station Boise Idaho USA Incoterms 2020". Es ist vorgesehen, dass die Ware von dort anschließend in den Norden Idahos mit einem US-Truck weiterbefördert werden soll, nach Orofino, wo das Unternehmen des K seinen Sitz hat.

V hat hier zwei Fragen:

1. *Bestehen seine Verpflichtungen dem K gegenüber bis zum „DAP-Bestimmungsort" Boise oder bis zum endgültigen Zielort Orofino?*
2. *Im Beförderungsvertrag zwischen V und dem Frachtführer werden alle Transportkosten einschließlich der Abladekosten am Bestimmungsort in einem Betrag zusammengefasst. Da V weiß, dass DAP vom Grundsatz her dem Verkäufer eigentlich keine Entladekosten auferlegt, fragt er, ob er später von K Kostenerstattung für das Entladen verlangen kann.*

Lösungsweg

384 Zur Klärung dieser Frage sind zunächst alle Hinweise der Incoterms-Klausel beziehungsweise ihrer Regeln heranzuziehen, die sich mit der Lieferung und dem Bestimmungsort befassen.

1. Bestimmungsort

385 Ein erster umfangreicher Hinweis findet sich in der Einleitung zur Incoterms-Klausel DAP, in den Erläuternden Kommentaren für Nutzer, Ziffer 3:

„*Genaue Bezeichnung des Lieferortes bzw. der Lieferstelle und des Bestimmungsortes*: Den Parteien wird aus verschiedenen Gründen empfohlen, Lieferort oder Lieferstelle sowie Bestimmungsort möglichst präzise zu bezeichnen.

- Zunächst ist festzustellen, dass die Gefahr des Verlusts oder der Beschädigung der Ware an dieser Lieferstelle oder am jeweiligen Bestimmungsort auf den Käufer übergeht; sowohl für den Verkäufer als auch den Käufer ist es daher unabdingbar, sich über die konkrete Stelle im Klaren zu sein, an der sich dieser kritische Gefahrenübergang vollzieht.

- Zweitens gilt, dass die Kosten bis zu diesem Liefer-/Bestimmungsort bzw. bis zur Lieferstelle zu Lasten des Verkäufers gehen und die ab dieser Stelle bzw. ab diesem Ort entstehenden Kosten dem Käufer zugerechnet werden.
- Drittens muss der Verkäufer den Transport der Ware bis zum benannten Liefer-/ Bestimmungsort oder zur benannten Lieferstelle vertraglich beauftragen oder organisieren. Anderenfalls würde der Verkäufer gegen seine Verpflichtungen aus der Incoterms Klausel DAP verstoßen und wäre gegenüber dem Käufer für die hieraus entstehenden Verluste haftbar. Somit müsste beispielsweise der Verkäufer alle zusätzlichen Kosten übernehmen, die der Frachtführer dem Käufer gegebenenfalls für zusätzlichen Weitertransport der Ware berechnet."

Die mit den Incoterms-Klauseln 2010 neu geschaffene DAP-Klausel eignet sich für **386**
den multimodalen Transport, sodass eine Kombination von Flug-, Schiffs- und Eisenbahnreise möglich ist. Bei DAP ist der Verkäufer für den Haupttransport verantwortlich. Der Lieferort, an dem die Verpflichtung des V endet und der Gefahrübergang auf den Käufer eintritt, ist identisch mit dem Bestimmungsort, hier also mit dem Zielort in Idaho/USA.

2. Entladung

Da die Verantwortung (Risikotragung, Lieferverpflichtung, Kostentragung) des V **387**
bis zum „DAP-Bestimmungsort" (Boise/Idaho) und nicht bis zum Endpunkt der Reise in Orofino besteht, ist es für ihn wichtig, exakt festzulegen, wie, wo und wann er diese Verantwortung an K übertragen kann. Dabei ist von besonderem Interesse, dass ab dem Bestimmungsort „Boise/Idaho" noch eine Weiterbeförderung vorgesehen ist.

Daher ist die Wahl der Incoterms-Klausel „DAP", bei der die Lieferung der Ware **388**
entladebereit am Bahnhof in Boise/Idaho, zu erfolgen hat, besser, als wenn zwischen V und K die Bedingung „DPU" vereinbart worden wäre, denn bei DPU hätte V auch die Verpflichtung zur Entladung auf dem Bahnhofsgelände gehabt, bevor seine Lieferpflicht erfüllt und der Gefahrübergang stattgefunden hätte; eine solche Entladeverpflichtung hätte eine zusätzliche Erschwernis für ihn bedeutet.

An dem mit DAP bezeichneten Lieferort „Bahnhof Boise" muss K die von V gelie- **389**
ferte Ware übernehmen. V stellt die Ware nur entladebereit zur Verfügung und informiert K davon, dass die Ware entladebereit zur Verfügung steht, DAP A10.

Bereits ab der Entladung trägt K alle weiteren Kosten, außer, wenn die Transport- und Entladekosten im Beförderungsvertrag, den V mit seinem Frachtführer geschlossen hat, in den Gesamtkosten zusammengefasst sind; in einer solchen Situation verbleiben die Kosten für die Entladung am Bestimmungsort beim Verkäufer, wie es DAP A9 Buchst. b und DAP B9 Buchst. b ausdrücklich festlegen.

V kann in diesen Fällen *keine Kostenerstattung für das Entladen* in Boise/Idaho von K verlangen.

Fall 47: Sicherheitsfreigabe in der Ausfuhrabfertigung

390 *V in Dresden liefert eine Ware im multimodalen Transport an K in Boston Mass. unter der Lieferbedingung „Lieferung gemäß DAP Boston, Harbour City, Terminal D, Incoterms 2020". Aufgrund der Marktposition, die dem deutschen Exporteur nur wenig Spielraum für die Durchsetzung eigener Wünsche in der Vertragsgestaltung lässt, und da der Export in die USA entscheidend für den wirtschaftlichen Erfolg des Exportunternehmens von V ist, hat sich V auf diese für ihn ungünstige Lieferbedingung mit umfangreichen Verpflichtungen eingelassen.*

V befasst sich genauer mit den Incoterms-Klauseln und -Regeln und stellt fest, dass er nach DAP A7 im Rahmen der Ausfuhrabfertigung unter anderem auch die Verantwortung für eine „Sicherheitsfreigabe" hat.

V möchte wissen, was unter seinen Pflichten in der Ausfuhrabfertigung zu verstehen ist.

Lösungsweg

1. Ausfuhrabfertigung unter DAP Incoterms 2020

391 DAP A7 beschreibt die Pflichten von Verkäufer V wie folgt. Im Rahmen der Ausfuhrabfertigung hat nach DAP A7 Buchst. a „... der Verkäufer alle Ausfuhr- und Transitabfertigungsformalitäten durchzuführen und zu bezahlen, die von dem jeweiligen Ausfuhr- und Transitland (außer dem Einfuhrland) vorgeschrieben sind, z.B.:

- Ausfuhr-/Durchfuhrgenehmigung;
- *Sicherheitsfreigabe für Ausfuhr/*Durchfuhr;
- *Warenkontrolle vor der Verladung*; und
- sonstige behördliche Genehmigungen."

2. Sicherheitsfreigabe für die Ausfuhr

392 Die Verpflichtung eines Verkäufers zur „Sicherheitsfreigabe" ist eine recht neue Incoterms-Regel, die erstmals in den Incoterms 2010 neu aufgenommen wurde. Alle Incoterms-2020-Regeln enthalten in A7 eine Verpflichtung, die der Verkäufer auf Verlangen des Käufers (und auf dessen Kosten und Risiko) zu erfüllen hat: Danach muss der Verkäufer dem Käufer notwendige Unterlagen zur Verfügung stellen, die für die Sicherheitsüberprüfung und Kontrollen der Ware erforderlich sind. Gemeint sind damit

- zum einen die Kontrollen und Überprüfungen, die die verkaufte Ware durchlaufen muss, bevor sie zur Ausfuhr oder zur Einfuhr freigegeben wird. Hintergrund dieser Anforderungen sind die Terroranschläge vom 11.9.2001, in deren Folge die Sicherheitsvorschriften deutlich verschärft wurden.

- Daneben gibt es aber noch weitere Sicherheitsüberprüfungen, die zwar nicht direkt als Pflichten aus A7/B7 folgen, gleichwohl aber die Abwicklung des Warengeschäfts beeinflussen und damit Auswirkungen auf den kaufmännischen Erfolg des Geschäfts haben können. Gemeint sind die – insbesondere in den USA, aber auch anderswo – deutlich angewachsenen *Prüfungsanforderungen, die Waren im Ausfuhrland zu durchlaufen haben*, bevor sie zum Eintritt ins Empfangsland (z.B. USA) überhaupt zugelassen werden.

Dieser Sicherheitsüberprüfung („security clearance") liegen folgende Entwicklun- **393**
gen und Überlegungen zugrunde: Zum einen gibt es seit einigen Jahren „Sicherheitsinitiativen" von Zollbehörden außerhalb der USA, wobei vor allem die Containersicherheitsinitiative der USA, daneben aber auch das „Free and Secure Trade Program Kanadas" und ein Kooperationsprogramm zwischen Zoll und Industriebranchen Australiens („Frontline") u.a. eine Rolle spielen. Daneben gibt es das bekannte Sicherheitskonzept der EU in Gestalt des AEO.

3. CSI

Vor allem das Sicherheitskonzept der USA wirkt sich auf deutsche Häfen und die **394**
Hafenabwicklung aus. Angesichts der Bedrohung durch mögliche Terroranschläge haben die Zollbehörden der USA eine „Container Security Initiative" (CSI) zur Verbesserung der Sicherheit von internationalen Lieferketten ins Leben gerufen. Die Webseite US-Customs and Border Protection beschreibt (Stand Sommer 2020), dass sich derzeit 58 Häfen weltweit am Programm der Containerüberprüfung beteiligen (in Deutschland: Bremerhaven und Hamburg), die insgesamt etwa 80 % der in die USA eingeführten Waren (in Containern) abwickeln. Bei CSI muss vor Verschiffung von Waren in die USA ein Teil der für die USA bestimmten Container nach Risikokriterien zu Kontrollzwecken untersucht werden; dazu wurde von den USA eine Verordnung über Frachtmanifests-Vorabinformationen veröffentlicht, die eine sogenannte „24 hours rule" enthält. Reedereien und ausstellende Spediteure sind verpflichtet, die Manifest-Daten spätestens 24 Stunden vor Beladung des Seeschiffes im Abgangshafen dem US-Zoll zu melden. Bei Luftfracht müssen die Angaben direkt nach dem Flugzeugstart verfügbar sein. Die zeitliche Vororganisation aller beteiligten Partner muss demzufolge rechtzeitig erfolgen, was in vielen Fällen nur mit erheblichem Aufwand und zusätzlichen Kosten realisiert werden kann.

Passend hierzu wurde am 12.6.2018 für die Luftfracht das Air Cargo Advance **395**
Screening (ACAS) Programm ins Leben gerufen.

Die Deutsche Zollverwaltung nimmt seit 1.8.2002 an der Kooperation im Rahmen der CSI teil, was durch eine Anwesenheit von US-Zollbeamten in den deutschen Häfen Hamburg und Bremerhaven praktiziert wird.

4. C-TPAT

396 Am 4.5.2012 haben die Europäische Union (EU) und die USA durch Beschluss des Gemischten Ausschusses EU-USA für die Zusammenarbeit im Zollbereich (JCCC) die gegenseitige Anerkennung der Sicherheitsprogramme C-TPAT (Customs Trade Partnership Against Terrorism) der USA und Zugelassener Wirtschaftsbeteiligter (AEO) der EU unterzeichnet (Beschluss vom 4. Mai 2012 für die Zusammenarbeit im Zollbereich über die gegenseitige Anerkennung des Programms „Customs-Trade Partnership Against Terrorism" der Vereinigten Staaten und des Programms für zugelassene Wirtschaftsbeteiligte in der Europäischen Union, ABl. L 144/44 vom 5.6.2012). C-TPAT ist das im November 2001 in den USA gegründete Sicherheitskonzept, das die gesamte Lieferkette umspannt und heute (Stand 2019) etwa 11.500 registrierte Unternehmen in der Sicherheitskette umfasst.

All diese unterschiedlichen Verfahrenswege, Vorschriften, Initiativen und die durch den Unions-Zollkodex erreichten Neuerungen im Sinne der Sicherheitsüberprüfung führen zu zusätzlichen Anforderungen bei der Ausfuhr- und Einfuhrabfertigung.

5. Pre-shipment inspection

397 Die Regelung zur vor Ausfuhr durchzuführenden Warenkontrolle (pre-shipment inspection) ist Bestandteil der Pflichten nach den Incoterms-2020-Regeln A7 und B7. Diese behördlich angeordneten Warenkontrollen vor der Verladung, die durch Dritte vorgenommen werden und sicherstellen sollen, dass die Ware in jeder Hinsicht (Qualität/Quantität) der Einfuhr-/Ausfuhrgenehmigung oder sonstigen Vorgaben des Warengeschäfts (z.B. den Bedingungen von Normen, Zertifizierungen, für eine Devisenfreigabe usw.) entspricht, sind immer von der Vertragspartei zu veranlassen und zu bezahlen, die durch die gewählte Incoterms-2020-Klausel in den Incoterms-Regeln A7 oder B7 dazu aufgefordert wird.

398 Die Verantwortung für die Warenkontrolle und vor allem auch die Kostentragung trifft nach der Systematik in den Incoterms-2020-Regeln A7/B7 stets die Partei, die auch für die Erledigung der Ausfuhr- oder Einfuhrformalitäten verantwortlich ist. Haben die Parteien sich für EXW entschieden, trägt der Käufer die Verantwortung und Kosten; umgekehrt ist es bei Verabredung einer D-Klausel. Wird eine der anderen Incoterms-Klauseln verabredet, kommt es für die Kostentragung bei der pre-shipment inspection darauf an, ob diese Warenkontrolle vom Ausfuhrland für die Erlangung der Ausfuhrgenehmigung nötig ist oder ob sie ein Erfordernis des Importlandes ist, damit die Einfuhrgenehmigung erteilt werden kann.

399 Diese Warenkontrollen sind „Behördenkontrollen" und haben weder etwas zu tun mit einer „Qualitätskontrolle", die die Vertragsparteien in ihrem Kaufvertrag vereinbaren, um sicherzugehen, dass eine einwandfreie Ware verladen wird. Sie haben auch nichts zu tun mit den „Sicherheitsanforderungen" nach Incoterms-2020-Regel A4 oder der Untersuchungspflicht des Käufers, wie sie sich aus Art. 38 CISG ergibt.

6. DPU Geliefert benannter Ort entladen

Der Verkäufer prüft, ob 400

- *er bereit ist, die Ware bis zu einem Bestimmungsort – entladen – zu liefern,*
- *den Transport zu beauftragen oder zu organisieren,*
- *die Beförderungs- und Entladekosten der Ware bis zum Bestimmungsort zu tragen,*
- *die Gefahr bis zum Lieferort zu tragen*
- *und die Ausfuhrabfertigung durchzuführen (sofern zutreffend).*
- *Der Verkäufer muss dem Käufer ein Transportdokument zur Verfügung stellen, welches diesem die Übernahme der Ware ermöglicht.*

Besonderheiten:

Falls der Verkäufer auch die Einfuhrabfertigung durchführen soll: nicht DPU, sondern DDP, dann aber ohne Entladung durch den Verkäufer!

Falls Verkäufer nicht entlädt (z.B., weil er die Entladung am Bestimmungsort nicht organisieren kann), sondern nur entladebereit zur Verfügung stellt und auch die Einfuhrabfertigung nicht vornimmt: nicht DPU, sondern DAP.

Der Käufer prüft, ob

- *der Verkäufer alle Risiken und Kosten (gemäß DPU A9) bis zum Bestimmungsort tragen*
- *und die ankommende Ware entladen soll,*
- *er, der Käufer, dazu bereit ist, die Einfuhrformalitäten zu erledigen*
- *und ob er ggf. in der Lage ist, bei einem innerhalb der Gemeinschaft endenden Beförderungsvertrag die innergemeinschaftlichen Beförderungskosten getrennt auszuweisen und bei der Zollwertanmeldung als Abzug geltend zu machen.*

Besonderheiten:

Falls der Käufer nicht bereit ist, die Einfuhrabfertigung durchzuführen: nicht DPU, sondern DDP. DDP ist dann aber ohne Entladung durch den Verkäufer.

Falls der Käufer den Entladevorgang selber vornehmen und auch die Einfuhrabfertigung durchführen will: nicht DPU, sondern DAP.

Anwendung der Klausel DPU

401 Bei Nutzung der Klausel „Geliefert benannter Ort entladen" erfolgen die Lieferung der Ware und der Gefahrenübergang vom Verkäufer der Ware an den Käufer,

- indem die Ware,
- nachdem sie vom ankommenden Transportmittel entladen wurde,
- dem Käufer
- am benannten Bestimmungsort oder
- an der vereinbarten Stelle an diesem Ort, sofern eine derartige Stelle vereinbart wurde, zur Verfügung gestellt wird.

402 Der Verkäufer trägt alle Risiken, die in Zusammenhang mit der Beförderung der Ware zum und der Entladung am benannten Bestimmungsort entstehen. In dieser Incoterms-Klausel sind daher Lieferung und Ankunft am Bestimmungsort identisch.

403 DPU ist die einzige Incoterms-Klausel, die den Verkäufer verpflichtet, die Ware am Bestimmungsort zu entladen. Der Verkäufer sollte daher sicherstellen, dass er in der Lage ist, die Entladung am benannten Ort zu organisieren. Falls die Parteien übereinkommen, dass der Verkäufer die Gefahr und die Kosten der Entladung nicht tragen soll, sollte die Klausel DPU vermieden und stattdessen die Klausel DAP verwendet werden.

404 Wenn die Parteien erreichen wollen, dass der Verkäufer auch die Kosten und Gefahren eines Weitertransports tragen soll, also die Kosten, die nach Entladung an einem Bestimmungsort anfallen, wenn die Ware von dort *aus noch zu einem anderen Platz/Ort weiter transportiert* wird, sollte die Klausel DAP oder DDP vereinbart werden.

405 DPU verpflichtet den *Verkäufer*, die Ware gegebenenfalls zur *Ausfuhr* freizumachen. Jedoch hat der Verkäufer keine Verpflichtung, die Ware zur Einfuhr oder nach der Lieferung zur Durchfuhr durch Drittländer freizumachen, Einfuhrzölle zu zahlen oder Einfuhrzollformalitäten zu erledigen.

406 Sollte es der *Käufer* versäumen, eine *Einfuhrabfertigung* zu organisieren, wird die Ware in einem Hafen oder Binnenterminal im Bestimmungsland zurückgehalten. Die Gefahr des Verlusts, der entstehen könnte, während die Ware im Eingangshafen des Bestimmungslandes zurückgehalten wird, trägt dann der Käufer, denn die Lieferung ist noch nicht erfolgt; gemäß DPU B3 (a) verbleibt die Gefahr des Verlusts oder der Beschädigung der Ware beim Käufer, bis die Durchfuhr bzw. Weiterbeförderung zu einer benannten Stelle im Inland wiederaufgenommen werden kann. Wenn die Parteien zur Vermeidung dieses Szenarios möchten, dass der Verkäufer die Ware zur Einfuhr freimacht, jegliche Einfuhrzölle oder -steuern zahlt und alle Einfuhrzollformalitäten erledigt, sollten die Parteien möglicherweise die DDP-Klausel verwenden.

Die Klausel DPU ist immer dann die richtige Lieferbedingung, wenn eigentlich auch die Klauseln FCA oder CPT anwendbar wären, der Käufer jedoch weder Gefahr und Kosten des Transports (wie bei FCA) noch die Gefahr allein (wie bei CPT) tragen will, sondern die gesamten Gefahren und Kosten bis zum Bestimmungsort *einschließlich der Entladung* (die wären bei FCA/CPT nicht vom Verkäufer zu verantworten) zulasten des Verkäufers gehen sollen. Der Kosten- und Gefahrübergang mit Erreichen eines Platzes am Bestimmungsort werden diesem Wunsch des Käufers gerecht. **407**

Fall 48: Transport durch eigene Leute

408 *Verkäufer (V) und Käufer (K) verabreden in einem Liefervertrag „DPU Gleisanschluss 12 Lagerschuppen IV Holzhafen X-Stadt, Incoterms 2020".*

V liefert an K mit eigenem Transportmittel an die genannte Adresse.

Ist das bei der DPU-Vereinbarung möglich?

Lösungsweg

409 Im Hinblick auf die zwischen V und K streitigen Umstände ist aus „DPU" Folgendes zu entnehmen.

1. Durchführung des Transports

410 DPU A4 legt als Pflicht des Verkäufers fest, dass „der Verkäufer... auf eigene Kosten den Transport der Ware bis zum benannten Bestimmungsort vertraglich beauftragen oder organisieren muss.

Dabei stellt sich die Frage, ob die Begriffe *„den Transport vertraglich beauftragen oder organisieren"* in DPU A4 Satz 1 die Möglichkeit ausschließen, die Ware auch mit eigenen Leuten und eigenen Transportmitteln durchzuführen – dies war zumindest nach den Bestimmungen *der früheren Incoterms-Versionen* streitig und auch nicht eindeutig geregelt.

1.1 Frühere Regelung in den Incoterms

411 Bis zur den Incoterms 2010 galt der Aspekt des *Transports mit eigenem Fahrzeug und eigenen Leuten* noch als problematisch, weil der Wortlaut (z.B. der D-Klauseln) in den Incoterms-Klauseln 2010 wie folgt lautete: „Der Verkäufer hat ... einen Beförderungsvertrag .... abzuschließen." Dies konnte so verstanden werden, dass ein Transport mit eigenem Fahrzeug und mit eigenen Leuten nicht möglich war, da sonst ja „kein Transportvertrag abgeschlossen" würde.

412 Allerdings galt schon damals nach einer *verbreiteten Ansicht der Praxis* sowie nach der *Expertenmeinung der ICC*, dass die Incoterms-Klauseln den Einsatz eigener Transportmittel nicht grundsätzlich ausschlossen, wenn der Verkäufer für den Transport verantwortlich war. Es ginge nämlich stattdessen insbesondere bei den D-Klauseln in den Incoterms-Regeln A3 darum, dass der Verkäufer eine *Verantwortung für den Transport* trägt, und daher sei es gleichgültig, ob der Transport selber durch eigene oder fremde Leute und Transportmittel ausgeführt wird.

1.2 Neuregelung seit den Incoterms 2020

413 Diese Problematik ist in der Neufassung der Incoterms 2020 beseitigt und der Wortlaut wurde klarer gefasst. Die *„Einführung in die Incoterms 2020"* beschreibt in den Ziffern 72 und 73 die Veränderung, die mit den neuen Incoterms 2020 gere-

gelt wurde: Nunmehr dürfen auch das eigene Fahrzeug und eigenes Personal eingesetzt werden; der Begriff dazu lautet in allen Incoterms-Regeln der D-Klauseln nunmehr „Organisation des Transports".

Hierzu die Einführung in Ziffer 72, 73: „Während der Beratungen im Vorfeld der Incoterms 2020 wurde deutlich, dass es einige Situationen gibt, in denen die Waren vom Verkäufer zum Käufer befördert werden müssen, wobei aber für diesen Transport kein Dritter, das heißt kein unabhängiger Frachtführer, beauftragt werden muss. So konnte beispielsweise ein Verkäufer, der die D-Klausel verwendete, einen solchen Warentransport organisieren, indem er seine eigenen Transportmittel nutzte und diese Funktion somit nicht an einen Dritten auslagern musste. Ebenso sprach bei einem FCA-Kauf nichts dagegen, dass der Käufer sein eigenes Fahrzeug zur Abholung der Waren und für ihren weiteren Transport bis zu seinem eigenen Gelände nutzt. In den Incoterms-20*10*-Regeln wurden solche möglichen Szenarien offenbar nicht berücksichtigt. **414**

In den Incoterms-2020-Regeln ist dies jedoch der Fall, indem nicht nur der Abschluss eines Beförderungsvertrags ausdrücklich vorgesehen ist, sondern auch gestattet wird, gegebenenfalls den nötigen Transport lediglich zu organisieren." **415**

2. Ergebnis

Die Klausel DPU Incoterms 2020 ermöglicht es dem V in DPU A4, den Transport zu „organisieren", also mit eigenem Fahrzeug und mit eigenen Leuten durchzuführen. **416**

Fall 49: Abladung vor einem Schuppen

417 *Verkäufer (V) und Käufer (K) verabreden in einem Liefervertrag „DPU Gleisanschluss 12 Lagerschuppen IV Holzhafen X-Stadt, Incoterms 2020".*

Bei Anlieferung der Ware stellt V fest, dass der genannte Schuppen an der Frontseite offen ist und lässt die Ladung daher nur vor dem Gebäude abladen. Dort wird sie durch ein plötzliches Unwetter beschädigt.

K ist der Ansicht, dass V gegen seine Pflichten aus „DPU" verstoßen habe, indem er die Ware nicht im Gebäude ablud.

Lösungsweg

1. Schuppenabladung

418 Die neue Incoterms-Klausel „DPU" ersetzt den älteren Begriff „DAT", der erst mit den Incoterms 2010 neu entwickelt wurde und bei Auflage der Incoterms 2020 schon wieder entfiel; an seiner Stelle ist nun DPU mit gleichen Inhalten in die Gruppe der Klauseln aufgenommen worden.

419 DAT Incoterms 2010 wurde zu DPU Incoterms 2020

Schon der alte Begriff „DAT Geliefert Terminal Incoterms 2010" beschrieb im Anwendungshinweis zu dieser Klausel in Ziffer 1 Absatz 2, dass ein „*Terminal ... jeder Ort im benannten Bestimmungsort oder Bestimmungshafen sein kann*, ob überdacht oder nicht, wie z.B. ein Kai, eine Lagerhalle ... usw." Insofern beschrieb also das „Terminal" jede Stelle oder jeden Platz am vereinbarten Bestimmungsort – es musste nicht zwingend ein Terminal sein. Dennoch war schon in den Incoterms 2010 bei DAT ein „Terminal" nicht einfach nur ein beliebiger Platz, wie etwa ein offenes Feld oder eine sonstige zum Ablagern von Waren geeignete Stelle: „Terminal" verlangte, dass der Abladeplatz zumindest in irgendeiner Weise organisatorisch so beschaffen ist, dass er sich zur Inempfangnahme von Waren eignet. Der Schuppen genügte diesen an ein „Terminal" gestellten Anforderungen schon in der alten Incoterms-Regel DAT.

420 An dieser Bewertung und an diesem Ergebnis hat sich durch die neue Klausel DPU Incoterms 2020 nichts geändert. Dies lässt sich auch aus der „Einführung in die Incoterms 2020, Ziffern 74 und 75 folgern: „Der einzige Unterschied zwischen den Klauseln DAT und DAP in den Incoterms 2010 bestand darin, dass der Verkäufer in DAT die Waren geliefert hatte, sobald die Ware von dem ankommenden Beförderungsmittel an einem „Terminal" entladen war, während die Lieferung der Waren durch den Verkäufer in DAP erfolgt war, wenn diese Waren dem Käufer auf dem ankommenden Beförderungsmittel zur Entladung, das heißt entladebereit zur Verfügung gestellt worden waren. Es soll zudem daran erinnert werden, dass im Anwendungshinweis für DAT in den Incoterms 2010 die *Definition des Begriffs*

„Terminal" relativ weit gefasst war und „jeden Ort, unabhängig davon, ob überdacht oder nicht ..." einschloss. Die ICC beschloss, ... die Bezeichnung der Klausel DAT zu DPU (Delivered at Place Unloaded; Geliefert benannter Ort entladen) ... zu ändern ..., um die Tatsache zu unterstreichen, dass *der Bestimmungsort ein beliebiger Ort sein kann und kein „Terminal" sein muss.* Falls sich dieser Ort jedoch nicht in einem Terminal befindet, sollte der Verkäufer sicherstellen, dass die Waren an dem Ort, an dem er sie anliefern möchte, auch entladen werden können.

2. Entladeplatz

Problematisch ist im vorliegenden Fall dann noch, wo bei DPU der richtige Entlade- **421**
platz liegt. DPU A2 legt die Verpflichtung des Verkäufers nicht eindeutig genug fest: „Der Verkäufer muss die Ware vom ankommenden Beförderungsmittel entladen und dann liefern, indem er sie an der gegebenenfalls benannten Stelle oder am *benannten Bestimmungsort dem Käufer* ... zur Verfügung stellt."

- Die Lieferung muss also nur am benannten Bestimmungsort oder der benannten Stelle erfolgen.
- Ob sie in einen geschützten Raum hineingebracht werden muss, ergibt sich nicht direkt aus den Incoterms-Regeln (hier DPU A2), sondern nur daraus,
- wie die räumliche Beschaffenheit des Bestimmungsortes/der Stelle ist,
- welche Liefergepflogenheiten zwischen den Vertragsparteien bestehen,
- ob die Ware gegen Witterungseinflüsse geschützt gelagert werden muss oder aber nicht (Letzteres, weil sie beispielsweise ohnehin schon gegen sämtliche Witterungseinflüsse geschützt ist, weil sie sorgfältig verpackt wurde),
- und vor allem auch, ob – entsprechend DPU B6 – der Käufer in der Lage ist, die *Ware* mit einem Transportdokument ordnungsgemäß zu *übernehmen*.

Letztlich entscheiden also die Beschaffenheit der Ware und die Übung der Ver- **422**
tragsparteien, ob das Abladen „vor dem Schuppen" oder „in dem Schuppen" erfolgen muss, wenn nicht eine eindeutige Parteiabsprache getroffen wurde.

Hierauf weist auch der „Erläuternde Kommentar für die Nutzung von DPU" in Ziffer 3 hin: „Den Parteien wird aus verschiedenen Gründen empfohlen, Lieferort oder Lieferstelle sowie Bestimmungsort möglichst präzise zu bezeichnen. Zunächst ist festzustellen, dass die Gefahr des Verlusts oder der Beschädigung der Ware an dieser Lieferstelle oder am jeweiligen Bestimmungsort auf den Käufer übergeht; sowohl für den Verkäufer als auch den Käufer ist es daher unabdingbar, sich über die konkrete Stelle im Klaren zu sein, an der sich dieser kritische Gefahrenübergang vollzieht. Zweitens gilt, dass die Kosten bis zu diesem Liefer-/Bestimmungsort bzw. bis zur Lieferstelle zu Lasten des Verkäufers gehen und die ab dieser Stelle bzw. ab diesem Ort entstehenden Kosten dem Käufer zugerechnet werden. Drittens muss der Verkäufer den Transport der Ware bis zum benannten Liefer-/Bestimmungsort oder zur benannten Lieferstelle vertraglich beauftragen oder organisieren. Anderenfalls würde der Verkäufer gegen seine Verpflichtungen aus dieser Klausel verstoßen und wäre gegenüber dem Käufer für die hieraus entstehenden

Verluste haftbar. Somit müsste beispielsweise der Verkäufer alle zusätzlichen Kosten übernehmen, die der Frachtführer dem Käufer ggf. für den zusätzlichen Weitertransport der Ware berechnen würde."

Im vorliegenden Fall fehlte die konkret verpflichtende Vereinbarung, die Ware im Schuppen abzuladen. V war daher nur wegen der Beschaffenheit von Ware und Verpackung verpflichtet, die Ware innerhalb des Schuppens – und nicht einfach *vor* dem Schuppen – abzuladen, um Witterungseinflüsse fernzuhalten.

Fall 50: Abladen und Entladen

Verkäufer (V) und Käufer (K) verabreden in einem Liefervertrag die Lieferung eines 20-Fuß-Containers mit übergroßen gläsernen Windlichtern „DPU Laderampe A6, X-Stadt, Incoterms 2020". Der Frachtführer des V fährt mit dem Transportfahrzeug bis an die bezeichnete Laderampe und wird dann für einige Zeit wegen eines dringenden Telefonats von seiner nächsten Aufgabe, dem Abladen des Containers, abgelenkt. 423

Da die Mitarbeiter des K nicht so lange warten wollen, bis die endlich eingetroffene Ware zur Verfügung steht, weil einige Kunden schon sehnlichst auf die neu eingetroffene Ware warten, beginnen sie damit, den Container selber vom Fahrzeug abzuladen. Da das Transportfahrzeug des V mit einem eigenen Hebesystem ausgestattet ist, einem sogenannten Seitenladerchassis, hat der Lkw zwei Hebearme, mit denen der Container punktgenau neben den Lkw versetzt werden kann.

Leider versagt diese Technik während des Abladevorgangs und der Container stürzt aus 1 Meter Höhe auf den Boden. Dabei geht ein Teil der Glasladung zu Bruch. Die unbeschädigten Windlichter laden die Mitarbeiter des K aus und verkaufen sie sofort an die wartenden Kunden.

K weigert sich, die beschädigten Windlichter zu bezahlen und verweist darauf, dass V ja eigentlich seiner Lieferverpflichtung aus DPU A2 Incoterms 2020 noch nicht nachgekommen war und damit das „Risiko" bei ihm lag. Zu Recht?

Lösungsweg

DPU A2 Satz 1 Incoterms 2020 legt fest: „Der Verkäufer muss die Ware *vom ankommenden Beförderungsmittel entladen* und dann liefern, indem er sie an der ggf. benannten Stelle am benannten Bestimmungsort dem Käufer zur Verfügung stellt oder die so gelieferte Ware verschafft." Zugleich ist der Käufer nach DPU B2 verpflichtet, die Ware „zu übernehmen". 424

1. Containeranlieferung

Fraglich ist, was dies für den *Vorgang des Abladens und Entladens* bei einem Containertransport bedeutet. 425

Die Incoterms-Regel A2 sieht vor, dass *die Ware entladen* und dem Käufer zur Verfügung gestellt werden muss. Dieser Begriff ist leicht missverständlich, wenn es – wie im vorliegenden Fall – um die Warenanlieferung in einem Container geht. Da der Container kein Beförderungsmittel (wie etwa das Transportfahrzeug) ist, sondern ein „Transportbehälter", also eigentlich nur eine Art „Verpackung" der

Lieferung darstellt, ist der Container damit nur Gegenstand der *Verpackung*, also auch nur *eines Teils der „Lieferhandlung" des Verkäufers*.

426 Mit der Bereitstellung eines Containers (auf dem Fahrzeug) wird daher nur ein Teil der Verpflichtung des Verkäufers erfüllt. Er muss zusätzlich noch „entladen", und das bedeutet im Fall der Ankunft des Containers auf einem Fahrzeug, dass er vom Fahrzeug „abgeladen", also vom LKW herunterbewegt werden muss. Dafür hat das Fahrzeug des V ein eigenes Bordmittel, das Seitenladerchassis mit zwei Hebearmen, die den Container vom LKW entweder auf den Boden oder aber seitlich versetzt auf eine Rampe heben können. Erst wenn V dieses System bedient hat und der Container an der vertraglich vereinbarten und angegebenen Stelle platziert wurde, hat er auch die nach DPU A2 bestehende Verpflichtung zur „Entladung vom ankommenden Beförderungsmittel" erfüllt. Da V dies aber noch nicht erledigt hatte, ist damit seine „Lieferung" nach DPU A2 noch nicht abgeschlossen gewesen.

2. „Entladung des Containers"

427 Vom „Abladevorgang" des Containers, der vom Beförderungsmittel herunter erfolgt, ist das „Entladen (also eigentlich „*Ausladen*") des Containers" abzugrenzen, also das Öffnen des Behältnisses und das Herausnehmen der Ware. Diese Aufgabe obliegt in allen Fällen immer dem Käufer.

3. Ergebnis

428 V hat seine Lieferverpflichtung nach DPU A2 noch nicht in vollem Umfang erfüllt, sodass er Risiken und Kosten bis zum endgültig von ihm vorgenommenen Abladen des Containers erbracht hat. Da es hierzu nicht mehr kam, weil er die Aufsicht über den Container vernachlässigt hat und dadurch dem K ermöglichte, selber tätig zu werden, ist dies auch seiner Risikosphäre zuzurechnen. V kann daher *nicht* wegen Gefahrübergangs auf K und damit wegen einer bereits erfolgten Erfüllung des Kaufvertrags die Zahlung verlangen, sondern kann einen Geldanspruch in Form von Schadensersatz für die beschädigten Teile sowie von Geldersatz für die „unbefugt bereits ausgeladenen" und bereits vorzeitig verkauften unbeschädigten Windlichter von K geltend machen.

Fall 51: Rüge einer mangelhaften Warenlieferung

Verkäufer (V) hat dem Käufer (K) gläserne Windlichter „DPU X-Stadt, Incoterms 2020" verkauft. Die Ware wird fristgerecht bei K angeliefert und ohne weitere Zwischenfälle ordnungsgemäß vom Transportfahrzeug abgeladen. 429

Erst einige Wochen später öffnet K den Container und stellt fest, dass einige der Glaswindlichter zerbrochen sind. Daher mindert er die Kaufpreisforderung, die V gegen K erhebt, um den ermittelten Schaden.

Zu Recht?

Lösungsweg

1. „Übernahme" der Ware

DPU A2 verpflichtet den Verkäufer, 430

- die Ware vom ankommenden Beförderungsmittel zu entladen
- und dann zu liefern, indem er sie an der gegebenenfalls benannten Stelle am benannten Bestimmungsort
- *dem Käufer zur Verfügung* stellt oder die so gelieferte Ware verschafft.

Sobald damit die Sachherrschaft an der Warenlieferung auf den Empfänger der Lieferung übergegangen ist, hat 431

- der Verkäufer seine Pflicht zur Lieferung, DPU A2
- und der Käufer seine *Pflicht zur Übernahme*, DPU B2,

erfüllt. Allerdings gibt es gerade bei der „Übernahme der Ware" möglicherweise noch Besonderheiten, die zu beachten sind.

2. Rechtzeitigkeit der Rüge

2.1 Art. 39 CISG

Zuerst kommt in Betracht, dass K im vorliegenden Fall die mangelhafte Ware (nicht) rechtzeitig gerügt hat. Dafür könnte Art 39 Abs. 1 CISG einschlägig sein: „Der Käufer verliert das Recht, sich auf eine Vertragswidrigkeit der Ware zu berufen, wenn er sie dem Verkäufer nicht *innerhalb einer angemessenen Frist* nach dem Zeitpunkt, in dem er sie festgestellt hat oder hätte feststellen müssen, anzeigt und dabei die Art der Vertragswidrigkeit genau bezeichnet." 432

Die Frist, innerhalb derer gerügt werden muss, wird unterschiedlich bemessen, da manche Rechtsordnungen entweder eine „unverzügliche" (§ 377 HGB) oder sofortige Mängelanzeige verlangen, andere Rechtsordnungen dagegen eine „reasonable time" für ausreichend halten. Da K erst einige Wochen nach Anlieferung der Ware die Mangelhaftigkeit bemerkt und rügt, wird man davon ausgehen 433 können, dass er gemäß Art. 39 Abs. 1 CISG den Mangel nicht rechtzeitig gerügt hat.

2.2 Art. 38 CISG

434 Fraglich ist, wie es überhaupt mit der Pflicht zur Untersuchung der Ware nach Art. 38 CISG aussieht. Diese Vorschrift regelt in ihren ersten beiden Absätzen: „(1) Der Käufer hat *die Ware innerhalb einer so kurzen Frist zu untersuchen oder untersuchen zu lassen, wie es die Umstände erlauben*. – (2) Erfordert der Vertrag eine Beförderung der Ware, so kann die Untersuchung bis nach dem Eintreffen der Ware am Bestimmungsort aufgeschoben werden."

Dabei kommt es nun wiederum auf den Zeitpunkt des Gefahrübergangs an, um ermitteln zu können, ob K rechtzeitig gerügt hat.

2.3 Art. 36 CISG

435 Dazu sagt Art. 36 Abs. 1 CISG: „(1) Der Verkäufer haftet nach dem Vertrag und diesem Übereinkommen für eine Vertragswidrigkeit, *die im Zeitpunkt des Übergangs der Gefahr auf den Käufer besteht, auch wenn die Vertragswidrigkeit erst nach diesem Zeitpunkt offenbar wird*." Daher kommt es auf den Zustand der Ware im Zeitpunkt der Lieferung an – und da war diese offenbar bereits defekt.

3. Ergebnis

436 K hätte die im Container angelieferte Ware innerhalb kürzester Frist auf Mangelfreiheit überprüfen müssen, wie es aus Art. 38 CISG folgt, und dann unverzüglich rügen müssen, Art. 39 CISG. Da er allerdings erst viel zu spät die Warenlieferung überprüft hat, durfte er den Kaufpreis nicht mehr mindern.

Fall 52: Lieferung an den Käufer

V vereinbart mit einem spanischen Abnehmer K eine Warenlieferung bis zu einer Kaimauer im Hafen von Barcelona, „DPU Barcelona, Puerto de Barcelona, Moll de Ponent, Incoterms 2020", wobei die Ware in Hamburg auf ein Schiff verladen und bis Barcelona verschifft werden soll. Das eigentliche Ziel der Warenlieferung ist aber Martorell, ein kleiner Ort in der Nähe von Barcelona. 437

Als das Schiff mit der Ware in Barcelona eintrifft, wartet dort bereits ein Frachtführer, den der K beauftragt hat und der die Ware für den kurzen Weitertransport nach Martorell übernimmt.

Während des Weitertransports nach Martorell kommt es auf der Autobahn A2 zu einem Verkehrsunfall, bei dem die Ware stark beschädigt wird.

K verweigert daraufhin die Bezahlung, da er der Ansicht ist, V habe seine Lieferverpflichtung aus DPU noch nicht erfüllt, sodass auch der Gefahrübergang noch nicht erfolgt sei.

Zu Recht?

Lösungsweg

1. Lieferung an den Käufer

Einschlägig zur Lösung ist hier die Incoterms-Regel in DPU A2, Absatz 1 Satz 1: „Der Verkäufer muss 438

- die Ware vom ankommenden Beförderungsmittel entladen
- und dann liefern, indem er sie an der gegebenenfalls benannten Stelle am benannten Bestimmungsort
- *dem Käufer zur Verfügung stellt* oder die so gelieferte Ware verschafft.

Auffällig ist hier in DPU A2 die Formulierung: *Lieferung an den Käufer.* Vergleicht man *alle A2-Regeln* der elf Incoterms-Klauseln, wird die Besonderheit deutlich: alle F- und alle C- Klauseln verlangen für die Lieferung, dass der Verkäufer: 439

- bei FCA die Ware dem *Frachtführer* übergibt, bei FAS und FOB an oder auf das *Schiff* verbringt,
- bei CPT und CIP dem Frachtführer übergibt und bei CFR und CIF an Bord eines *Schiffes* verbringt,
- während in EXW
- und in allen D-Klauseln gefordert wird, dass der Verkäufer die Ware dem Käufer zur Verfügung stellen muss.

440 Diese Besonderheit der D-Klauseln, nämlich die Lieferverpflichtung an den Käufer und nicht an den Frachtführer oder eine sonstige vom Käufer als Empfänger benannte Person führt dann zu Problemen, wenn, wie im vorliegenden Fall, die Ware eigentlich ein weiter entfernt liegendes Ziel hat, als es mit der DPU-Klausel eigentlich angesprochen wird (Martorell anstelle vom Hafen von Barcelona). Wenn dann ein weiterer Frachtführer oder Umschlagbetrieb anstelle des Käufers auftritt, ist dem Wortlaut der D-Klausel (hier DPU A2 Absatz 1) nicht Genüge getan.

2. Übergabe – Zur Verfügung stellen

441 Dieser Konflikt entschärft sich aber, wenn man die Incoterms-Regeln A2 aller Klauseln nochmals genauer betrachtet.

- Die F- und C- Klauseln verlangen in Incoterms-Regel A2, dass die Ware übergeben wird, was in der Regel dadurch geschieht, dass der Gewahrsam an der Ware, also die Sachherrschaft, vom Verkäufer auf den Empfänger übergeht (dazu muss eindeutig feststehen, wer die Empfangsperson konkret ist, damit die „Übergabe" auch vollzogen werden kann),
- während EXW und die D-Klauseln in A2 nur fordern, dass ein Zurverfügungstellen der Ware vorliegen muss. Ein „Zurverfügungstellen" ist weniger als eine „Übergabe" mit Verschaffen der Sachherrschaft und stellt sich dar als Weitergabe einer Sache an eine Empfangsperson, die die Ware entgegennimmt und möglicherweise beauftragt ist, einen weiteren Transport durchzuführen. Wenn es also nur um ein Zurverfügungstellen geht, hat der Liefernde die Sachherrschaft an der Ware mit der Weitergabe an einen bereitstehenden Empfänger beendet und es dem Empfänger damit ermöglicht, die Übernahme der Lieferung nach seinen Vorstellungen (also zum Beispiel erst nach einem Folgetransport bis Martorell) zu gestalten.

Daher reicht es für die Incoterms-Regeln A2 aller D-Klauseln für das Merkmal der „Lieferung" vollkommen aus, wenn es *in der Hand des Käufers liegt festzulegen, welche Person die für ihn bestimmte Ware am Bestimmungsort in Empfang nimmt*.

442 So kann nach DPU A2

- entweder der Käufer selber die Ware entgegennehmen und damit sogar (noch qualifizierter) die Ware „übernehmen", da er ja in Person des Käufers selber auftritt,
- und er kann alternativ auch einen Frachtführer schicken, der die Ware zum Weitertransport entgegennimmt, wie es im vorliegenden Beispielsfall vorliegt.

Da hier die Ware von einem Frachtführer, den K beauftragt hatte, im Hafen von Barcelona übernommen wurde, ist das Merkmal von DPU A2 (Lieferung) erfüllt, sodass auch der Gefahrübergang von V auf K (DPU A3/ B3) erfolgte.

3. Ergebnis

Da der Gefahrübergang von V auf K erfolgte, ist der unfallbedingte Schaden in der Risikosphäre des K entstanden. **443**

Mit Erfüllen der Voraussetzungen der Lieferbedingung „DPU Barcelona Incoterms 2020" hat V seine Lieferpflicht erfüllt, sodass K den vollen Kaufpreis bezahlen muss.

Fall 53: Übernahme der Ware durch den Käufer

444 *Abwandlung des vorhergehenden Beispielsfalls: K ist der Ansicht, dass es an einer „Übernahme der Ware" durch ihn mangelt, wie es in DPU B2 Incoterms 2020 festgeschrieben ist.*

K ist nun der Meinung, dass mangels Übernahme durch ihn auch keine „Lieferung des V" nach DPU A2 erfolgt sein könne. Im Gegenteil, seine „Übernahme" könne schließlich erst erfolgen, wenn er die Ware vom (letzten) Frachtführer, also in Martorell, entgegennimmt. Das habe er aber nicht getan.

Daher sei es gerechtfertigt, dass er die Lieferung nicht bezahlt.

Zu Recht?

Lösungsweg

445 K ist der Ansicht, es fehle an einer Übernahme nach DPU B2. Incoterms-Regel DPU B2 legt fest: „Der Käufer muss die Ware übernehmen, *wenn sie gemäß DPU A2 geliefert wurde."*

Dieselbe Formulierung findet sich *in allen D- und F-Klauseln* B2, nicht aber in den C-Klauseln, deren Regel B2 verlangt, dass die Ware vom Frachtführer entgegenzunehmen ist.

1. Übernahme

446 Im Beispielsfall ist der Begriff „Übernahme" streitig.

Es ergibt sich aus dem Begriff der „Lieferung", wie er in den Incoterms-Regeln A2 aller D-Klauseln enthalten und zu verstehen ist, dass

- bei allen D-Klauseln die *Übernahme an demselben Ort* erfolgt,
- an dem der *Verkäufer liefert.*

Es spielt für die Übernahme auch keine Rolle, *ob der Käufer persönlich die Ware übernimmt oder ob er jemanden beauftragt,* die zur Verfügung gestellte Ware entgegen zu nehmen. Für die D-Klauseln ist es typisch, dass Liefer- und Übernahmeort zusammenfallen.

447 Für den vorliegenden Fall bedeutet dies, dass V mit dem Zurverfügungstellen der Ware im Hafen von Barcelona die Ware an K „geliefert" hat und dass in demselben Moment auch die „Übernahme" im Sinne von DPU B2 erfolgte.

2. Ergebnis

448 Wie im vorhergehenden Fall verbleibt es auch hier bei der Zahlungspflicht des K.

7. DDP Geliefert verzollt

Der Verkäufer prüft, ob 449

- *er bereit ist, die Ware (entladebereit) bis zu einem Bestimmungsort zu liefern,*
- *den Transport zu beauftragen oder zu organisieren,*
- *die Beförderungskosten der Ware bis zum Bestimmungsort zu tragen,*
- *die Gefahr bis zum Lieferort (dieser ist zugleich der Bestimmungsort) zu tragen*
- *und die Aus- und Einfuhrformalitäten (sofern zutreffend) zu erledigen. Ist der Verkäufer nicht in der EU ansässig, kann er die Einfuhrformalitäten in der EU nur mittels eines indirekten Vertreters erledigen.*
- *Der Verkäufer trägt alle Mehrwertsteuern und andere im Zusammenhang mit der Einfuhr anfallende Steuern, sofern im Kaufvertrag nicht ausdrücklich anderes vereinbart wird. Ist er nicht in der EU ansässig, kann er bei Lieferungen nach Deutschland zu zahlende EUST nur als Vorsteuer geltend machen, wenn er in Deutschland umsatzsteuerrechtlich registriert ist.*
- *Der Verkäufer muss dem Käufer alle erforderlichen Dokumente zur Verfügung stellen, die dem Käufer die Übernahme der Ware ermöglichen.*

Besonderheiten:

Falls der Verkäufer die Einfuhrabfertigung nicht (weder direkt noch indirekt) erledigen kann: nicht DDP, sondern DAP.

Falls der Verkäufer die Ware vom ankommenden Beförderungsmittel auch entlädt, aber keine Einfuhrabfertigung vornimmt, nicht DDP, sondern DPU.

Der Käufer prüft, ob

- *der Verkäufer alle Risiken und Kosten bis zur Lieferung tragen (DDP A3),*
- *und die Einfuhrabfertigung vornehmen soll (DDP A7), sofern diese anfällt,*
- *und ob er bereit ist, Entladekosten selber zu tragen, (DDP B2)*

Besonderheiten:

Falls es für den Käufer komfortabler und günstiger ist, wenn er die Einfuhrformalitäten selber vornimmt (Zollschuldner!): nicht DDP, sondern DAP.

Falls der Verkäufer auch die Entladung vom ankommenden Beförderungsmittel vom Verkäufer erledigt haben möchte, aber der Verkäufer keine Einfuhrabfertigung vornimmt, nicht DDP, sondern DPU.

Anwendung der Klausel DDP

450 Bei Nutzung der Klausel „Geliefert verzollt" erfolgt die Lieferung der Ware vom Verkäufer an den Käufer,

- indem der Verkäufer dem Käufer
- die zur Einfuhr freigemachte Ware
- auf dem ankommenden Transportmittel
- entladebereit
- an dem vereinbarten Bestimmungsort oder an der vereinbarten Stelle an diesem Ort, sofern eine derartige Stelle vereinbart wurde, zur Verfügung stellt.

451 Der Verkäufer trägt alle Risiken in Zusammenhang mit der Beförderung der Ware zum benannten Bestimmungsort oder zu der vereinbarten Stelle an diesem Bestimmungsort. In dieser Incoterms-Klausel sind daher Lieferung und Ankunft am Bestimmungsort identisch.

452 DDP, gemäß der die Lieferung am Bestimmungsort erfolgt und der Verkäufer für die Zahlung des Einfuhrzolls und der anwendbaren Steuern verantwortlich ist, ist unter allen elf Incoterms-Klauseln diejenige Klausel, die dem Verkäufer das größtmögliche Maß an Verpflichtungen auferlegt. Aus Verkäufersicht sollte diese Klausel daher aus den angeführten Gründen mit Vorsicht angewendet werden. Da der Verkäufer unter der Klausel DDP verpflichtet ist, die Ware nötigenfalls zur Ausfuhr sowie zur Einfuhr freizumachen und etwaige Einfuhrzölle zu entrichten oder Zollformalitäten zu erledigen, können Probleme in der Durchführbarkeit entstehen. Falls der Verkäufer nicht in der Lage ist, die Einfuhrabfertigung zu erledigen, und diese Formalitäten lieber dem Käufer im Einfuhrland überlassen möchte, sollte der Verkäufer die Klausel DAP oder DPU wählen, bei denen die Lieferung zwar ebenfalls am Bestimmungsort erfolgt, jedoch die Einfuhrabfertigung dem Käufer obliegt. Hieraus können sich steuerliche Auswirkungen ergeben, wobei diese Steuern möglicherweise vom Käufer nicht erstattet werden können: siehe DDP A9 Buchst. d.

453 Die Klausel DDP geht davon aus, dass den Verkäufer hinsichtlich der Gefahr- und Kostentragung die Maximalanforderung trifft. Sie ist daher für den Verkäufer besonders nachteilig, für den Käufer dagegen besonders vorteilhaft.

454 DDP sieht in A4 vor, dass der Verkäufer die Ware *entladebereit* zu liefern hat. Trotzdem kann es nach den Bestimmungen des Beförderungsvertrages vorgesehen sein, dass die Beförderung erst mit dem Abladen endet und die durch die Erfüllung des gesamten Beförderungsvertrages (Transport und Abladung) entstehenden Kosten durch den Verkäufer als Vertragspartner des Frachtunternehmers zu tragen sind. Die Kosten der Abladung sind dann vom Verkäufer zu tragen; sie können vom Grundsatz her nur dann an den Käufer weitergegeben werden, wenn dies schon in der Lieferbedingung des Grundvertrages (des Kaufvertrages) entsprechend vereinbart wurde.

Fall 54: Geeignetes Lieferdokument nach DDP

Ein chinesischer Verkäufer (V) und ein Käufer (K) in Deutschland schließen einen Liefervertrag über eine Ware, „DDP München Incoterms 2020". V übergibt die Ware einem Transportunternehmen (T) zum multimodalen Transport und sendet dem K einen nur vom Verfrachter unterzeichneten „Sea Waybill" (also einen Seefrachtbrief) über die Ware, den T dem V bei Inempfangnahme der Ware ausgehändigt hatte. 455

K ist der Ansicht, dass eine solche Art Empfangsbestätigung kein den Anforderungen von DDP Regel A6 genügendes „Transportdokument" sei, zu dessen Aushändigung der V nach DDP A6 verpflichtet sei.

Lösungsweg

Streitig ist im vorliegenden Fall, ob der Verkäufer seine Verpflichtungen nach DDP ordnungsgemäß erfüllt hat, wenn er einen Seefrachtbrief aushändigt. 456

Der Seefrachtbrief ist, anders als das Seekonnossement, kein Warenwertpapier. Fraglich ist daher, ob er den an ein Transportpapier von DDP A6 gestellten Anforderungen genügen kann.

1. Transportpapier

DDP A6 fordert, dass der Verkäufer ein Dokument zur Verfügung zu stellen hat, das *dem Käufer die Übernahme der Ware ermöglicht*. 457

Andererseits formuliert DDP B6 lediglich mit „alle erforderlichen Dokumente", und spricht hier *nicht ausdrücklich vom Transportpapier*. Den Incoterms 2020 liegt damit der moderne Frachtführerbegriff zugrunde, der lediglich darauf abstellt, ob der Aussteller als Frachtführer eine unbedingte und uneingeschränkte Verpflichtung zur Durchführung des Transports vom Abgangs- zum Bestimmungsort übernimmt.

Schon die „Einführung" zu den älteren *Incoterms 2010* stellte dies ausdrücklich klar: Beim Transportdokument… „handelt es sich um ein Dokument, das *beweist, dass die Lieferung stattgefunden* hat. In vielen der Incoterms 2010 Regeln handelt es sich bei dem Transportdokument um einen Liefernachweis oder einen entsprechenden elektronischen Nachweis…" Da es meist genügt, einen Nachweis über die erfolgte Lieferung zu erbringen, kommt es auf die Wertpapiereigenschaft des Transportpapiers (wie etwa beim Konnossement) nur in den Fällen an, in denen die Incoterms-Regel dies ausdrücklich fordert. Bei DDP wird daher nur die *Variante des Transportpapiers gefordert, die eine Übernahme durch den Käufer ermöglicht*. 458

1.1 Begebbare Transportpapiere

459 Bei den begebbaren (zur Weitergabe geeigneten) Transportpapieren (negotiable) *überträgt* (daher „Traditionspapier") der Verkäufer mit deren Weitergabe (Indossament plus Übergabe des Papiers an den neuen Erwerber) nicht nur *das Eigentum an der Ware auf den neuen Inhaber* des Papiers (daher „Inhaberpapier"), sondern zugleich auch den *Anspruch des Inhabers auf Auslieferung* (daher „Wertpapier") der Ware am Bestimmungsort.

460 Die Besonderheit dieser Dokumente ist daher die dreifache Funktion als:

- Inhaberpapier,
- Traditionspapier
- und Warenwertpapier

Die begebbaren Transportsportpapiere sind vor allem

- das Konnossement,
- der Ladeschein
- und der Lagerschein (mit der Unterart des Durchfrachtkonnossements/FIATA Multimodal Bill of Lading)

1.2 Nicht begebbare Transportpapiere

461 Nicht begebbare Transportpapiere (Luft- oder Seefrachtbrief) weisen den Empfänger der Lieferung aus, brauchen aber *für die Auslieferung der Ware an den Inhaber der Papiere nicht vorgelegt zu werden*.

Dabei hat der Seefrachtbrief zwei Funktionen: Er gilt als Nachweis eines Beförderungsvertrages und zugleich als Quittung für Fracht (zwischen Spediteur und Verlader).

462 Da der Seefrachtbrief aber nicht als das Eigentum an der Ware verbriefendes Dokument gilt, bedeutet dies, dass er nicht übertragbar ist. Die zur Beförderung übernommene See-/Luftfracht kann daher nicht – nur mit Hilfe des Dokuments – an einen neuen Eigentümer übergeben/verkauft werden, sondern kann nur an einen bestimmten, vom Absender benannten Empfänger ausgegeben werden. Wünscht der Absender eine Änderung seiner Weisungen, so ist dies schriftlich zu beantragen und von der Annahme durch den Frachtführer abhängig.

463 Folglich muss der Seefrachtbrief dem Frachtführer nicht vorgelegt werden, damit die Fracht freigegeben werden kann. Da die Ladung jedoch nur an einen – vom Absender bestimmten – Empfänger geliefert werden kann, ist der Austausch ohnehin irrelevant. Dennoch ist der Frachtführer verpflichtet, die Identität des Empfängers bei der Ablieferung sicherzustellen, weshalb der Empfänger seine Identität zur Übernahme nachweisen muss.

2. Ergebnis

Der Seefrachtbrief genügt den Anforderungen nach DDP A6. **464**

Fall 55: Seefrachtbrief des Verkäufers

465 *Abwandlung des vorhergehenden Falles 54: Der Käufer ist sich im Hinblick auf den „Seefrachtbrief" unsicher, ob dieses Dokument für ihn ausreicht. Es verwirrt ihn auch der benutzte englische Begriff „Express Bill of Lading". Genügt dieses Dokument für seine Annahme der Ware im Bestimmungshafen?*

Lösungsweg

1. Sea Waybill

466 Ein Sea Waybill (auch *Express Bill of Lading* genannt) ist *kein Ersatz für ein Konnossement*. Es ist kein Wertpapier, das begeben werden kann, es kann folglich auch nicht „an Order" ausgestellt werden. Für den Ablader ist es die Quittung des Verfrachters, dass dieser die Güter empfangen hat.

Für den Verfrachter stellt es ein Anweisungspapier dar, da es die Anweisung des Abladers enthält, die Güter an den Empfänger auszuliefern.

467 In der seerechtlichen Praxis wird eine Vielzahl von Seetransportdokumenten unterhalb der Schwelle des Konnossements verwendet.

Die seit 2013 vorhandene Neuregelung in § 526 HGB enthält in Abs. 1 Satz 1 die Grundregel, dass der Verfrachter einen Seefrachtbrief ausstellen kann, sofern er nicht ein Konnossement ausgestellt hat.

Anders als beim Frachtbrief (§ 408 HGB) ist also Aussteller des Seefrachtbriefs nicht der Befrachter, sondern der Verfrachter. *Der Seefrachtbrief wird nur insoweit dem Konnossement gleichgestellt.*

- Anders als beim Konnossement (vgl. § 513 HGB) bleibt es aber beim Seefrachtbrief dem Verfrachter überlassen zu entscheiden, ob er einen Seefrachtbrief ausstellen will. Eine Verpflichtung des Verfrachters zur Ausstellung eines Seefrachtbriefs besteht nicht.
- § 526 Abs. 2 Satz 1 HGB regelt die Funktion des Seefrachtbriefs. Nach dem Vorbild des § 409 Abs. 1 HGB bestimmt er, dass der Seefrachtbrief Beweisurkunde über Abschluss und Inhalt des Stückgutfrachtvertrags sowie die Übernahme des Gutes durch den Verfrachter ist. Allerdings verlangt er nicht die Unterzeichnung des Seefrachtbriefs durch beide Vertragsparteien. Vielmehr lässt er es nach § 526 Abs. 3 HGB genügen, dass der Seefrachtbrief – ebenso wie das Konnossement – nur vom Verfrachter unterzeichnet wird.
- § 526 Abs. 2 Satz 2 HGB bestimmt durch die Verweisung auf § 517 HGB, dass dem Seefrachtbrief auch im Übrigen die Beweiskraft wie dem Konnossement zukommt. Auch der Seefrachtbrief begründet also mangels abweichender Vermerke die Vermutung, dass das Gut bei der Übernahme durch den Verfrachter

in äußerlich gutem Zustand war und dass das Gut so übernommen wurde, wie es hinsichtlich Art, Anzahl und Gewicht sowie angegebener Merkzeichen im Seefrachtbrief beschrieben ist.

Allerdings ist der Seefrachtbrief kein Wertpapier. Er kann daher auch nicht übertragen und von einem gutgläubigen Dritten erworben werden.

2. Ergebnis

Der Sea Waybill/Seefrachtbrief des T ermöglicht dem K, die Ware zu übernehmen. **468**
Dieses Dokument ist daher ein geeignetes „erforderliches Dokument" im Sinne von DDP A6.

Fall 56: Pre-Shipment Inspections …

469 *Das Hamburger Exporthaus V vereinbart mit einem Abnehmer in Hong Kong für eine Warenlieferung folgende Liefer- und Zahlungsbedingungen, die das Importhaus in Hong Kong vorgibt:*

Terms of Delivery: Delivery of merchandise has to be in accordance with DDP Hong Kong Port, Incoterms 2020;

Terms of Payment: importer will issue an irrevocable letter of credit through a first-class Hong Kong bank and provide a pre shipment inspections paper under that L/C".

V fragt, welche Rolle das vereinbarte „Pre Shipment inspections"-Dokument im Hinblick auf die Liefer- und/oder Zahlungsbedingungen spielt.

Lösungsweg

470 Zwischen V und K ist hier „DDP Hafen Hong Kong" vereinbart, und im Hinblick auf das in Frage stehende Dokument „Pre Shipment Inspection" kann es um unter DDP A7 aufgeführte Aufgaben innerhalb der „Ausfuhr-/Einfuhrabfertigung" gehen.

1. Warenkontrolle nach DDP A7

471 Hierzu sagen die Incoterms-Regeln DDP A7 aus: „Ausfuhr-/Einfuhrabfertigung: Gegebenenfalls hat der Verkäufer alle Ausfuhr-/Transit- und Einfuhrabfertigungsformalitäten durchzuführen und zu bezahlen, die von den jeweiligen Ausfuhr-/Transit- und Einfuhrländern vorgeschrieben sind, z.B.:

- Ausfuhr-/Durchfuhr-/Einfuhrgenehmigung;
- Sicherheitsfreigabe für Ausfuhr/Durchfuhr/Einfuhr;
- *Warenkontrolle vor der Verladung* und
- sonstige behördliche Genehmigungen.

472 Der Käufer muss nach DDP B7 den Verkäufer unterstützen, wenn der Verkäufer diese Unterstützung benötigt und verlangt.

In DDP A7 kommt die Aufgabe der „Warenkontrolle vor der Verladung" für das Thema der „pre shipment inspection" in Betracht. Eine solche muss vor der Verladung vorgenommen werden und in der Regel von einem unabhängigen Prüfer/einer unabhängigen Prüfungsgesellschaft durchgeführt werden. Eine solche Leistung bieten zwar auch viele große Logistikunternehmen an, wie der Blick auf die Webseiten zeigt, jedoch mit hoher „Zertifizierungsqualität" nur wenige international anerkannte Dienstleister, in Hamburg beispielsweise die SGS Germany GmbH mit (laut Eigenwerbung, mehr als 94.000 Mitarbeitern in einem Netzwerk von weltweit mehr als 2.600 Niederlassungen und Laboratorien …). Die Aufgabe einer pre shipment inspection besteht dann darin, die Exportware im Hinblick auf Menge, Beschaffenheit und Qualität abzugleichen mit der erforderlichen/erteilten Ausfuhr- und/oder Einfuhrgenehmigung sowie sonstigen für das Geschäft anwendbaren Bedingungen im Hinblick auf technische oder zollrechtliche Anforderungen usw.

Diese in DDP A7 behandelten Kriterien beziehen sich auf „Formalitäten, die von den Ausfuhr-/Transit- und Einfuhrländern" vorgeschrieben sind, und zwar auch nur dann, wenn diese Länder eine solche Kontrolle fordern.

Falls dies weder in Deutschland (Ausfuhrland) noch in einem Transitland noch im Einfuhrhafen Hong Kong vorgeschrieben ist, muss – jedenfalls nach DDP A7 – auch keine Warenkontrolle vor der Verladung durchgeführt werden.

2. Warenkontrolle als Dokument unter einer L/C-Abwicklung

Im Beispielsfall fällt daher auf, dass das Warenkontrolldokument nicht im Zusammenhang mit der vereinbarten Lieferbedingung steht, sondern als Zusatzkriterium für die Vereinbarung einer Zahlungsabwicklung mittels Dokumentenakkreditiv angeführt wird, wobei das Warenkontrolldokument als zusätzliches Papier bei der Zahlstellenbank vorgelegt werden muss, damit die „akkreditivkonformen" Dokumente vollständig sind und bezahlt werden können. **473**

3. Ergebnis

Im vorliegenden Fall ist daher die Warenkontrollbescheinigung als eines der unter der Akkreditivabwicklung geforderten Dokumente zu verstehen, und es bedarf gegebenenfalls einer weiteren Klärung zwischen den Vertragsparteien, welchen Umfang diese „Kontrolle" haben muss, da sie ja möglicherweise nicht den eventuell strengen Kriterien **474**

- nach DDP A7 (als Dokument im Rahmen der Ausfuhr-/Einfuhrabfertigung) und
- nach DDP A4 Absatz 2 (als Bestätigung der Erfüllung transportbezogener Sicherheitsanforderungen) usw.

genügen muss, sondern stattdessen für die Abwicklung des dokumentären Zahlungsverkehrs vielleicht auch in Form einer einfachen „Warenbeschau" ausreichend sein kann.

Fall 57: Streit um das Abladen

475 *Verkäufer V und Käufer K haben eine Warenlieferung von Deutschland nach Mazedonien vereinbart, „DDP Skopje Incoterms 2020".*

Bei Ankunft des Transportfahrzeugs an der vereinbarten Stelle in Skopje weigern sich die Mitarbeiter des K, das Fahrzeug des Frachtführers auszuladen, da sie die dafür benötigte Arbeitszeit nicht aufwenden wollen und auch nicht damit einverstanden sind, für das Abladen, sollte der Frachtführer dies tun, dessen Aufwand zu bezahlen.

Wie ist hier die Rechtslage?

Lösungsweg

1. Lieferung entladebereit

476 Auszugehen ist hier von DDP A2 Satz 1, der folgende Regelung enthält: „Der Verkäufer muss die Ware liefern, indem er sie dem Käufer auf dem ankommenden Beförderungsmittel entladebereit an der gegebenenfalls benannten Stelle, am benannten Bestimmungsort zur Verfügung stellt oder die so gelieferte Ware verschafft."

Damit unterscheidet sich DDP von der neuen Incoterms-2020-Klausel DPU, die das Entladen zur Verpflichtung des Verkäufers macht.

477 Unter Entladebereitschaft ist zu verstehen, dass die Ware so bereitgestellt ist, dass der Käufer sie ohne Weiteres entladen und übernehmen kann.

Befindet sich die Ware in einem verschlossenen Transportmittel, endet die Verpflichtung des Verkäufers im Rahmen seiner Lieferpflicht damit, dass er – je nach den vorhandenen Umständen –

- das Transportmittel öffnet,
- Ladesicherungen entfernt
- und – wenn Gattungssachen im Transportmittel geladen sind – die für den Käufer bestimmte Ware individualisiert.

478 Bei Anlieferung eines Containers (dieser ist Verpackungsmittel und nicht etwa ein Transportmittel) muss dieser frei zugänglich sein (also nicht von anderen Containern behindert oder zugestellt worden sein), sodass der Empfänger ohne Weiteres an die Ware gelangen und sie ausladen oder umladen kann.

2. Rechtzeitigkeit der Lieferung

479 Da es auf die Rechtzeitigkeit der Lieferung ausdrücklich ankommt (DDP A2, letzter Satz), kann – insbesondere bei ausdrücklicher vertraglicher Vereinbarung einer exakten Frist oder eines exakten Zeitpunkts – damit auf die Verabredung eines

sogenannten Fixgeschäfts im Sinne des § 376 Abs. 1 HGB geschlossen werden, mit der Folge, dass der Käufer zum Rücktritt berechtigt oder zum Fordern von Schadensersatz wegen Nichterfüllung befugt sein kann.

Hier ist also auf die vertragliche Verabredung besondere Sorgfalt zu legen.

3. Pflichten des Käufers

Der Käufer ist nach DDP B2 verpflichtet, die Ware zu übernehmen, wenn sie gelie- **480**
fert wurde. Da der V alles für die Lieferung nach DDP A2 getan hat, ist ab diesem Moment der K in der Verantwortung (DDP B3) und er trägt ab Entladebereitschaft auch alle Kosten, DDP B9 Buchst. a.

4. Ergebnis

K muss entweder die Kosten des Entladens tragen. **481**

Alternativ, sofern der Transporteur ablädt und die Kosten anschließend V in Rechnung stellt (da V sein Vertragspartner des Beförderungsvertrags ist), muss K dem V die so entstandenen Entladekosten erstatten.

Fall 58: Schaden durch fehlerhafte Verpackung

482 *V stellt Anlagen für die Auto- und Motorenproduktion her. Sie beauftragte F, die ein Unternehmen für Verpackungen und Logistik betreibt und mit der sie in ständiger Geschäftsbeziehung stand, mit der Verpackung und der Versendung von vier Maschineneinheiten für eine Produktionsstraße für Pkw-Motoren zu festen Kosten in die Vereinigten Staaten von Amerika. Dort sollte die Lieferung „DDP Baltimore Incoterms 2020" an K, die Kaufvertragspartnerin der V, erfolgen.*

V vereinbarte mit der F, die Maschinen unter Verwendung einer neuen Methode zum Schutz vor Korrosion zu verpacken. F sicherte der V einen Korrosionsschutz von zwölf Monaten zu.

Die Versendung der Maschinen durch die von der V beauftragte Frachtführerin F erfolgte in vier Lieferungen mittels Lkw nach Bremerhaven und von dort per Schiff in die Vereinigten Staaten von Amerika.

Aufgrund einer unzureichenden Verpackung durch F entstanden an den Maschinen Korrosionsschäden, wodurch der V ein Schaden in Höhe von ca. 380.000 € entstand.

K ist nicht bereit, eine derart beschädigte Lieferung anzunehmen. Kann V, wenn sie den Kaufpreis nicht erhält, Schadensersatz von F fordern?

(Fall nach BGH Urteil vom 13.9.2007, I ZR 207,04)

Lösungsweg

1. Kaufpreisanspruch gegenüber K

483 Der Schaden ist von V zu tragen, wenn die Sachgefahr noch bei ihr lag und nicht bereits auf K übergegangen war.

Im vorliegenden Fall ist „DDP Baltimore Incoterms 2020" vereinbart. Danach hat V aufgrund von DDP A2 die Pflicht, die Ware zu liefern, indem sie dem Käufer auf dem ankommenden Beförderungsmittel entladebereit an der gegebenenfalls benannten Stelle, am benannten Bestimmungsort zur Verfügung gestellt oder die so gelieferte Ware verschafft wird.

Da der Schaden während des Transports auftrat, lag der Schadenseintritt in der Risikosphäre der V, sodass sie keinen Kaufpreisanspruch gegen K hat.

2. Schadenersatzanspruch gegen F

484 Fraglich ist, ob V einen Ersatzanspruch gegen die Frachtführerin F geltend machen kann. Ein Schadensersatzanspruch der V könnte sich aus Werkvertragsrecht, § 634 BGB, ergeben, da die F die Pflicht übernommen hatte, die Maschinen für den

Transport in die Vereinigten Staaten von Amerika zu verpacken und die Ware mängelbehaftet am Zielort ankam.

F hatte aufgrund der mit V getroffenen Abreden unstreitig zwei Leistungen zu erbringen: Sie hatte zum einen die Maschinen unter Anwendung einer neuen Methode zum Schutz vor Korrosion zu verpacken; zum anderen hatte sie die Versendung der Maschinen in die Vereinigten Staaten von Amerika zu besorgen. Die Vereinbarungen der Vertragsparteien sind dahin auszulegen, dass es sich bei der Verpflichtung zur Verpackung und bei der Verpflichtung zur Erbringung der Leistungen eines Fixkostenspediteurs (§ 459 HGB) um abgrenzbare und selbständig zu behandelnde Vertragsteile gehandelt habe. Die V hat F als Spezialunternehmen mit der Verpackung beauftragt; F hat unabhängig davon auch die Speditionsaufgaben übernommen. Auf die Verpflichtung zur Verpackung ist daher Werkvertragsrecht anzuwenden. **485**

Der Fixkostenspediteur ist zwar grundsätzlich nicht zur Verpackung verpflichtet (vgl. § 459 Satz 1 HGB in Verbindung mit § 411 Satz 1 HGB). Er kann die Verpackung des Gutes allerdings kraft besonderer Vereinbarung als zusätzliche Speditionsleistung übernehmen (§ 454 Abs. 2 HGB) mit der Folge, dass auf diese ihrer Natur nach werkvertragliche Pflicht die speditionsrechtlichen Rechtsvorschriften anzuwenden sind. Von einer Vereinbarung i.S. des § 454 Abs. 2 HGB ist jedoch nur auszugehen, wenn die Verpackungsleistung als beförderungsbezogene, speditionelle Nebenpflicht im Rahmen eines Speditionsvertrags (§ 453 Abs. 1 HGB) und nicht unabhängig davon übernommen wird. Dies war im Beispielsfall nicht gegeben. **486**

Im vorliegenden Fall sind unterschiedliche Leistungen – *Verpackungs- und Speditionsleistungen* – vereinbart und erbracht worden, zwischen denen ein rechtlicher und wirtschaftlicher Zusammenhang und deshalb eine vertragliche Verbindung besteht. In einem solchen Fall ist die Frage, welche Rechtsnormen auf die aufgrund selbständiger Verpflichtungen erbrachten Leistungen anzuwenden sind, nach den Grundsätzen für gemischte oder zusammengesetzte Verträge zu beurteilen. Haben die Vertragsparteien wie im vorliegenden Fall keine ausdrückliche Abrede darüber getroffen, welche Rechtsvorschriften auf die einzelnen Teile ihrer vertraglichen Abreden anzuwenden sind, ist bei der Beurteilung maßgeblich auf die besonderen Umstände des Einzelfalls, auf die Interessenlage der Vertragsparteien sowie auf Sinn und Zweck der vertraglichen Vereinbarungen abzustellen. **487**

Im Beispielsfall sollte der Verpackung im Streitfall *eine besondere Bedeutung im Verhältnis zu dem sich anschließenden Transport* zukommen. Es handelte sich um eine gegenüber der Speditionsleistung zumindest gleichwertige Leistung, wobei die Verpflichtungen unabhängig voneinander übernommen worden waren. Bei einer derartigen Verbindung mehrerer gleichwertiger Leistungen geht der mutmaßliche Wille der Vertragsparteien in der Regel dahin, auf die jeweilige Leistungspflicht diejenigen Rechtsvorschriften anzuwenden, die für diese zur Geltung kämen, wenn sie in einem gesonderten Vertrag begründet worden wäre. **488**

Danach ist auf die von F zu erbringende Verpackungsleistung Werkvertragsrecht anzuwenden und der Schadensersatzanspruch von V gegen F aus § 634 BGB begründet.

Fall 59: Schaden durch fehlerhafte Verpackung

K bezog von der in Südkorea ansässigen V seit 2003 in ständiger Geschäftsbeziehung Glasfasern (Lichtwellenleiter). Dabei war in den Lieferverträgen vereinbart: Es gelten die Einkaufsbedingungen der K. „Terms of delivery: DDP Cologne Incoterms". 489

Diese eingekauften Glasfasern verarbeitete K zu Glasfaserkabeln und belieferte damit Energieversorgungsunternehmen, die die Kabel unter anderem an Telekommunikationsunternehmen zur schnellen Datenübertragung vermieteten. Mehrere Endkunden der K rügten in der Folgezeit temperaturabhängige Dämpfungsphänomene, die zu einer Reduzierung der Datenübertragungsgeschwindigkeit führten.

K verlangt von V Schadensersatz mit Verweis auf die fehlerhaften Lieferungen, auf ihre Einkaufsbedingungen sowie auf den Zusatz „Terms of delivery: DDP Cologne Incoterms" sowie darauf, dass die Rechnungen und Transportdokumente der V ebenfalls auf die Incoterm-Klausel DDP Cologne verwiesen.

(Fall nach BGH, Urteil vom 07.11.2012 – VIII ZR 108/12)

Lösungsweg

1. Zuständigkeit des deutschen Gerichts

Die internationale Zuständigkeit des angerufenen Landgerichts Köln folgt aus § 29 Abs. 2 ZPO in Verbindung mit der den Lieferungen zugrunde liegenden Incoterms-Klausel DDP. Da in der Kaufvertragsvereinbarung keine Jahreszahl der Incoterms-Regeln vereinbart wurde, kommt nach den ICC-Auslegungskriterien automatisch die zum Zeitpunkt der getätigten Geschäfte aktuelle Textversion zur Anwendung, hier also die Version DDP Incoterms 2000. Diese Klausel hat den Inhalt „Lieferung nach Köln frachtfrei und verzollt" und bestimmt Köln als den auch *für die internationale Zuständigkeit maßgeblichen Erfüllungsort* gemäß § 29 ZPO. 490

2. Das anwendbare Recht/CISG

Insoweit komme es auf das anwendbare materielle Recht an, das hier dem UN-Kaufrechtsübereinkommen (CISG) zu entnehmen ist, da die V ihre Ansprüche ausschließlich aus Lieferungen nach dem 1. März 2005 herleitet und nach diesem Zeitpunkt das Übereinkommen sowohl in der Bundesrepublik Deutschland als auch in Südkorea geltendes Recht war. 491

3. Erfüllungsort für Schadensersatz

3.1 Nach CISG

492 Nach dem Übereinkommen ist *Erfüllungsort für den Schadensersatz* wegen mangelhafter Lieferung der Ort, an den die Ware zu liefern war. Dieser Ort ist nach Art. 31 CISG zwar grundsätzlich der Ort der Niederlassung des Verkäufers.

3.2 Nach Incoterms

493 Anderes gilt aber, wenn die Ware nach den Vereinbarungen der Parteien an einen anderen Ort zu liefern gewesen sei. Eine solche, formlos mögliche Vereinbarung hatten die Parteien hier mit der Klausel DDP Cologne getroffen. Denn die Incoterms-Klausel DDP enthält die Vereinbarung, dass der Verkäufer die Ware dem Käufer am benannten Bestimmungsort zur Verfügung stellen muss, und trifft nicht nur eine Regelung zur Gefahr- und Kostentragung, sondern – wie die Anwendungshinweise der Incoterms-Klausel DDP zu den dortigen Incoterms-Regeln zeigen – eine Vereinbarung über den Lieferort als Leistungsort im Sinne einer Bringschuld.

494 Insoweit unterscheidet sich der Fall auch von einer anderen Entscheidung des BGH vom 11.12.1996 (VIII ZR 154/95), in der es sich bei der Klausel *„Lieferung: frei Haus B. unverzollt"* lediglich um eine Regelung zur Gefahrtragung und zu den Transportkosten gehandelt hatte, nicht aber um eine Incoterms-Klausel. Denn im Gegensatz zu dieser Klausel, der im Handelsverkehr kein typischer, eindeutiger Erklärungswert zukomme, enthielten die *Incoterms* zum Inhalt der Klausel DDP nähere, für deren Auslegung maßgebliche Bestimmungen, wonach diese Klausel auch den Lieferort regelt.

495 Ferner haben die Parteien mit der Verwendung des Incoterm *DDP Cologne* nicht nur eine auf die Gefahr- und Kostentragung beschränkte Regelung getroffen, wie dies bei sogenannten *Frei-Klauseln* angenommen wird, sondern in Übereinstimmung mit den Anwendungshinweisen der Incoterms haben sie eine *Vereinbarung über den Ort der Lieferpflicht und damit eine Bringschuld der V vereinbart.*

496 Dem steht nach Ansicht des BGH auch nicht entgegen, dass die Anwendungshinweise der Incoterms lediglich abdingbare Auslegungsregeln zu den unter den einzelnen Klauseln zusammengefassten Rechten und Pflichten der Vertragsparteien bei Außenhandelsgeschäften enthalten, die sich an der von der Internationalen Handelskammer weltweit feststellbaren Praxis orientieren, und dass die Parteien bei Verwendung der DDP-Klausel nicht ausdrücklich auf die Incoterms und die zum Zeitpunkt der Vertragsschlüsse maßgebliche Fassung der Incoterms hingewiesen haben.

4. Ergebnis

497 K kann von V Schadensersatz wegen mangelhafter Warenlieferung verlangen.

Fall 60: Lizenzen und Genehmigungen

Exporteur E und der ausländische Geschäftspartner (K) vereinbaren eine Warenlieferung unter Einbindung der Incoterms-Klausel „DDP Geschäftssitz des K in Denpasar, Indonesien, Incoterms 2020". 498

E hat in der Vergangenheit häufiger schlechte Erfahrungen mit Lieferungen ins Ausland gemacht, da seine ausländischen Geschäftspartner Warenmängel oder Transportschäden oft erst Wochen nach Lieferung reklamierten und die Zahlungen daher zurückhielten. E möchte wissen, ob ihn die Vereinbarung der DDP-Klausel davor schützen kann.

Lösungsweg

1. Pflichten des Verkäufers unter DDP

1.1 Wo?

Die Incoterms-Klausel DDP Incoterms 2020 verpflichtet einen Verkäufer in Incoterms-Regel DDP A2, die Ware zu liefern, indem er sie dem Käufer auf dem ankommenden Beförderungsmittel entladebereit an der gegebenenfalls benannten Stelle, am benannten Bestimmungsort zur Verfügung stellt oder die so gelieferte Ware verschafft. 499

Es kommt also teilweise darauf an, ob der zugrunde liegende Kaufvertrag der Geschäftspartner weitergehende Regelungen trifft. Hier ergeben sich also zwei Varianten:

- Darf der Käufer festlegen, wann, wie und wo die Ware zur Verfügung gestellt werden soll, muss er den Verkäufer über seine Entscheidung in angemessener Weise in Kenntnis setzen. Dies ermöglicht es dem Verkäufer, den Beförderungsvertrag mit dem Frachtführer entsprechend abzuschließen.
- Wenn der dem Geschäft zugrunde liegende Kaufvertrag keine solche Festlegung des Käufers vorsieht, kann der Verkäufer eine Lieferstelle am Bestimmungsort auswählen, wenn sie für die Lieferung geeignet ist.

1.2 Wie?

DDP legt nicht präzise fest, wie (auf welche Weise) die Ware zu liefern ist; die Klausel formuliert nur „entladebereit". Das heißt in der praktischen Abwicklung, dass eine ankommende Ware, die sich noch auf dem Transportmittel befindet, „zur sofortigen Entladung bereitgestellt werden" muss, sodass der Käufer mit der sofortigen Entladung beginnen kann. Dies wiederum setzt eine rechtzeitige Mitteilung an den Käufer (oder seine Gehilfen) und das Vorhandensein der notwendigen Dokumente beim Käufer voraus. 500

2. Warenmängel

501 Üblicherweise erhält der Käufer die Ware nur gegen Vorlage von Dokumenten ausgehändigt. Hier erweist sich beispielsweise das Konnossement als besonders hilfreich, da es den Berechtigten ausweist, der die Ware in Empfang nehmen darf.

Inhaberpapiere wie das Konnossement sollten im internationalen Geschäft möglichst über den Weg des bankenseitigen „dokumentären Zahlungsverkehrs" zum Käufer gelangen, also dem Käufer nur mittels Dokumenteninkassos oder Dokumentenakkreditivs zur Verfügung gestellt werden.

Nur dadurch kann der Verkäufer sein Anliegen erreichen, dass die Zahlung seiner Warenlieferung bereits gegen die Dokumente erfolgt und nicht noch wochenlang durch Reklamationen aufgehalten wird oder möglicherweise gänzlich ausbleibt.

3. Entgegennahme der Ware

502 DDP bestimmt nur, dass der Käufer als Empfänger der Ware übernehmen muss, wenn sie gemäß DDP A2 geliefert wurde, DDP B2. Weitere Angaben zur Entgegennahme/Übernahme macht diese Incoterms-Regel in DDP nicht.

3.1 Rückgriff auf das CISG

503 Da die Incoterms-Klausel DDP selber keine weiteren Angaben macht, ist hilfsweise Art. 38 CISG heranzuziehen, der Weiteres klarstellt:

- Art. 38 Abs. 1 CISG: „Der Käufer hat die Ware innerhalb einer so kurzen Frist zu untersuchen oder untersuchen zu lassen, wie es die Umstände erlauben."
- Art. 38 Abs. 3 CISG: „Wird die Ware vom Käufer umgeleitet oder von ihm weiterversandt, ohne dass er ausreichend Gelegenheit hatte, sie zu untersuchen, und kannte der Verkäufer bei Vertragsabschluss die Möglichkeit einer solchen Umleitung oder Weiterversendung oder musste er sie kennen, so kann die Untersuchung bis nach dem Eintreffen der Ware an ihrem neuen Bestimmungsort aufgeschoben werden."

3.2 Transportrecht

504 Das Transportrecht kennt nur kurze Fristen für die Geltendmachung von Schadensersatzansprüchen gegenüber einem Frachtführer (vgl. §§ 425 ff. HGB; Art. 17 CMR). Grundsätzlich trägt ohnehin der Verkäufer das Transportrisiko. Um dem Käufer einen Anreiz zu geben, die gelieferte Ware möglichst schnell auf Transportschäden zu überprüfen und entsprechende Meldungen an den Frachtführer abzugeben, sollte der Verkäufer den Käufer im zugrunde liegenden Warenkaufvertrag – also zusätzlich zur Vereinbarung der Incoterms-Klausel DDP, dazu verpflichten,

- zum einen den Verkäufer über den Transportschaden zu informieren
- und zum anderen eine entsprechende Schadensmeldung an den Frachtführer zu machen.

Sollte sich der Käufer weigern, die im Laufe des Transports beschädigte Ware entgegenzunehmen, verstößt er gegen die Incoterms-Regeln DDP B2 und B6.

Der ICC Guide on Transport, ICC Publikation Nr.775, enthält für diese Situation in „DDP, Q 2" folgende Interpretations- und Verfahrenshilfe: 505

- Bei Vorliegen von Transportschäden sollte der Käufer dem Verkäufer Mitteilung von den Schäden machen und um weitere Verfahrensanweisung bitten.
- Eine Weigerung zur Entgegennahme der Ware kann dazu führen, dass nach Entladebereitschaft der Ware Kosten und Risiken auf den Käufer übergehen.
- Dies bedeutet, dass der Frachtführer gegebenenfalls Gebühren für die Verzögerung verlangen oder er sonstige Rechtsbehelfe gegenüber dem Käufer (z.B. Einlagerung der Ware) geltend machen kann.

4. Ergebnis

Im Ergebnis kann E daher mit Vereinbarung der Lieferbedingung DDP Incoterms 506
2020 erreichen, dass K sich nicht wochenlang Zeit mit der Warenprüfung lassen darf. Noch vorteilhafter wäre es für E, wenn er eine dokumentäre Zahlungsbedingung vereinbart, die die pünktliche Bezahlung sicherstellt.

8. FAS Frei Längsseite Schiff (Verschiffungshafen)

507 ***Der Verkäufer prüft, ob***

- *er bereit ist, die Ware längsseits eines Schiffes in einem Verschiffungshafen bereitzustellen*
- *oder sie an eine vom Käufer bestimmte Ladestelle im Verschiffungshafen zu verbringen,*
- *die Beförderungskosten der Ware bis zur Lieferung längsseits des Schiffes*
- *und die Gefahr bis zur Lieferung der Ware zu tragen.*
- *Der Verkäufer muss die Ware zur Ausfuhr abfertigen*
- *und dem Käufer gegenüber einen Liefernachweis erbringen.*

Besonderheiten:

Falls der Verkäufer nicht längsseits eines Schiffes liefert, sondern an Bord des Schiffes: nicht FAS, sondern FOB.

Falls die Lieferung im multimodalen Transport erfolgt, nicht FAS, sondern FCA.

Falls die Transportkosten vom Verkäufer zu tragen sein sollen, nicht FAS, sondern CFR oder CIF.

Der Käufer prüft, ob

- *er bereit ist, alle Kosten ab Bereitstellung längsseits eines Schiffes im Verschiffungshafen*
- *und die Gefahr ab diesem Moment dieser Lieferung zu tragen,*
- *sich ferner um den Beförderungsvertrag zu kümmern*
- *und die Einfuhrformalitäten zu erledigen*
- *und ob er gegebenenfalls in der Lage ist, für die Zollwertanmeldung die anfallenden Lieferungskosten für den Haupttransport auf die außer- und innergemeinschaftlichen Streckenanteile aufzuteilen.*

Besonderheiten:

Falls es um eine Containerverladung auf ein Containerschiff geht, kann FAS ungeeignet sein, da Container vor Verladung in einem Containerterminal (vom Zug oder LKW) abgeladen werden: Dann passt nicht FAS, sondern FCA.

Anwendung der Klausel FAS

Bei Nutzung der Klausel „Frei Längsseite Schiff" erfolgt die Lieferung der Ware vom Verkäufer an den Käufer, 508

- indem der Verkäufer die Ware längsseits eines Schiffs (z.B. an einer Kaianlage oder auf einem Binnenschiff) *liefert oder* die bereits so für die Verschiffung gelieferte Ware „*beschafft*" (Letzteres bezieht sich auf hintereinander geschaltete Verkäufe in einer Verkaufskette – „string sales" – die im Rohstoffhandel vorkommen),
- das vom Käufer benannt wurde und
- im benannten Verschiffungshafen bereitgestellt wird.

Bei der Klausel FAS muss der Verkäufer die Ware im Verschiffungshafen längsseits an einem Transportschiff anliefern, was 509

- von der Uferseite her gesehen ein Abliefern am Kai sein kann, an dem das Schiff liegt,
- und von der Wasserseite her gesehen beispielsweise durch ein Feederschiff oder ein sonstiges Zubringerschiff geschehen kann, das sich wasserseitig längsseits des Transportschiffes befindet.

Die Gefahr des Verlusts oder der Beschädigung der Ware geht auf den Käufer über, wenn sich die Ware längsseits des Schiffs befindet. Ab diesem Zeitpunkt trägt der Käufer alle Kosten.

Die Parteien sind gut beraten, die Ladestelle im benannten Verschiffungshafen so genau wie möglich zu bestimmen, an der die Ware von der Kaianlage oder von einem Frachtkahn auf das betreffende Schiff verladen wird, da die Kosten und Risiken bis zu dieser Stelle zulasten des Verkäufers gehen. Diese Kosten und damit verbundene *Umschlagskosten* (handling charges) können entsprechend der Hafenpraxis variieren. 510

Diese Klausel eignet sich für Geschäfte, in denen der Verkäufer die Ware dem Käufer auf eigene Gefahr und Kosten längsseits eines Schiffes in einem benannten Verschiffungshafen zur Verfügung stellt und Ausfuhrformalitäten zu erledigen und Ausfuhrabgaben zu zahlen hat, sofern diese entstehen.

Der Gefahrübergang findet in dem Moment statt, in dem 511

- entweder die *Lieferung* „längsseits des Schiffes" im Verschiffungshafen *erfolgt*
- *oder* die bereits so für die Verschiffung gelieferte *Ware beschafft* wird. Dies bezieht sich auf mehrere hintereinander geschaltete Verkäufe in einer Verkaufskette („string sales").

Erfolgt eine Lieferung in einem Container, passt die Klausel FAS normalerweise nicht: Stattdessen sollte auf die Klausel FCA zurückgegriffen werden. 512

- Im Schiffsverkehr werden häufig auch Container transportiert, sodass die Überlegung aufkommt, ob sich die speziell für den Schiffstransport einsetzbaren Incoterms 2020 überhaupt eignen. In der Praxis ist beispielsweise die Klausel FCA besser geeignet FAS. Grund dafür, dass FAS sich im Containerverkehr weniger oder gar nicht eignet, ist, dass (mit Ausnahme einer Containerverladung auf ein *konventionelles* Frachtschiff) die Verpflichtung des Verkäufers nicht erfüllbar ist, „die Ware längsseits des vom Käufer benannten Seeschiffs zu liefern". Der Hauptgrund dafür ist, dass die Lieferung *„im Verschiffungshafen"* erfolgt, Container aber tatsächlich schon vorher an einem Terminal abgeladen und in fremde Obhut übergeben werden.

- Bei FCL-Containern (*„full container load"*) nehmen die Betriebe diese *fertig gepackten Container* an (zum Beispiel Übernahme vom anliefernden LKW, Weitertransport zu einem Stellplatz und kurzfristige Lagerung dort, bis der Container mittels Ladekrans am Terminal auf das Seeschiff/Containerschiff verladen wird),
- während sie bei kleineren Stückguttransporten, wenn ein Container nur teilbeladen ist und durch weitere Waren aufgefüllt wird (LCL-Gut, „less than a container load"), das Stückgut in Container stauen, die Container dann auf dem Terminalgelände zwischenlagern, sie zum Stellplatz verbringen und schließlich die gefüllten Container an Bord des Seeschiffs verladen.

Fall 61: Wechsel des Abladekais

V und K verabreden eine Warenlieferung „FAS X-Hafen, Y-Kai Amsterdam Incoterms 2020". Als V die Ware im LKW anliefert, stellt er fest, dass das für die Verschiffung vorgesehene Schiff in einem ganz anderen Hafengebiet angelegt hat. An dieser Stelle ist eine Lieferung „längsseits Schiff" nur unter hohem zusätzlichen Kostenaufwand möglich. **513**

Darf V die Lieferung am vereinbarten Kai einfach abladen? Wer trägt die Zusatzkosten, wenn V bis zur neuen Schiffsposition liefern muss?

Lösungsweg

1. Grundaussage von „Längsseits Schiff"

Für die „Lieferung" legt FAS A2 Incoterms 2020 fest: „Der Verkäufer muss die Ware liefern, indem er sie längsseits des vom Käufer benannten Schiffs an der gegebenenfalls vom Käufer bestimmten Ladestelle im benannten Verschiffungshafen verbringt oder die so gelieferte Ware beschafft. Der Verkäufer muss die Ware **514**

1. am vereinbarten Tag oder
2. zu dem innerhalb des vereinbarten Zeitraums liegenden Zeitpunkt, der vom Käufer gemäß B10 mitgeteilt wurde, oder,
3. wenn ein derartiger Zeitpunkt nicht mitgeteilt wurde, zum Ende des vereinbarten Zeitraums und
4. *in der im Hafen üblichen Weise* liefern.

Falls keine bestimmte Ladestelle durch den Käufer angegeben worden ist, kann der Verkäufer die für den Zweck am besten geeignete Stelle innerhalb des benannten Verschiffungshafens auswählen."

Grundsätzlich versteht sich „FAS" also so, dass der Verkäufer in der Weise liefert, dass er die Ware längsseits des vom Käufer benannten Schiffes (zum Beispiel an einer Kaianlage oder auf einem Binnenschiff) im benannten Verschiffungshafen verbringt. **515**

Eine möglichst genaue Verladestelle haben die Parteien mit Festlegung des X-Hafens und der Y-Kaianlage auch getroffen. Damit scheidet auch eine *freie Auswahl* der bestgeeigneten Verladestelle aus, die dem Verkäufer nach FAS A2 Absatz 3 zustünde, sofern keine präzise Vereinbarung der Stelle getroffen worden wäre.

2. Ergebnis

V darf also die Ware nicht einfach am Y-Kai abladen. **516**

3. Zusatzkosten bei neuem Lieferort

517 Fraglich ist, wie mit den entstehenden Zusatzkosten zu verfahren ist, wenn das Schiff an einer anderen Stelle im Hafen liegt.

Die neue Schiffsposition entspricht nicht dem zwischen V und K vereinbarten Platz, an dem V längsseits liefern sollte. In diesem Fall liegt es in der Risikosphäre des K, dass V seine *zum richtigen Zeitpunkt und an der richtigen Stelle angebotene Leistung* nicht am vereinbarten Kai erbringen kann.

Soweit durch die veränderte Schiffsposition deutlich höhere Kosten zur längsseitigen Lieferung entstehen, liegen diese in der Risikosphäre des Käufers.

4. Ergebnis

518 K muss daher die Zusatzkosten übernehmen.

Fall 62: Ein Schiff wird kommen….

Lieferant V vereinbart mit dem ausländischen Warenabnehmer K eine Warenlieferung „FAS Bremerhaven, Kaiserhafen 3, Incoterms 2020". Für den vorgesehenen Seetransport genügt ein kleines Feederschiff, das die Ware bis zu einem Zwischenhändler in Rotterdam bringen soll. K beauftragt die niederländische Reederei R, den Schiffstransport zu übernehmen. 519

Als der Warentransport des V termingerecht am vereinbarten Tag, im vereinbarten Verschiffungshafen (Bremerhaven) und an der vereinbarten Stelle (Kaiserhafen 3) eintrifft, ist das von K für die Übernahme und den Transport auf dem Seeweg vorgesehene und bei R gebuchte Frachtschiff noch nicht eingetroffen. Die Schiffsankunft verspätet sich schließlich um mehrere Tage.

Aufgrund der langen Wartezeit bis zum Vollzug der „Lieferung längsseits Schiff" nimmt die Ware Schaden. K nimmt die beschädigte Ware nicht an. V fragt, ob der Schaden in der Risikosphäre des K liegt und K daher zur Bezahlung der Lieferung verpflichtet ist.

Lösungsweg

1. Gefahrübergang bei FAS

Nach FAS A3 trägt der Verkäufer *bis zur Lieferung gemäß A2* alle Risiken des Verlusts oder der Beschädigung der Ware, allerdings mit Ausnahme von Verlust oder Beschädigung unter den in FAS B3 beschriebenen Umständen. Erst mit der erfolgten Lieferung im Sinne des A2 und (mit Ausnahme der in FAS B3 genannten Sonderumstände) findet daher zeitgleich mit der Lieferung auch der Gefahrübergang für Verlust und Schäden am Transportgut auf den Käufer statt. 520

Der Käufer muss nach diesem Grundsatz die Ware bezahlen (Preisgefahr), wenn sie nach Lieferung (FAS A2) beschädigt wird, verloren geht oder sonst wie abhandenkommt (Transportgefahr; hierzu auch Art. 66 CISG). FAS A8 belässt auch einen Teil des Risikos (Verpackung usw.) beim Verkäufer, sodass dieser für die Schadensfolgen einer Sorgfaltspflichtverletzung bei unsachgemäßer und nicht transportgerechter Verpackung selber einzutreten hat. Auch letzterer Grundsatz folgt Art. 66 CISG: Danach wird der Käufer von der Wirkung des Gefahrübergangs befreit, wenn Untergang oder Beschädigung der Ware auf eine Handlung oder Unterlassung des Verkäufers zurückzuführen sind. 521

2. Besondere Umstände nach FAS B3

FAS B3 regelt, dass zwar der Gefahrübergang mit dem Zeitpunkt der Lieferung (im Sinne von FAS A2) auf den Käufer erfolgt. 522

Die Gefahr geht aber *vor der Lieferung* bereits mit Ablauf des vorgesehenen Lieferzeitpunkts oder der vereinbarten Lieferfrist auf den Käufer über,

- wenn er es versäumt, den Verkäufer mit den Informationen nach B10 (Schiffsname, Ladeplatz, und Lieferzeit, falls nötig) zu versehen, FAS B3 Buchst. a,
- oder *wenn das Schiff nicht rechtzeitig eintrifft*, die Ware nicht übernimmt oder das Verladen vorzeitig einstellt, FAS B3 Buchst. b.

3. Ergebnis

523 Da der von K beauftragte Schiffstransport sich verspätet, geht dies nach FAS B3 Buchst. b zulasten des K, sodass der Gefahrübergang im Moment der Lieferbereitschaft (nach FAS A2) des V stattfindet und K für die erst nach diesem Zeitpunkt auftretenden Schäden an der Ware verantwortlich ist. K muss daher für den Schaden einstehen.

Fall 63: Ein Schiff wird kommen.... (Abwandlung)

Im vorhergehenden Fall hatte K die Reederei R beauftragt. 524

In der Abwandlung dieses Falles haben V und K im Rahmen ihres Vertrages vereinbart, „dass V sich um den Seetransport kümmern soll". Daher ist in der Abwandlung des Beispiels nun Verkäufer V Auftragsgeber der Reederei R.

Auch hier verspätet sich das Schiff (ohne Verschulden des V) und es entsteht ein Schaden, den K aber nicht tragen will. Schließlich habe ja V den Seetransport beauftragt.

Ist auch hier wieder die Lösung über FAS A2, FAS A3 und FAS B3 Buchst. b anwendbar?

Lösungsweg

1. Beförderungsvertrag als Pflicht des Käufers

Die Klausel FAS erlegt eigentlich *dem Käufer in B4 die Pflicht* auf, sich um den 525 Transportvertrag mit einem See- oder Binnenschiff zu kümmern. Er hat daher den Transportvertrag ab Lieferort (längsseits Schiff) auf seine Kosten zu schließen. Dies ist in der Praxis aber nicht immer sinnvoll, wenn die branchenüblichen Gepflogenheiten, die ständige Übung zwischen den Vertragsparteien oder schlicht die Zweckmäßigkeit dafürsprechen, den Beförderungsvertrag durch den Verkäufer abschließen zu lassen.

2. Beförderungsvertrag stattdessen durch den Verkäufer

Der Käufer kann den Verkäufer direkt um Abschluss des Transportauftrags bitten, 526 wie sich aus FAS A4 Absatz 1 Satz 3 ergibt: *„Bei entsprechender Vereinbarung* muss der Verkäufer einen Beförderungsvertrag zu den üblichen Bedingungen auf Gefahr und Kosten des Käufers abschließen."

Dies ist hier der Fall. Auf Verlangen des K hat V den R beauftragt, aber eben auf „Gefahr und Kosten des K". Somit geht auch diese Fallabwandlung wieder zulasten des K aus: K muss wegen FAS B3 Absatz 1 Buchst. b auch in dieser Abwandlung den Schaden tragen.

3. Ergänzender Hinweis

Denkbar ist aber auch die Alternative, dass es in der Handelspraxis üblich ist und 527 der Käufer nicht rechtzeitig eine gegenteilige Anweisung erteilt, dass in diesen Fällen der Verkäufer den Beförderungsvertrag zu den üblichen Bedingungen und auf Gefahr und Kosten des Käufers abschließen darf.

Zu beachten ist, dass ein den Frachtauftrag erteilender *Verkäufer damit Vertrags-* 528 *partner des Frachtvertrages und dem Frachtführer gegenüber zahlungspflichtig* wird; er kann die entstandenen Kosten aber dem Käufer weiterbelasten. Hierin liegt durchaus ein gewisses Risiko, dass der Verkäufer nicht sicher wissen kann, ob der Käufer ihm die entstandenen Transportkosten auch tatsächlich ersetzen wird; daher darf er die Beauftragung des Transports (unverzüglich) ablehnen, wenn er den Transportvertrag nicht abschließen will.

Allerdings geht es im vorliegenden Fall nicht um einen dem Frachtführer R entstandenen Schaden, sondern um eine Beschädigung der Warenlieferung (Vertragsverhältnis V – K).

Fall 64: Tulpen aus Amsterdam....

Lieferant V in Amsterdam vereinbart mit dem deutschen Blumenimporteur K eine Tulpenlieferung „FAS Amsterdam Hafen Oosterdok, Incoterms 2020". Um sich vor etwaigen Transportschäden zu schützen, schließt V für den von ihm zu verantwortenden Transportanteil (bis zur Lieferung nach FAS Hafen Amsterdam) eine Transportversicherung ab. 529

Während des Verladevorgangs der Ware werden die Tulpen so beschädigt, dass sie nicht mehr verkauft werden können. V fordert von K trotzdem die Bezahlung. Zu Recht?

Lösungsweg

Der Anspruch des V gegen K ist berechtigt, wenn der Gefahrübergang auf K bereits erfolgte und damit die Pflicht des K besteht, seinen Teil des Kaufvertrags (die Bezahlung) zu erfüllen. 530

1. Versicherung bei FAS

Fraglich ist, ob sich daran etwas ändert, wenn eine Versicherung für den Schaden eintreten kann. Hinsichtlich des Versicherungsvertrages erlegen allerdings FAS A5 und B5 keiner der Parteien eine Versicherungspflicht auf, doch da die Ware ab dem Lieferort auf das Risiko des Käufers transportiert wird (dazu B3), liegt es immer im *Interesse eines Käufers, das Transportrisiko* zu versichern. 531

Umgekehrt verpflichtet A3 den Verkäufer dazu, *Risiken des Transports bis zum Lieferort* zu tragen, sodass der Verkäufer ein Interesse daran haben muss, bis zum Lieferort eine Transportversicherung zu haben. 532

Daher werden im Grunde zwei Transportrisikoversicherungen benötigt: für den Verkäufer eine bis zum FAS-Lieferort, für den Käufer eine ab FAS-Lieferort. Dies ist jedoch kaum zweckmäßig, wenn im Schadensfall nicht genau feststellbar ist, in welchem Moment ein schädigendes Ereignis eingetreten ist, und die Vertragsparteien letztlich darunter leiden, dass zwei eigenständige Versicherungen eine Versicherungspflicht mangels Beweisbarkeit eines Schadenseintritts ablehnen oder zumindest lange herauszögern. 533

Sinnvoll ist es daher, für den gesamten Zeitraum des Gütertransports einen durchgehenden Versicherungsschutz zu vereinbaren und im Rahmen der Kaufpreisverhandlungen darüber zu sprechen, wie die zu zahlende Versicherungsprämie, welche die den Vertrag abschließende Partei zu zahlen hat, sinnvoll geteilt werden kann. 534

2. Ergebnis

535 Mangels Absprache der beiden Kaufvertragsparteien V und K gab es keine Regelung zur Versicherung; V hatte nur einen Schutz für den von ihm verantworteten Teil des Warentransports bis zur Lieferung „längsseits Schiff". Da der Gefahrübergang von V auf K mit dem Verbringen der Tulpen zur Verladung erfüllt war, geschah der Verladevorgang selbst nicht mehr auf Risiko des V. K muss daher für den Schaden eintreten.

Fall 65: Kaiempfangsschein

In derselben Fallkonstellation wie im vorangehenden Beispiel gibt es – nachdem V nunmehr die Bezahlung der Tulpenlieferung energisch verlangt – plötzlich eine neue Wendung. 536

K behauptet, V habe gar nicht rechtzeitig „geliefert“. Es sei noch gar nicht zur „Warenlieferung nach FAS A2“ gekommen, da V nicht durch ein wie auch immer geartetes „Transportpapier“ nach FAS A6 nachweisen könne, dass – und wenn ja, wann – er geliefert habe. In der Tat wurde wegen des problematischen Ladevorgangs der Tulpenlieferung versäumt, ein „Übernahmepapier“ der Reederei (also ein Konnossement) auszustellen. Aber V hat zumindest ein „Dock Receipt“ von der Hafenbehörde in Amsterdam erhalten.

Wie ist hier zu entscheiden?

Lösungsweg

Nach FAS A6 besteht eine Verpflichtung des Verkäufers darin, dem Käufer auf 537
eigene Kosten und auf geeignete Weise *nachzuweisen, dass er die Lieferung bewirkt hat.*

Sofern sich keine anderen Anhaltspunkte ergeben, die auf ein bestimmtes Lieferdokument schließen lassen, muss der Verkäufer dem Käufer das übliche Dokument („usual proof“) zum Nachweis der erbrachten Lieferung beschaffen.

- Wird die Ware auf dem Landweg an das Schiff herangebracht und am Kai (landseitig) geliefert, dann ist das übliche Dokument der *Kaiempfangsschein (dock receipt)*;
- wird die Ware wasserseitig angeliefert, nutzt man einen Bordempfangsschein.

V hat hier also „nur“ einen Schiffszettel, der den Nachweis erbringen könnte, dass er vor dem streitursächlichen fehlerhaften Verladevorgang „geliefert“ hat. Fraglich ist, ob mit einem solchen Schiffszettel die Anforderung von FAS A6 erfüllt wird.

1. Kaiempfangsschein

Ein Kaiempfangsschein ist Teil des Schiffszettels, den der Ablader nach erfolgter 538
Anlieferung der Ware am Kai von der Kaiverwaltung erhält. Dieser Kaiempfangsschein dient als Empfangsbestätigung vom Schuppen, und *gegen ihn erfolgt nach Verladung die Abgabe des Konnossements*, wobei der Inhalt des Konnossements (des „Satzes“, bestehend in der Regel aus drei Original-Konnossementen) gegen den Inhalt des Kaiempfangsscheins geprüft wird.

Der Kaiempfangsschein ist auch das „übliche Dokument“ zum Nachweise einer erbrachten Lieferung an einem Verladekai – das Konnossement verbrieft ja den später liegenden Moment der Verladung und wäre daher das richtige Dokument nach FOB A6.

2. Ergebnis

539 Der Kaiempfangsschein genügt als Nachweisdokument für die erbrachte Lieferung des V nach FAS A2 und A6.

Am Ergebnis des vorhergehenden Falles ändert sich also nichts.

9. FOB Frei an Bord (Verschiffungshafen)

▶ *Der Verkäufer prüft, ob* 540

- *er bereit ist, die Ware an Bord eines Schiffes in einem benannten Verschiffungshafen zu liefern,*
- *die Beförderungskosten der Ware bis zur Anlieferung an Bord eines Schiffes*
- *und die Gefahr bis zu diesem Moment zu tragen.*
- *Der Verkäufer muss die Ware zur Ausfuhr abfertigen*
- *und dem Käufer gegenüber einen Liefernachweis erbringen.*

Besonderheiten:

Falls der Verkäufer die Ware nicht an Bord eines Schiffes liefert, sondern nur längsseits, nicht FOB, sondern FAS.

Falls der Verkäufer die Ware nur einem Frachtführer übergibt, bevor sie sich an Bord eines Schiffes befindet (z.B. bei Übergabe im Containerterminal) nicht FOB, sondern FCA.

Der Käufer prüft, ob

- *er bereit ist, alle Kosten ab Verladung der Ware an Bord*
- *und die Gefahr ab diesem Moment zu tragen,*
- *sich um den Beförderungsvertrag kümmern*
- *und die Einfuhrformalitäten zu erledigen.*
- *Er prüft ferner, ob er gegebenenfalls in der Lage ist, für die Zollwertanmeldung die anfallenden Lieferungskosten für den Haupttransport auf die außer- und innergemeinschaftlichen Streckenanteile aufzuteilen.*

Anwendung der Klausel FOB

Die Klausel FOB ist eine traditionelle Lieferbedingung. Im Grunde ist sie vergleich- 541
bar mit einer FCA-Klausel, die sich speziell und eigenständig für den Schiffstransport entwickelt hat. Sie wird unverändert im herkömmlichen Seetransport oder Binnenschiffstransport eingesetzt, eignet sich jedoch nicht für den Containerverkehr per Schiff (wenn die Ware dem Frachtführer übergeben wird, bevor sie sich auf dem Schiff befindet, z.B. bei Containern, die üblicherweise am Terminal angeliefert werden), sodass in diesen Fällen die Klausel FCA zu bevorzugen ist.

Wird die Klausel FOB trotz dieser Schwierigkeiten dennoch für den Transport eines 542
Containers genutzt, kann der Gefahrübergang auf den Käufer erst stattfinden, wenn der Container *an Bord eines Schiffes verladen* wurde. Es ist dann das Risiko

des Verkäufers, der den Container bereits früher (nämlich bei Abnahme am Terminal) an den Frachtführer übergibt und damit die unmittelbare Sachherrschaft über den Container aufgibt und die Kontrolle über die im Container beförderte Ware verliert.

543 Damit ist der richtige Anwendungsbereich für die Klausel FOB auf Seefracht, die *nicht* in Containern transportiert wird, beschränkt, also ausgerichtet auf Stückgut oder Massengüter, die auf normalen Frachtschiffen transportiert werden.

544 Bei Nutzung der Klausel „Frei an Bord" liefert der Verkäufer die Ware an den Käufer

- an Bord des Schiffs,
- das vom Käufer benannt wurde
- und das im benannten Verschiffungshafen liegt,
- oder der Verkäufer beschafft die bereits so gelieferte Ware. Der Verkäufer ist verpflichtet, die Ware entweder an Bord des Schiffs zu liefern oder bereits so für die Verschiffung gelieferte Ware zu *beschaffen*. Der Begriff „beschaffen" bezieht sich hier auf mehrere hintereinander geschaltete Verkäufe in einer Verkaufskette („string sales"), die insbesondere im Rohstoffhandel vorkommen.

545 Die Gefahr des Verlusts oder der Beschädigung der Ware geht auf den Käufer über, wenn die Ware an Bord des Schiffs ist. Ab diesem Zeitpunkt trägt der Käufer alle Kosten.

FOB verpflichtet den Verkäufer, die Ware ggf. zur Ausfuhr freizumachen. Jedoch hat der Verkäufer keine Verpflichtung, die Ware zur Einfuhr oder Durchfuhr durch Drittländer freizumachen, Einfuhrzölle zu zahlen oder Einfuhrzollformalitäten zu erledigen.

Fall 66: Verladung „Stowed, Secured and Trimmed"

Verkäufer V und Käufer K schließen einen Liefervertrag über eine Ware. In der Lieferbedingung heißt es dazu: 546

"The merchandise has to be delivered on August 12th in the afternoon, between 3:00 and 4:00 p.m., stowed, secured and trimmed, fob Bremen, Incoterms 2020."

Im Hinblick auf seine Lieferpflicht nach der Incoterms-Regel FOB A2 fragt V nach, welche Pflichten er im Hinblick auf die An-Bord-Lieferung exakt hat und wann genau die Gefahr von ihm auf K übergeht. Außerdem möchte V wissen, welche Bedeutung die exakte Zeitfestlegung für seine Lieferpflicht hat.

Lösungsweg

1. Lieferung nach FOB

Die Verkäuferpflichten nach der Incoterms-Regel FOB A2 lauten: „Der Verkäufer muss die Ware liefern, indem er sie an Bord des vom Käufer benannten Schiffs an der gegebenenfalls vom Käufer bestimmten Ladestelle im benannten Verschiffungshafen verbringt oder die bereits so gelieferte Ware verschafft. 547

Der Verkäufer muss die Ware 548

1. *am vereinbarten Tag oder*
2. *zu dem innerhalb des vereinbarten Zeitraums liegenden Zeitpunkt, der vom Käufer gemäß B10 mitgeteilt wurde*, oder,
3. wenn ein derartiger Zeitpunkt nicht mitgeteilt wurde, zum Ende des vereinbarten Zeitraums und
4. in der im Hafen üblichen Weise liefern.

Falls keine bestimmte Ladestelle durch den Käufer angegeben worden ist, kann der Verkäufer die für den Zweck am besten geeignete Stelle innerhalb des benannten Verschiffungshafens auswählen."

2. Feste Lieferzeit

In beiden Fällen hat der Verkäufer die Ware zum vereinbarten Zeitpunkt oder innerhalb der vereinbarten Frist zu liefern. Hier ist zu prüfen, ob die vorgegebene Lieferzeit das gesamte Geschäft zu einem Fixgeschäft macht. 549

Da es auf die Rechtzeitigkeit der Lieferung ausdrücklich ankommen kann, kann – insbesondere bei ausdrücklicher vertraglicher Vereinbarung einer exakten Frist/eines exakten Zeitpunkts auf Verabredung eines sogenannten Fixgeschäfts im

Sinne des § 376 Abs. 1 HGB geschlossen werden, mit der Folge, dass der Käufer zum Rücktritt berechtigt oder zum Fordern von Schadensersatz wegen Nichterfüllung befugt sein könnte.

Im vorliegenden Fall ist eine präzise Zeitvorgabe enthalten, die sich nach Schiffsfahrplan, Liege-und Ladezeiten richtet.

V muss sich daher exakt an diese Vorgabe halten.

3. Stowed, Secured and Trimmed

550 Der Verkäufer hat gegebenenfalls in der im Hafen üblichen Weise zu liefern. Sieht der Hafenbrauch beispielsweise vor, dass die Ware bereits an Land entgegengenommen wird, gehen spätere Ladekosten ab dem Übernahmeplatz zulasten der Seefracht, sodass der Verkäufer hierfür dann nicht mehr verantwortlich ist.

551 Die zusätzliche Anmerkung „gestaut, gesichert und festgemacht", die der FOB-Klausel hinzugefügt wurde, ist als *individuelle Ausweitung der Standardlieferbedingung* zu verstehen.

Während die FOB-Klausel *alleine* nur voraussetzt, dass die Ware an Bord eines Schiffes geliefert wird, mit der Folge, dass mit Berührung des Schiffes/Laderaums der Moment des Kosten- und Gefahrübergangs stattfinden soll, weitert die individuelle Zusatzvereinbarung diesen Zeitraum etwas aus: Die Ware soll nicht nur das Schiffsdeck berühren, sondern auch noch ordnungsgemäß gestaut und gesichert werden, bevor Kosten und Gefahr auf den Käufer übergehen.

4. Ergebnis

552 Die Standardlieferbedingung „FOB" ist durch die Zusatzbedingung „Stowed, Secured and Trimmed" erweitert worden; aufgrund dieser vertraglichen Verpflichtung muss V bei der An-Bord-Lieferung eine durch die Zusatzbedingung erweiterte Pflicht erfüllen.

Fall 67: Kosten des Konnossements

Verkäufer V und Käufer (K) schließen einen Liefervertrag über eine Ware, „fob Bremerhaven, Incoterms 2020". 553

Wie er es von anderen Geschäften gewohnt ist, beauftragt V eine Reederei mit dem Transport und verlädt die Ware an Bord. Mit K hat er dieses Vorgehen nicht abgestimmt. Die Reederei erstellt das Konnossement und verlangt die Kosten für die Ausstellung von V.

V verlangt diese Kosten von K erstattet und ist der Ansicht, dass die Kosten für die Ausstellung des Konnossements nicht zu den von ihm (V) zu tragenden Kosten zählen.

Lösungsweg

1. Pflichten des Verkäufers bei FOB

Die FOB-Klausel erlegt V nur die Pflicht auf, die Ware „an Bord eines Schiffes zu liefern", FOB A2. Hinsichtlich der Beförderung gilt: 554

- FOB erlegt dem *Käufer* in B4 die Pflicht auf, den *Transportvertrag* abzuschließen. Er hat daher den Vertrag über die Beförderung der Ware ab Lieferort (also ab dem Verschiffungshafen) auf seine Kosten abzuschließen (sofern der Beförderungsvertrag nicht vom Verkäufer gemäß FOB A4 abgeschlossen wurde, FOB B4, 2.Halbsatz).
- Der Abschluss des Beförderungsvertrages ist in der Praxis nicht immer sinnvoll, wenn die branchenüblichen Gepflogenheiten, die ständige Übung zwischen den Vertragsparteien oder schlicht die Zweckmäßigkeit dafürsprechen, den Beförderungsvertrag durch den Verkäufer abschließen zu lassen.
- Entweder bittet der Käufer daher den Verkäufer um Abschluss des Transportauftrags.
- In der *Handelspraxis* ist es auch üblich (sofern der Käufer nicht rechtzeitig eine gegenteilige Anweisung erteilt), dass der Verkäufer den Beförderungsvertrag zu den üblichen Bedingungen *auf Gefahr und Kosten des Käufers abschließen* – also auch ohne vertragliche Vereinbarung – darf. Diese „Praxis" steht allerdings in Widerspruch zu FOB A4, Absatz 1 letzter Satz: *„Bei entsprechender Vereinbarung* muss der Verkäufer einen Beförderungsvertrag ... abschließen."

2. Kosten des Konnossements

Zu beachten ist allerdings, dass ein den Frachtauftrag erteilender *Verkäufer* damit zum Vertragspartner des Frachtvertrags und dem Frachtführer gegenüber zahlungspflichtig wird. 555

Fraglich ist, ob V diese Kosten an K weiterbelasten kann. Hier liegt ein gewisses Risiko, da der Verkäufer nicht sicher wissen kann, ob der Käufer ihm für die Ausstellung des Konnossements entstandenen Kosten auch tatsächlich ersetzen wird. Zweifel sind angebracht, vor allem dann, wenn V und K sich diesbezüglich nicht abgestimmt haben und V daher Kosten trägt, die er eigentlich nicht tragen müsste.

2.1 Ablehnung des Verkäufers, den Beförderungsvertrag abzuschließen

556 *Incoterms 2010, FOB A3*: Die *alten* Incoterms-Regeln erfassen diese Problematik in FOB A3 Buchst. a. Hiernach durfte der Verkäufer es auch dann, wenn der Käufer ihn ausdrücklich zum Abschluss des Transportvertrages auffordert, ablehnen, tätig zu werden, was er dann allerdings dem Käufer umgehend mitzuteilen hatte.

557 *Incoterms 2020, FOB A4*: Die Möglichkeit der „Ablehnung" ist im neuen Text in den Incoterms 2020 nicht mehr enthalten. Im Grunde ergibt sich aber dieselbe Lösung aus dem neuen Satz in FOB A4 Absatz 1, Satz 3: „Bei entsprechender Vereinbarung muss der Verkäufer ...." Fehlt daher eine solche Vereinbarung, muss der Verkäufer also keinen Beförderungsvertrag abschließen.

2.2 Zahlungspflicht für Transportdokumente

558 Die Kostenfrage des Konnossements kann noch nicht dazu beitragen zu klären, welche Partei welche Kosten zu tragen hat. All diese Punkte klären noch nicht die Zahlungspflicht für das Konnossement.

- Die Incoterms-Regel FOB A9 Buchst. a spricht von „alle die Ware betreffenden Kosten" *bis zur Lieferung*. Das Konnossement wird erst danach ausgestellt, was eigentlich dafürspricht, die Kosten dem Käufer aufzuerlegen.
- Andererseits verstehen sich die „Kosten" der Incoterms-Regeln als klassische *Transportkosten* und damit nicht als Kosten für eine etwa notwendige Dokumentation. Daher wäre das „Konnossement" nicht als Teil der Transportkosten zu verstehen, sondern als ein Kostenbestandteil der Dokumentation, die im Rahmen der Geschäftsabwicklung (wie etwa die Erstellung der Rechnung, Packliste usw.) anfällt.
- Die Lösung liegt in der neu formulierten Kostenregel von FOB A9 Buchst. b. Danach muss der Verkäufer die Kosten für die Erbringung des üblichen Nachweises für den Käufer nach FOB A6 tragen, aus dem hervorgeht, dass die Ware geliefert wurde. Danach muss der Verkäufer nach *FOB A6 dem Käufer ein Transportdokument „auf eigene Kosten"* liefern.

3. Ergebnis

559 Wenn also das Konnossement im vorliegenden Fall das nach FOB A6 zu liefernde Liefer-/Transportdokument ist (und V auch keinen anderen Liefernachweis erbringt), ist damit klar, dass V auch die Kosten für die Ausstellung des Konnossements zu tragen hat und diese nicht an K weiter belasten darf.

Fall 68: Kosten der Verladung an Bord

V und K haben eine Lieferung per Seefracht wie folgt vertraglich vereinbart: „FOB Bremerhaven Incoterms 2020". Weitere Verabredungen gab es nicht, auch nicht hinsichtlich der exakten Abladestelle im Hafen und auch nicht hinsichtlich des Seetransports. **560**

Bei Anlieferung der Ware mit einem Transporter stellt der Frachtführer des V fest, dass er zum Container-Terminal fahren muss, um die Lieferung abzuladen. Bei Einfahrt in das Hafengelände wird der Frachtführer aufgefordert, die Lieferung auf einem Stellplatz vor Schuppen 16 abzustellen, von wo aus innerhalb von 24 Stunden die Verladung auf das vereinbarte Schiff erfolgen soll. Der Frachtführer des V kann daher die Ware nicht selbst an Bord des Schiffes verladen.

Für das später erfolgte Verladen der Ware auf das von K gebuchte Containerschiff entstehen Ladekosten, die die Hafengesellschaft dem V in Rechnung stellt.

V fragt, ob er für diese Kosten verantwortlich ist oder ob sie bereits zu den Kosten gehören, die K zu tragen hat.

Lösungsweg

1. Lieferpflicht des V

Die Verkäuferpflichten nach FOB A2 wurden in den Incoterms 2020 inhaltlich überarbeitet und neu strukturiert, dabei aber gegenüber der Version der Incoterms 2010 nicht gravierend verändert. **561**

Der Verkäufer muss nach FOB A2 die Ware liefern, indem er sie an Bord des vom Käufer benannten Schiffs an der gegebenenfalls vom Käufer bestimmten Ladestelle im benannten Verschiffungshafen verbringt oder die bereits so gelieferte Ware beschafft.

Dabei muss der Verkäufer die Ware nach FOB A2 Absatz 2 **562**

- am vereinbarten Tag *oder*
- zu dem innerhalb des vereinbarten Zeitraums liegenden Zeitpunkt, der vom Käufer gemäß B10 mitgeteilt wurde, *oder,*
- wenn ein derartiger Zeitpunkt nicht mitgeteilt wurde, zum Ende des vereinbarten Zeitraums und
- *in der im Hafen üblichen Weise* liefern.

563 A2 enthält in Absatz 3 Lieferalternativen, wie folgt:

- Falls keine bestimmte Ladestelle durch den Käufer angegeben worden ist, kann der Verkäufer die für seine Zwecke am besten geeignete Stelle innerhalb des benannten Verschiffungshafens auswählen.
- Falls die Parteien vereinbart haben, dass die Lieferung innerhalb einer Frist stattfinden soll, hat der Käufer die Möglichkeit, den Zeitpunkt innerhalb der Frist zu wählen.

2. Verladung an Bord

564 Damit geht die Klausel FOB in ihrer Lieferpflicht ein Stück weiter als die Klausel FAS, bei der die Lieferung längsseits eines Schiffs zu erfolgen hat; die Klausel FOB verlangt ein Verladen an Bord. Alternativ kann vom Verkäufer verlangt werden, dass er eine derartige Lieferung der Ware besorgt.

Die kaufvertragliche Verpflichtung des V geht nach FOB A2 dahin, dass er den tatsächlichen Beladevorgang vollenden muss, also die verkaufte Ware in dem oder auf dem Schiff abstellen muss, damit die tatsächliche Sachherrschaft über die Warenlieferung beim Empfänger der Ware liegen kann.

3. Lieferung in der „im Hafen üblichen Weise"

565 Bei Verwendung von Containern, in der die Ware untergebracht ist, kann die Verpflichtung zur „An-Bord-Verladung" in den meisten Fällen nicht erfüllt werden. Der Grund dafür liegt darin, dass Ablader nicht bis an die Kaimauer fahren dürfen, von wo aus der Container an Bord gehoben wird, sondern dass es in Container-Terminals üblich ist, einen angelieferten Container vom Transportfahrzeug (oder Zugwaggon) zu heben und auf einem Stellplatz zwischenzulagern, bis der Transport der Container von der Kranbrücke zum Lagerplatz und später auf das Schiff vollautomatisch mit führerlosen Fahrzeugen, die autonom gesteuert werden, erfolgen kann.

566 Der Verkäufer hat daher gegebenenfalls *in der im Hafen üblichen Weise zu liefern*. Sieht daher der Hafenbrauch beispielsweise vor, dass die Ware bereits an Land entgegengenommen wird, gehen spätere Ladekosten ab dem Übernahmeplatz zulasten der Seefracht, sodass der Verkäufer hierfür dann nicht mehr verantwortlich ist.

567 Diese für den Käufer nachteilige Lösung kommt dadurch zustande, dass bei Abschluss des Kaufvertrages nicht beachtet wurde, dass sich „FOB" (Verpflichtung zur An-Bord-Verladung) und das Anliefern im Container Terminal (Abladen im Hafengelände plus anschließendem autonomen Verladevorgang) nicht zueinander passen. Hier ist zu für den Seetransport differenzieren:

- Bucht der Käufer für den Seetransport ein *Containerschiff*, das im Containerhafen beladen werden muss, ohne dass dies zwischen den Kaufvertragsparteien so vereinbart wurde, kann der V seine „FOB-An-Bord-Lieferpflicht" nicht erfüllen. Daher gehen in diesen Fällen zusätzliche Kosten wie hier die Ladekosten ins Schiff zulasten des Käufers.

- Geht die Buchung des Containerschiffes dagegen auf eine einvernehmliche Vereinbarung der Parteien zurück, die dann auch noch „FOB" vereinbaren, obwohl ein Container genutzt werden soll, gehören alle Aufwendungen bis zur Verladung an Bord in den Pflichtenkreis des V, sodass in dieser Konstellation die Kosten der Verladung von V zu tragen sind.

4. Ergebnis

K wusste bei Kaufvertragsabschluss nicht, dass K für den Seetransport ein Containerschiff buchen würde, wo die Incoterms-Klausel „FOB" nicht passt, da eine unmittelbare Verladung durch V nicht möglich ist. Die zusätzlichen Ladekosten muss daher K tragen. **568**

Fall 69: Volles Schiff

569 *V und K haben eine Warenlieferung „FOB Hamburg Incoterms 2020" vereinbart. Als V mit der Lieferung im Frachthafen pünktlich eintrifft und die Ladung an Bord des Schiffes verbringen will, stellt sich heraus, dass das von K gebuchte Schiff keine Ladekapazität mehr frei hat und V daher die Ware im Hafen zwischenlagern muss, bis sie einige Tage später auf ein Folgeschiff verladen werden kann.*

Aufgrund der verspäteten Verladung und wegen des Zwischenlagerns auf dem Hafengelände nimmt die Ware Schaden. V fragt, ob er dafür verantwortlich ist.

Lösungsweg

570 Mit der *erfolgten Lieferung im Sinne des FOB A2* (und mit Ausnahme der in B3 genannten Sonderumstände des Verlusts oder der Beschädigung) findet zeitgleich auch der Gefahrübergang für Verlust und Schäden am Transportgut auf den Käufer statt. Für die „Lieferung nach FOB A2" wird die Verladung an Bord eines Schiffes vorausgesetzt. Die Gefahr des Verlusts oder der Beschädigung der Ware geht damit über, wenn die Ware an Bord des Schiffs gelangt, also im Ladevorgang auf die Planken gesetzt oder auf dem Ladedeck abgesetzt wird.

571 FOB B3 regelt, dass der Gefahrübergang mit dem Zeitpunkt der Lieferung (im Sinne von FOB A2) auf den Käufer erfolgt.

Die Gefahr geht vor der Lieferung auf den Käufer über, wenn

- der Käufer die nach FOB B10 nötige Benachrichtigung über das bezeichnete Schiff unterlässt, FOB B3 Buchst. a,
- oder nach FOB B3 Buchst. b das vom Käufer benannte Schiff nicht rechtzeitig eintrifft, um es dem Verkäufer zu ermöglichen, seine Pflichten entsprechend A2 zu erfüllen,
- oder das Schiff die Ware nicht übernehmen kann, oder es schon vor der gemäß B10 festgesetzten Zeit keine Ladung mehr annimmt.

1. Gefahrübergang vor Verladung?

572 Wenn die Mitwirkung des Käufers ausbleibt, kann der Gefahrübergang auch unabhängig vom Vollzug der dem V obliegenden Lieferung nach FOB A2 eintreten. Dazu kommen die näheren Umstände, die FOB B3 aufzählt, in Betracht.

Ein Punkt ist auf jeden Fall immer zu erfüllen; er wird in FOB B3 im allerletzten Satzteil genannt. Handelt es sich beim Transportgut um eine Gattungsware, musste die für den Käufer bestimmte Ware klar als Vertragsware spezifiziert und damit ausgesondert gewesen sein. Nach FOB B3 wird vorausgesetzt, dass die Ware eindeutig als die vertragliche Ware kenntlich gemacht wurde. Diese Voraussetzung kann im vorliegenden Fallbeispiel als erfüllt angenommen werden.

Der Gefahrübergang auf den Käufer kann also bereits *mit Ablauf des vorgesehenen Lieferzeitpunkts oder der vereinbarten Lieferfrist stattfinden.* Mit der erfolgten Lieferung im Sinne des FOB A2 und (mit Ausnahme der in FOB B3 genannten Sonderumstände) findet zeitgleich auch der Gefahrübergang für Verlust und Schäden am Transportgut auf den Käufer statt. **573**

Da es nach FOB A2 auf die „Lieferung" des Verkäufers und damit auf den Gefahrübergang ankommt – und weniger auf die „Übernahme", muss der Verkäufer entlastet werden können, wenn der von K organisierte Schiffsladeraum die gelieferte Ware nicht übernehmen kann. Hier muss es genügen, dass die „Übernahme" des Käufers ermöglicht wird, auch wenn sie erst verspätet eintritt. Das ist dann aber nicht in der Risikosphäre des V. **574**

Der Käufer muss daher die Ware bezahlen (Preisgefahr), wenn sie nach „Lieferung" des V (FOB A2) beschädigt wird, verloren geht oder sonst wie abhandenkommt (Transportgefahr; hierzu auch Art. 66 CISG). **575**

FOB A8 belässt nur einen Teil des Risikos (Verpackung usw.) beim Verkäufer, sodass dieser für die Schadensfolgen einer Sorgfaltspflichtverletzung bei unsachgemäßer und nicht transportgerechter Verpackung selber einzutreten hat. Auch letzterer Grundsatz folgt Art. 66 CISG: Danach wird der Käufer von der Wirkung des Gefahrübergangs befreit, wenn Untergang oder Beschädigung der Ware auf eine Handlung oder Unterlassung des Verkäufers zurückzuführen sind. Dies ist im vorliegenden Beispiel aber nicht der Fall. **576**

2. Ergebnis

K ist für den Schaden verantwortlich. **577**

Fall 70: Verantwortung für die Ausfuhrabfertigung

578 *Der Kaufvertrag von V und K sieht eine Warenlieferung „FOB Rostock Incoterms 2020" für eine Warenlieferung nach Sankt Petersburg vor.*

V ist der Ansicht, dass er mit „FOB" nur Verantwortung bis zur Verladung an Bord des Schiffes verantwortlich ist und sich um sonstige Regularien für die Ausfuhr nicht kümmern müsse.

Zu Recht?

Lösungsweg

579 FOB A7/B7 erlegen den Vertragsparteien des Kaufvertrages die Verantwortung dafür auf, sich um behördliche Formalitäten und Genehmigungen, Sicherheitsfreigaben und eine Warenkontrolle vor Verladung zu kümmern, die – vorausgesetzt, es liegen überhaupt Ausfuhr und Einfuhr vor (daher die Formulierung in A7/B7: „gegebenenfalls…") – für diese notwendig sind. Im vorliegenden Beispiel sind die Voraussetzungen zu erfüllen.

1. Ausfuhrabfertigung

580 Die Erledigung von Ausfuhr- und Einfuhrabfertigung sind daher Bestandteil der Verpflichtung zur Lieferung (FOB A2) und der Übernahme der Ware (FOB B2). Anders gesagt: Jegliche behördliche Genehmigung oder sonstige Formalitäten, die nicht der Erfüllung des Kaufvertrages und damit der Erfüllung der Verpflichtungen aus A2 und B2 dienen, unterfallen auch nicht der Verpflichtung nach A7/B7.

581 Da die Genehmigungsanforderungen und sonstigen behördlichen Voraussetzungen vom jeweiligen Ausfuhr-, Transit- oder Einfuhrland abhängig sind, wie FOB A7/B7 ebenfalls formulieren, kann die konkrete Verpflichtung der Parteien (und die jeweilige Kostentragung für die Ausfuhr-/Einfuhrabfertigung) nach FOB A7 und B7 sich nur anhand des konkret zu beurteilenden Sachverhalts im Einzelfall feststellen lassen.

582 FOB A7 und B7 nennen des Weiteren die konkrete Durchführung oder Beschaffungspflicht (falls erforderlich) von Warenkontrollen und Sicherheitsfreigaben sowie die Befolgung von Sicherheitsanforderungen.

2. Ergebnis

583 V verstößt gegen grundsätzliche Verpflichtungen in der Warenausfuhr (AWG/AWV) sowie gegen seine Pflichten nach FOB A7, wenn er sich nicht um die notwendigen Ausfuhrformalitäten kümmert.

Fall 71: Beförderungskosten

Der Kaufvertrag von V und K sieht eine Warenlieferung „FOB Rostock Incoterms 2020" für eine Warenlieferung nach Amsterdam vor. K beauftragt die Reederei R mit dem Seetransport und bemerkt, dass im Beförderungsvertrag, den R mit K abschließt, der Begriff f.o.b. Beförderungspreis verwendet wird, dem die Begriffe „free in/free in LSD" hinzugefügt sind. **584**

K fragt, was dies für ihn zu bedeuten hat.

Lösungsweg

1. Kosten nach FOB A9/B9

Der Verkäufer muss: **585**

a) bis zur Lieferung gemäß A2 alle die Ware betreffenden Kosten tragen, ausgenommen die gemäß B9 vom Käufer zu tragenden Kosten;

b) die Kosten für die Erbringung des üblichen Nachweises für den Käufer gemäß A6 tragen, aus dem hervorgeht, dass die Ware geliefert wurde;

c) gegebenenfalls Zölle, Steuern und sonstige Kosten für die Ausfuhrabfertigung gemäß A7(a) tragen; und

d) dem Käufer alle Kosten und Gebühren erstatten, die dem Käufer durch die Unterstützung bei der Beschaffung der erforderlichen Dokumente und Informationen gemäß B7(a) entstanden sind.

Der Käufer muss: **586**

a) alle die Ware betreffenden Kosten ab dem Zeitpunkt der Lieferung gemäß A2 tragen, mit Ausnahme der gemäß A9 vom Verkäufer zu übernehmenden Kosten;

b) dem Verkäufer alle Kosten und Gebühren erstatten, die dem Verkäufer durch die Unterstützung bei der Beschaffung der erforderlichen Dokumente und Informationen gemäß A4, A5, A6 und A7(b) entstanden sind;

c) gegebenenfalls Zölle, Steuern und sonstige Kosten in Zusammenhang mit der Transit- oder Einfuhrabfertigung gemäß B7(b) zahlen; und

d) alle zusätzlichen Kosten übernehmen, die entweder dadurch entstehen, dass:

   i. der Käufer es versäumt hat, eine Benachrichtigung gemäß B10 zu erteilen, oder

   ii. das vom Käufer gemäß B10 benannte Schiff nicht rechtzeitig eintrifft, die Ware nicht übernimmt oder schon vor dem gemäß B10 mitgeteilten Zeitpunkt keine Ladung mehr annimmt;

vorausgesetzt, die Ware wurde eindeutig als die vertragliche Ware kenntlich gemacht.

2. Kosten nach f.o.b.

587 Seefrachtführer verwenden in ihren Beförderungsbedingungen Abkürzungen innerhalb des Beförderungspreises, die häufig mit f.o.b. bezeichnet werden. Dabei steht f.o.b. für die Aussage *„paid for by the buyer"* und bezeichnet eine *Kostenpflicht des Käufers*, die dieser als Vertragspartner des Seetransporteurs aus dem Beförderungsvertrag zu tragen hat.

Diese Kostenpflicht aus Beförderungsvertrag hat also nichts mit dem FOB-Begriff der Incoterms zu tun, die als *Lieferbedingung ein Bestandteil des Kaufvertrags zwischen Verkäufer und Käufer* sind!

588 Es gibt unterschiedliche Kostenkomponenten, die den Auftraggeber des Seetransporteurs (hier also K) im Rahmen von f.o.b. treffen können, beginnend vom *Terminaltransport bis zur Verladung* (vgl. Fallbeispiel 68) über die reine Beladung, den Umschlag an Bord oder Stauen und Sichern. Zumindest die letztgenannten Kosten „LSD= Lashed, Stunned and Dunnaged", für die der Ablader (V) nach Verbringen der Ware an Bord nicht mehr verantwortlich ist, treffen den K also unter f.o.b., sofern im Beförderungsvertrag mit R nicht noch weitere Komponenten vereinbart sind.

Fall 72: FOB und Transportschäden

Die deutsche Käuferin K erwarb bei der deutschen Verkäuferin V Motoren für die Heckklappen von Kraftfahrzeugen, „FOB Hong Kong Incoterms". 589

Hergestellt wurden die Motoren von der Herstellerin H in Hongkong. Insgesamt fünf Paletten mit diesen Motoren wurden Anfang November 2013 von Hongkong per Luftfracht zum Flughafen Stuttgart und von dort zur Endabnehmerin, der Empfängerin E in Deutschland, transportiert. Die Motoren kamen bei E beschädigt an.

Der deutsche Spediteur (S) stellte der K Frachtkosten in Höhe von 6.339,88 Euro in Rechnung. Umgekehrt nahm K den Spediteur wegen der Transportschäden auf Schadensersatz in Anspruch.

K begründet den Schadensersatzanspruch damit, dass sie die Spedition mit dem Transport der Motoren von Hongkong zur deutschen Endabnehmerin E beauftragt habe.

Der beklagte Spediteur entgegnete, er sei mit dem Transport nicht beauftragt worden, sodass er für die Beschädigung der Motoren nicht hafte. Er habe lediglich für den beauftragten Spediteur mit Sitz in Hongkong die Luftfrachtkosten gegenüber K abgerechnet und eingezogen.

Lösungsweg

Gegen den Spediteur S kann ein Schadensersatzanspruch der K wegen Transportschäden begründet sein, wenn ein Frachtvertrag zwischen K und S zustande kam. 590

1. Vertragspartner des Beförderungsvertrages

Im vom OLG München in letzter Instanz entschiedenen Fall blieb diese Klage der K erfolglos. 591

Hierzu führte das Gericht zunächst aus, die Klägerin (K) habe *nicht beweisen können*, dass K den deutschen Spediteur (S) mit der Ausführung des Lufttransportes der Sendung von Hong Kong nach Stuttgart beauftragt habe. *K konnte keinen Transportauftrag an S vorlegen*. Die von K vorgelegten Frachtratenvereinbarungen belegen zwar, dass die S Frachtraten für etwaige Transporte von Hongkong nach Deutschland *angeboten* hatte. Aus diesen Dokumenten ergab sich aber in keiner Weise ein konkreter Transportauftrag, und die S war auch nicht verpflichtet, etwaige Transporte von Hongkong nach Deutschland in Auftrag zu geben.

Auch die Beweisaufnahme durch Vernehmung der Mitarbeiter der Versicherungsnehmerin und des S als Zeugen konnte einen geschäftlichen Kontakt mit S vor Beginn des Lufttransportes nicht bestätigen. Vielmehr sprach das Ergebnis der Beweisaufnahme eher dafür, *dass der in Hong Kong ansässige Spediteur* G. W. Ltd., 592 der demselben Konzern angehört wie der deutsche Spediteur S, von dem Lieferanten V beauftragt wurde.

Auch der Umstand, dass der S die Luftfrachtkosten an K abrechnete, belege keinen in Deutschland abgeschlossenen Frachtvertrag. Die Abrechnung und Einziehung der Frachtkosten sei nur aufgrund der in den „Shipper's Letter of Instructions" enthaltenen Bemerkung „Freight Collect" erfolgt.

2. FOB und Frachtvertrag

593 Auch die Vereinbarung „FOB Hong Kong Incoterms " belege nach Ansicht des OLG keinen Frachtvertrag zwischen K und S.

Soweit die Parteien darauf verweisen, es sei „FOB Hongkong Incoterms" vereinbart gewesen, ergibt sich aus den *Regeln zu FOB keine Verpflichtung des Verkäufers gegenüber dem Käufer, einen Beförderungsvertrag abzuschließen*. Wenn es *der Käufer aber verlange* oder es in der Handelspraxis üblich sei, könne der Verkäufer zu üblichen Bedingungen den Beförderungsvertrag auf Gefahr und Kosten des Käufers abschließen.

594 Daraus lässt sich aber weder zwingend folgern, dass im konkreten Fall die Lieferantin V in Hong Kong noch die K tatsächlich einen Transportauftrag erteilt hat. Was die Handelspraxis oder der Pflichtenkreis des Käufers gewesen wäre, ist dabei ohne Belang. Auch wenn eigentlich die K zum Abschluss des Beförderungsvertrags im Verhältnis zur Verkäuferin V verpflichtet war, bedeute dies nicht, dass sie dieser Pflicht auch nachgekommen sei, so das OLG aaO.

595 Wenn Verkäufer und Käufer im Handelsgeschäft die Lieferkondition „FOB Incoterms" vereinbaren, sollten sie daher immer auch *eindeutig festlegen*, wer von beiden in wessen Namen und auf wessen Rechnung bei welchem Spediteur den See- oder Lufttransport vom Abgangs-(flug-)-hafen zum Lieferort in Auftrag gibt.

3. Ergebnis

596 Im Ergebnis ist daher der Anspruch der K auf Schadensersatz gegen S nicht begründet, da es keinen Beförderungsvertrag zwischen S und K gab.

597 *OLG München (Leitsatz)*: Stellt der Frachtführer einem anderen Unternehmen einen bestimmten Transport in Rechnung, stellt dies *ein gewisses Indiz* dafür dar, dass es zwischen ihm und dem Unternehmen einen Vertragsschluss über den Transport gegeben haben könnte; im Falle der Geltendmachung von Transportschäden durch den „Auftraggeber" genügt dies aber weder als Beweis eines entsprechenden Vertragsschlusses noch als ausreichendes Dokument, um dem Frachtführer die Darlegungs- und Beweislast für das Gegenteil aufzubürden.

10. CFR Kosten und Fracht (Bestimmungshafen)

Der Verkäufer prüft, ob 598

- *er bereit ist, die Ware an Bord eines Schiffes in einem Verschiffungshafen zu verbringen,*
- *die Kosten und Fracht bis zum Bestimmungshafen (Entladekosten nur, wenn im Beförderungsvertrag so vorgesehen)*
- *und die Gefahr bis zu diesem Moment zu tragen,*
- *den Beförderungsvertrag abzuschließen oder einen solchen Vertrag zu beschaffen,*
- *und die Ausfuhrabfertigung vorzunehmen.*
- *Der Verkäufer muss dem Käufer „übliche" Transportdokumente zur Verfügung stellen, die – nur bei Bedarf oder bei entsprechender Verabredung mit dem Käufer – die Funktion des Traditions- und Inhaberpapiers erfüllen müssen.*

Besonderheiten:

Falls die Ware dem Frachtführer übergeben wird, bevor sie sich auf dem Schiff befindet (z.B. bei Containern, die an Terminals geliefert werden), nicht CFR, sondern CPT.

Falls der Verkäufer die Ware auch versichern muss, nicht CFR, sondern CIF.

Der Käufer prüft, ob

- *er bereit ist, alle Kosten (außer den Kosten der für die Ausfuhr notwendigen Formalitäten und Abgaben) ab Lieferung der Ware im Bestimmungshafen*
- *sowie die Gefahr ab Lieferung der Ware an Bord des Schiffes im Verschiffungshafen zu tragen.*
- *Entladekosten trägt er nur, wenn diese gemäß Beförderungsvertrag nicht vom Verkäufer übernommen werden.*
- *Schließlich muss der Käufer bereit sein, die Einfuhrabfertigung durchzuführen*
- *und gegebenenfalls in der Lage sein, bei einem innerhalb der Gemeinschaft endenden Beförderungsvertrag die innergemeinschaftlichen Beförderungskosten getrennt auszuweisen und bei der Zollwertanmeldung als Abzug geltend zu machen.*

Anwendung der Klausel CFR

599 Die Klausel CFR ist ausschließlich für den Transport mit Seeschiffen oder Binnenschiffen geeignet. Sie wird im *herkömmlichen* Seetransport oder Binnenschiffstransport eingesetzt und eignet sich für den Containerverkehr per Schiff nur ausnahmsweise. Die Klausel CFR entspricht – mit Ausnahme des Bestandteils zur Versicherung in CIF – der Klausel CIF.

600 Bei Nutzung der Klausel „Kosten und Fracht" liefert der Verkäufer die Ware an den Käufer

- an Bord des Schiffs
- oder er beschafft die bereits so gelieferte Ware.

Dabei hat der Verkäufer seine *Lieferpflicht* erfüllt, wenn er die Ware dem Frachtführer in der gemäß CFR bestimmten Weise übergibt und nicht erst, wenn die Ware den Käufer am Bestimmungsort / im Bestimmungshafen erreicht. Obwohl man im Vertrag stets den Bestimmungshafen angibt, wird unter Umständen darauf verzichtet, den Verschiffungshafen festzulegen, in dem der Gefahrenübergang auf den Käufer erfolgt. Falls der Verschiffungshafen für den Käufer von besonderer Bedeutung ist, z.B. weil sich der Käufer vergewissern möchte, ob der Frachtanteil im Preis angemessen ist, sind die Parteien gut beraten, diesen Verschiffungshafen im Vertrag so genau wie möglich zu bezeichnen.

601 Die Gefahr des Verlusts oder der Beschädigung der Ware geht über, sobald sich die Ware an Bord des Schiffs befindet, womit der Verkäufer seine Verpflichtung zur Lieferung der Ware erfüllt hat, unabhängig davon, ob die betreffende Ware in einwandfreiem Zustand, in der angegebenen Qualität oder überhaupt an ihrem Bestimmungsort eintrifft. Es kommt daher nur auf die Verladung an Bord (Abstellen auf dem Deck) an. Bei Wahl der Klausel CFR hat der Verkäufer gegenüber dem Käufer keinerlei Verpflichtung, entsprechenden Versicherungsschutz zu erwerben: Der Käufer wäre daher gut beraten, selbst eine passende Versicherung abzuschließen.

602 CFR verpflichtet den Verkäufer, die Ware gegebenenfalls zur Ausfuhr freizumachen. Jedoch hat der Verkäufer keine Verpflichtung, die Ware zur Einfuhr oder Durchfuhr durch Drittländer freizumachen, Einfuhrzölle zu zahlen oder Einfuhrzollformalitäten zu erledigen.

Der Verkäufer hat den Beförderungsvertrag abzuschließen oder zu „beschaffen". Das „Beschaffen" eines Beförderungsvertrages ist auf hintereinander geschaltete Käufe in einer Geschäftskette abgestellt („string sales"), wie sie vor allem im Rohstoffhandel vorkommen

603 Die Klausel CFR kann unangebracht sein, wenn die Ware dem Frachtführer übergeben wird, bevor sie sich auf dem Schiff befindet, z.B. bei in Containern beförderter Ware, welche üblicherweise schon am Terminal (ab)geliefert werden muss – und nicht vom Ablader / Verkäufer aufs Schiff verladen werden kann. Unter solchen Umständen sollte anstelle von CFR die Klausel CPT verwendet werden.

An sich sollen die Klauseln *CFR und CIF im Containertransportverkehr nicht eingesetzt werden*. Passen können sie allerdings dennoch unter der engen Voraussetzung, dass die im Container befindliche Ware im Bestimmungshafen *zum Zweck der Ablieferung an den Käufer aus dem Container entladen werden muss* oder auch dann, wenn der volle Container dem Käufer im Bestimmungshafen zur Weiterbeförderung übergeben wird.

Fall 73: Verbringung an Bord des Transportschiffes

604 *Verkäufer (V) und Käufer (K) verabreden eine Warenlieferung „CFR Bordeaux, Incoterms 2020". Bei Verladung der Ware an Bord des Schiffes reißt ein Transportseil, sodass die am Haken hängende Ware aus mehreren Metern Höhe in die Ladeluke des Schiffes fällt.*

V ist der Ansicht, dass er für diesen Schaden keine Verantwortung trage, da mit der „Verladung" die Verschiffung im Sinne der CFR-Klausel bereits erfolgt sei.

K dagegen ist der Ansicht, dass der verursachte Schaden von V zu tragen sei, weil die Ware noch nicht ordnungsgemäß an Bord verbracht gewesen sei, sondern stattdessen vom Kran herabstürzte.

Wie ist die Rechtslage?

Lösungsweg

1. Pflichten des Verkäufers

605 Grundsätzlich ist es die Pflicht des Verkäufers nach CFR A2, die Ware zu liefern, indem er sie im Verschiffungshafen an Bord des Schiffes „verbringt".

Bis zu diesem Moment trägt er nach CFR A3 auch die Gefahr der Beschädigung oder des Verlusts. Dabei stellt sich bei den Verladeklauseln FOB, CFR und CIF stets dieselbe Frage: Was ist mit „Verbringen" eigentlich gemeint?

2. Verladung

606 Es ist eine Besonderheit – seit einer Neuformulierung, die es erstmals in den älteren Incoterms 2010 gab –, dass nicht mehr – wie in alten Textversionen der Incoterms – „das Überschreiten der Schiffs Reling" („passing the ship's rail") festgeschrieben ist. Stattdessen wird die „Lieferung nach A2" vorausgesetzt, also die *Verladung an Bord eines Schiffes*. Nach der „alten" Incoterms Klausel „FOB" (alle Textversionen vor der Neuformulierung des FOB-Begriffs in 2010) wäre tatsächlich V aus seiner Verantwortung befreit gewesen, da die Ware bereits am Kran hing und der Schaden oberhalb des Schiffs eintrat.

607 Nach der Neufassung des FOB-Begriffs in den Incoterms 2010, der sich auch in den Incoterms 2020 wiederfindet, geht die Gefahr des Verlusts oder der Beschädigung der Ware auf den Käufer über, wenn *die Ware an Bord des Schiffs gelangt, also im Ladevorgang auf die Planken gesetzt oder auf dem Ladedeck abgesetzt wird*. Dabei wird davon ausgegangen, dass das Absetzen der Ware an Deck oder in der Ladeluke so sorgfältig erfolgt, dass die Ware keinen Schaden davonträgt. Ein Sturz vom Kran genügt den Anforderungen jedenfalls nicht.

Wird also die Ware, wie hier im Fall, während des Ladevorgangs beschädigt, geht dies zulasten des Verkäufers.

Hinweis: Zu beachten ist noch, dass der Verkäufer gegebenenfalls in der *im Hafen üblichen Weise* zu liefern hat. Sieht der Hafenbrauch beispielsweise vor, dass die Ware bereits an Land entgegengenommen wird, gehen spätere Ladekosten ab dem Übernahmeplatz zulasten der Seefracht, sodass der Verkäufer hierfür dann nicht mehr verantwortlich ist, sondern der Käufer für diese Kosten aufkommen muss. **608**

Fall 74: Stückgut und Container

609 *Verkäufer (V) und Käufer (K) verabreden eine Warenlieferung „CFR Bremen, Incoterms 2020". Bei der Lieferung handelt es sich um mehrere Chargen südfranzösischen Rotweins, die als Stückgut in mittelgroßen seefesten Holzkisten per LKW zum Verschiffungshafen Bordeaux transportiert wird.*

Bei der jüngsten Lieferung besteht K darauf, dass die Holzkisten in Container umgeladen und nur auf diese Weise auf den Seeweg gehen sollen. Da dies aufseiten des V zu deutlich höheren Kosten führt, fragt er, ob er aufgrund der bestehenden Lieferbedingung, in der keine Rede von einer Containerverladung ist, trotzdem dazu verpflichtet sei.

Lösungsweg

1. Pflicht zur Verpackung

610 Es ist ein charakteristisches Merkmal der CFR-Klausel, dass sie vom Grundsatz her nicht für den Containerverkehr vorgesehen ist. Schon aus diesem Grund allein kann K aus der Vereinbarung *„CFR Bremen, Incoterms 2020"* keine Pflicht des V herleiten, zusätzliche Kosten für die Verladung der Stückgutfracht in Container zu übernehmen.

611 Das wichtigste Argument zugunsten des V findet sich in der Incoterms-Regel CFR A8 Absatz 2, die aussagt:

- Der Verkäufer hat auf eigene Kosten die Ware zu verpacken, es sei denn, es ist handelsüblich, die jeweilige Art der verkauften Ware unverpackt zu transportieren.
- Der Verkäufer muss die Ware in der für ihren Transport geeigneten Weise verpacken und kennzeichnen, es sei denn, die Parteien haben genaue Verpackungs- oder Kennzeichnungsanforderungen vereinbart.

612 Im vorliegenden Fall hat V dafür gesorgt, dass die Stückgutfracht in seefesten Holzkisten auf den Transportweg gebracht wird. Damit erfüllt er die an ihn durch CFR A8 Absatz 2 gestellte Anforderung.

Da K sich auf die vertragliche Vereinbarung *„CFR Bremen, Incoterms 2020"* eingelassen und im Moment der Vertragsvereinbarung auch keine spezifische Anforderung an die Verpackung im Container gestellt hatte, sondern diese Forderung erst später erhob, kann er die Übernahme der Kosten für die Containerisierung nicht dem V aufbürden.

2. Grundsätze zur Verpackung

613 In der „Einführung zu den Incoterms 2010" gibt es weitere Hinweise zur Verpackung, die sich allerdings im neuen Textbuch der Incoterms 2020 nicht befin-

den. Die ältere Textversion erläutert den Begriff „Verpackung" und untermauert damit das oben bereits gefundene Ergebnis. Der Begriff „Verpackung" wird danach für verschiedene Zwecke verwendet:

- Die Verpackung der Ware entsprechend der vertraglichen Vereinbarungen.
- Die Verpackung der Ware, sodass *diese transportfähig* ist.
- Das Verstauen der verpackten Ware innerhalb des Containers oder eines anderen Transportmittels.

Dabei stellt diese „Einführung" eindeutig klar, dass die Incoterms sich bei dem Begriff „Verpackung" nur auf die ersten beiden Punkte beziehen. Die Verpackungsverpflichtung stellt daher **614**

- *auf die transportbedingten Verpackungsanforderungen und Bedürfnisse ab,*
- sodass *weitergehende Aspekte* wie etwa die Haltbarkeit der Ware (wie hier: Rotwein in Holzkisten) oder der Werterhalt der Ware (dies sind Kriterien nach Art. 35 CISG, dazu unten) usw. *nicht zu* den Kriterien der Incoterms-Regel *CFR A8 gehören.*

Die Incoterms behandeln daher auch *keine Verpflichtung der Parteien zur Verstauung innerhalb eines Containers*. Bei Bedarf sollten die Vertragsparteien daher Entsprechendes ausdrücklich in ihrem Kaufvertrag regeln.

Kriterien nach Art. 35 CISG **615**

Der weitergehende Aspekt, der sich in Art. 35 Abs. 2 Buchst. d CISG findet („Verpackung in der für Ware dieser Art üblichen Weise oder, falls es eine solche Weise nicht gibt, in einer für die Erhaltung und den Schutz der Ware angemessenen Weise"), kann nur herangezogen werden, wenn die Vertragsparteien keine andere Vereinbarung getroffen haben (vgl. Art. 6 CISG), was aber mit Verabredung einer Incoterms-Klausel grundsätzlich geschieht und sich in der Anwendung der Incoterms-Regel A8 zeigt.

3. Ergebnis

Im Ergebnis ergibt sich keine Verpflichtung des V, die Ware in Container umzupacken, da dies weder vertraglich verabredet ist noch sich aus CFR A8 oder aus sonstigen Kriterien herleiten lässt. **616**

Fall 75: Verschiffungs- oder Bestimmungshafen?

617 *Ein deutsches Unternehmen (V) liefert eine Ware an den Käufer (K) in die USA und verabredet – irrtümlich – wie folgt: „Die Lieferung erfolgt CFR Hamburg Incoterms 2020".*

V verwechselte bei Festlegung dieser Lieferbedingung den Verschiffungshafen (Hamburg) und die für die CFR-Klausel eigentlich korrekte Ortsbenennung, den Bestimmungshafen in den USA.

Ist dies für die Abwicklung des Geschäfts problematisch, insbesondere wenn es auf dem Seetransport zu einem Schaden kommt?

Lösungsweg

1. Verschiffungshafen

618 Der Verschiffungshafen ist der Ort, an dem der Gefahrübergang stattfindet. In der Praxis ist es meist so, dass bei Vereinbarung der Incoterms Klausel CFR – mit zusätzlicher Benennung eines Hafens – immer *nur der Bestimmungshafen genannt* wird, *an dem der Kostenübergang stattfindet*.

Es fehlt in diesen Fällen damit dann eine präzise Festlegung des Ortes, an dem der Gefahrübergang stattfindet.

619 Kommt es den Vertragsparteien also auch darauf an, exakt festzulegen, an welcher Stelle (im Verschiffungshafen, hier Hamburg) der Gefahrübergang vom Verkäufer auf den Käufer erfolgen soll, dann ist – neben Vereinbarung der Klausel CFR mit dem benanntem Bestimmungshafen – zusätzlich auch der Verschiffungshafen (einschließlich der möglichst genauen Bezeichnung der Stelle, an der der Verkäufer „liefert") zu bezeichnen.

620 Dies ist hier aber erkennbar nicht geschehen, da V lediglich die Begrifflichkeiten verwechselt hat beziehungsweise nicht wusste, dass bei der CFR-Klausel grundsätzlich ein Bestimmungshafen angegeben werden sollte, wie sich aus CFR A2 und vor allem A6, schließlich aber auch aus der Verantwortung für den Abschluss des Beförderungsvertrages ergibt, CFR A4.

2. Auswirkung auf die Gefahrtragung

621 Ist die Verwechslung problematisch? Nein. Die Benennung des Bestimmungshafens legt lediglich vertraglich fest, bis zu welchem Zielort / Platz / Stelle / Hafen der V die Kosten nach A9 (und bei CIF zusätzlich auch noch die Versicherungskosten) zu tragen hat.

Wenn V bei der Transportabwicklung alles richtig macht, also sowohl den Transportauftrag erteilt, die Ware an Bord eines Schiffes verlädt und die Kosten nach CFR A9 trägt, ist alles in Ordnung.

Für den wohl wichtigeren Aspekt der „Risiko- / Gefahrtragung" spielt die Verwechslung der Begriffe keine Rolle. Der Gefahrübergang geschieht mit der „Lieferung an Bord eines Schiffes" im Verschiffungshafen; der Bestimmungsort / Hafen spielt für den Gefahrübergang keine Rolle. Kommt es also während des Seetransports zu einem Schaden, liegt dieser in der Risikosphäre des K, da der Gefahrübergang auf K gemäß CFR B3 mit der „Lieferung" (also ab Verladung im Verschiffungshafen) erfolgte. **622**

Fall 76: Gefahrübergang bei mehreren Frachtführern im Seetransport

623 *Ein deutscher Importeur (K) bestellt eine Warenlieferung bei Verkäufer (V) mit Sitz in Hongkong, CFR Hamburg Incoterms 2020. Der Seetransport wird, was K nicht bewusst war, von V üblicherweise wie folgt abgewickelt: Zuerst wird die Ware auf einem Zubringerschiff bis Shanghai transportiert und erst dort, nach einer Umladung, auf den Weg nach Hamburg gebracht.*

So geschieht es auch in diesem Fall. Auf dem Teilstück der Seereise von Hongkong nach Shanghai kommt es witterungsbedingt zu einer erheblichen Beschädigung der Ware, sodass K die Abnahme bei Eintreffen in Hamburg verweigert. K ist der Ansicht, dass er nur für „richtigen" Seetransport, also die Strecke Shanghai–Hamburg das Risiko zu tragen hatte. Zu Recht?

Lösungsweg

1. Gefahrübergang bei CFR

624 K kann die Abnahme (und Bezahlung) der Ware nur verweigern, wenn die Verladung des V auf das Zubringerschiff noch nicht zum Gefahrübergang nach CFR A3 führte, sondern wenn dies erst nach der Umladung in Shanghai der Fall war. CFR A3 legt fest: „Der Verkäufer trägt bis zur Lieferung gemäß A2 alle Risiken des Verlusts oder der Beschädigung der Ware, mit Ausnahme von Verlust oder Beschädigung unter den in B3 beschriebenen Umständen."

625 Für die Problematik, dass eine Beförderung der Ware von mehreren Frachtführern durchgeführt wird, die jeweils unterschiedliche Teilstrecken des Seetransports übernehmen, z.B. zuerst durch einen Frachtführer, der das Zubringerschiff von Hongkong nach Shanghai betreibt, woraufhin der Weitertransport von Shanghai nach Hamburg durch ein Seeschiff übernommen wird, ergibt sich die Frage, ob der Gefahrenübergang vom Verkäufer auf den Käufer in Hongkong *oder* Shanghai stattfindet.

626 Die Antwort ist anhängig von der Beantwortung der Frage, wo der von den Parteien festgelegte „Lieferort" ist. Der Lieferort lässt sich ermitteln,

- wenn die Parteien diesen Punkt im Kaufvertrag geregelt haben. Diese Vereinbarung fehlt im vorliegenden Fall aber.
- Wenn keine derartige vertragliche Regelung getroffen wurde, gilt die herkömmliche Sichtweise, gemäß der der Gefahrenübergang auf den Käufer bei *Lieferung der Ware an den ersten Frachtführer erfolgt*. Dies bedeutet, dass mangels Festlegung eines Lieferortes (der aus Sicht des V vorteilhafterweise in Shanghai hätte sein können) der Gefahrübergang bereits bei Verladung auf das erste Seeschiff erfolgte, also in Hongkong, wodurch sich der Zeitraum verlängerte, in dem der Käufer die Verlust- oder Schadensgefahr trägt.

2. Ergebnis

Bei Einschaltung mehrerer Seefrachtführer geschieht der Gefahrübergang nach CFR A3 – mangels anderweitiger vertraglicher Parteivereinbarung – im Moment der Lieferung der Ware an Bord des ersten Schiffes. *K muss also den Schaden der Lieferung tragen*. **627**

Wollen die Vertragspartner, auch wenn sie CFR vereinbaren, eine andere Lösung erreichen, müssen sie dies ausdrücklich dadurch tun, dass sie

- entweder den „Lieferort" ausdrücklich festlegen, weil an diesem auch der „Gefahrübergang" erfolgt,
- oder indem sie von vornherein regeln, an welchem Ort / zu welcher Zeit der Gefahrübergang von V auf K erfolgen soll.

Fall 77: Seetransport mit Frachtbrief

628 *Verkäufer V liefert eine Ware an ein verbundenes Unternehmen (K) in den USA und hat als Lieferbedingung für die Vertragsabwicklung „CFR Wilhelmshaven Incoterms 2020" vereinbart. Aufgrund der entsprechenden Zahlungsbedingung hat K bereits Vorkasse geleistet.*

Aus Kostengründen bittet V die Reederei bei Verladung der Ware in Wilhelmshaven, anstelle eines Konnossements (3-facher Originale-Satz) einen einfachen Seefrachtbrief auszustellen.

Genügt dieses Transportpapier den Anforderungen von CFR?

Lösungsweg

629 Nach CFR A6 besteht eine Verpflichtung des Verkäufers darin, dem Käufer auf eigene Kosten und auf geeignete Weise nachzuweisen, dass er die Lieferung bewirkt hat. Sofern sich keine anderen Anhaltspunkte ergeben, die auf ein bestimmtes Lieferdokument schließen lassen, muss der Verkäufer dem Käufer das übliche Dokument („usual proof") zum Nachweis der erbrachten Lieferung beschaffen.

- Das Transportdokument muss über die vertraglich vereinbarte Ware lauten,
- ein innerhalb der für die Verschiffung vereinbarten Frist liegendes Datum tragen,
- den Käufer berechtigen, die Herausgabe der Ware im Bestimmungshafen von dem Frachtführer zu verlangen,
- und mangels anderer Vereinbarung dem Käufer ermöglichen, die Ware während des Transports an einen nachfolgenden Käufer durch Übertragung des Dokuments oder durch Mitteilung an den Frachtführer zu verkaufen.

1. Transportpapier: Konnossement

630 Eine derartige Voraussetzung erfüllt das Konnossement, das als begebbares Dokument in mehreren Originalen ausgestellt wird. Wenn der Verkäufer als Transportdokument ein Konnossement erhalten hat, muss er dieses dem Käufer weiterreichen, da dieser es (als Inhaberpapier) dafür benötigt, die Ware im Bestimmungshafen vom Frachtführer heraus zu verlangen.

631 Wenn das Konnossement in mehreren Originalen ausgestellt wird, muss der Verkäufer dem Käufer den vollständigen Satz übergeben, CFR A6 Abs. 3. Bei Abwicklung des Zahlungsverkehrs in dokumentärer Form (also durch Dokumentenakkreditiv oder Dokumenteninkasso) ist daher stets auch die Zahlung nur gegen Vorlage des vollständigen Dokumentensatzes bei der Zahlstellenbank möglich.

2. Seefrachtbrief

Fraglich ist, ob auch ein Seefrachtbrief die an das Transportpapier gestellten Anforderungen von CFR A6 erfüllen kann. Es ist üblich, einen Seefrachtbrief anstelle eines Konnossements zu verwenden, wenn 632

- der Empfänger *die Ware vor Versand der Ware bereits bezahlt* hat.
- Ein Seefrachtbrief anstelle eines Konnossements wird auch dann oft verwendet, wenn dem Verlader *der Empfänger der Ladung bekannt* ist, z.B. beim Versand zwischen verbundenen Unternehmen, oder wenn ein hohes Maß an Vertrauen zwischen dem Verlader und dem Empfänger besteht.
- Seefrachtbriefe sind auch vorteilhaft, wenn während des Transports kein Verkauf der Ladung zu erwarten ist, denn dafür wird ein Inhaberpapier benötigt (also ein Konnossement). Auf diese Weise wird die Ware direkt an den benannten Empfänger versandt, was Zeit und (Kurier-) Kosten erspart.

Wenn also keine Veräußerung schwimmender Ware vorgesehen ist, kann ein Seefrachtbrief genügen, da er kein Inhaberpapier ist und damit nicht in der Lage ist, ein Eigentumsrecht nachzuweisen und einen Eigentumsübergang an Ware zu bewirken. So ergibt sich aus § 526 HGB: „(1) Der Verfrachter kann, sofern er nicht ein Konnossement ausgestellt hat, einen Seefrachtbrief ausstellen.... (2) Der Seefrachtbrief dient bis zum Beweis des Gegenteils als Nachweis für Abschluss und Inhalt des Stückgutfrachtvertrages sowie für die Übernahme des Gutes durch den Verfrachter." 633

Daraus ergibt sich, dass der Seefrachtbrief zwei Funktionen hat:

- Er dient zum Nachweis eines Beförderungsvertrages
- und er ist zugleich eine Quittung für Fracht (zwischen Spediteur und Verlader).

3. Ergebnis

CFR A6 Absatz 2 sieht beide Lösungsmöglichkeiten vor. Mit der Formulierung „sofern es nicht anders vereinbart wurde" wird die Möglichkeit eröffnet, den Transport auch mit einem Seefrachtbrief durchzuführen, ohne dass sich an den Grundprinzipien (Gefahrtragung, Kostenregelung...) von CFR etwas ändert. 634

Fall 78: CFR + Extra-Versicherung?

635 *Verkäufer V liefert eine Ware an K in den USA und hat als Lieferbedingung für die Vertragsabwicklung „CFR Wilhelmshaven Incoterms 2020" vereinbart.*

V liefert nur selten aus, weil Käufer seiner Produkte normalerweise zu seinem Lager kommen und verkaufte Waren hier abholen. Wenn V ausnahmsweise einmal ausliefert, schließt er nur Einzel-Transportversicherungen ab.

Im vorliegenden Fall überlegt er nun, ob er eine Einzeltransportversicherung bis zum Verschiffungshafen einschließlich Verladung oder eine Gesamtversicherung bis zum Bestimmungshafen oder sogar bis zum Endabnehmer (Sitz des K) abschließen soll.

Was ist zu empfehlen?

Lösungsweg

1. Versicherung bei CFR

636 Hinsichtlich des Versicherungsvertrages erlegen CFR A5 und B5 keiner der Parteien eine Versicherungspflicht auf. Da bei CFR aber die Ware ab dem Lieferort auf das Risiko des Käufers transportiert wird (dazu B3), liegt es im Interesse des K, das Transportrisiko zu versichern.

Umgekehrt verpflichtet A3 den Verkäufer dazu, *Risiken des Transports bis zum Lieferort* zu tragen, sodass der Verkäufer ein Interesse daran haben muss, bis zum Lieferort eine Transportversicherung zu haben. Die liegt bei V jedenfalls vor.

637 Daher werden bei derartigen Liefergeschäften eigentlich im Grunde zwei Transportrisikoversicherungen benötigt:

- für den Verkäufer eine bis zum CFR-Lieferort im Verschiffungshafen,
- für den Käufer eine ab CFR-Lieferort.

Dies ist jedoch kaum zweckmäßig, wenn im Schadensfall nicht genau feststellbar ist, *in welchem Moment ein schädigendes Ereignis eingetreten ist* und die Vertragsparteien letztlich darunter leiden, dass zwei eigenständige Versicherungen eine Versicherungspflicht mangels Beweisbarkeit eines Schadenseintritts ablehnen oder zumindest lange herauszögern.

2. Ergebnis

638 Sinnvoll ist es daher, für den gesamten Zeitraum des Gütertransports einen *durchgehenden Versicherungsschutz* zu vereinbaren und im Rahmen der Kaufpreisverhandlungen darüber zu sprechen, *wie die zu zahlende Versicherungsprämie*, die die den Vertrag abschließende Partei zu zahlen hat, *sinnvoll geteilt werden kann.*

(Der Unterschied zu CIF besteht darin, dass bei CIF auf jeden Fall der V die Kosten der Transportversicherung tragen müsste, CIF A6).

Die vertragliche Vereinbarung zum Abschluss der Versicherung (und der Kostentragung) muss dann im Kaufvertrag der Vertragsparteien gesondert – ausdrücklich – erfolgen, da sich dies nicht aus CFR ergibt.

11. CIF Kosten, Versicherung und Fracht (Bestimmungshafen)

639 ***Der Verkäufer prüft, ob***

- *er bereit ist, die Ware an Bord eines Schiffes in einem Verschiffungshafen zu verbringen,*
- *die Kosten und Fracht bis zum Bestimmungshafen (Entladekosten nur, wenn im Beförderungsvertrag so vorgesehen)*
- *und die Gefahr bis zu diesem Moment zu tragen,*
- *den Beförderungsvertrag abzuschließen oder einen solchen Vertrag zu beschaffen,*
- *eine Transportversicherung (Mindestdeckung genügt)*
- *und die die Ausfuhrabfertigung vorzunehmen.*
- *Der Verkäufer muss dem Käufer „übliche" Transportdokumente zur Verfügung stellen, die – nur bei Bedarf oder bei entsprechender Verabredung mit dem Käufer – die Funktion des Traditions- und Inhaberpapiers erfüllen müssen.*

Besonderheiten:

Falls die Ware dem Frachtführer übergeben wird, bevor sie sich auf dem Schiff befindet (z.B. bei Containern, die an Terminals geliefert werden), nicht CIF, sondern CIP.

Falls der Verkäufer die Ware nicht versichern muss, nicht CIF, sondern CFR.

Der Käufer prüft, ob

- *er bereit ist, alle Kosten (außer den Kosten der für die Ausfuhr notwendigen Formalitäten und Abgaben) ab Lieferung der Ware im Bestimmungshafen*
- *sowie die Gefahr ab Lieferung der Ware an Bord des Schiffes im Verschiffungshafen zu tragen.*
- *Entladekosten trägt er nur, wenn diese gemäß Beförderungsvertrag nicht vom Verkäufer übernommen werden.*
- *Schließlich muss der Käufer bereit sein, die Einfuhrabfertigung durchzuführen*
- *und gegebenenfalls in der Lage sein, bei einem innerhalb der Gemeinschaft endenden Beförderungsvertrag die innergemeinschaftlichen Beförderungskosten getrennt auszuweisen und bei der Zollwertanmeldung als Abzug geltend zu machen.*

- *Wichtig ist, dass der Käufer die Versicherungsbedingungen kennt, da der Verkäufer nur verpflichtet ist, eine Mindestdeckung zu vereinbaren. Dann kann der Käufer gegebenenfalls für einen höheren Versicherungsschutz sorgen.*

Anwendung der Klausel CIF

Die Klausel CIF ist ausschließlich für den Transport mit Seeschiffen oder Binnenschiffen geeignet. Sie wird im *herkömmlichen* Seetransport oder Binnenschiffstransport eingesetzt und eignet sich für den Containerverkehr per Schiff nur ausnahmsweise. Die Klausel CIF entspricht – zuzüglich des in CIF enthaltenen Bestandteils zur Versicherung – der Klausel CFR. **640**

Soll eine Lieferbedingung gefunden werden, bei der die Grundsätze der Klausel FOB um die vom Verkäufer zu tragenden Fracht- und Versicherungskosten ergänzt werden, erreicht man den Regelungsinhalt der Klausel CIF.

Bei Nutzung der Klausel „Kosten, Versicherung und Fracht" liefert der Verkäufer die Ware an den Käufer **641**

- an Bord des Schiffs
- oder er verschafft die bereits so gelieferte Ware.

Die *Gefahr* des Verlusts oder der Beschädigung der Ware geht über, sobald sich die Ware an Bord des Schiffs befindet, womit der Verkäufer seine Verpflichtung zur Lieferung der Ware erfüllt hat, unabhängig davon, ob die betreffende Ware in einwandfreiem Zustand, in der angegebenen Qualität oder überhaupt an ihrem Bestimmungsort eintrifft.

Der Verkäufer muss ebenfalls einen *Versicherungsvertrag* für die auf den Käufer übergehende Gefahr des Verlusts oder der Beschädigung der Ware während des Transports vom Verschiffungshafen mindestens bis zum Bestimmungshafen abschließen. Dies kann zu Problemen führen, wenn das Bestimmungsland vorschreibt, dass der Versicherungsschutz in diesem Land erworben werden muss: In diesem Fall sollten die Parteien in Betracht ziehen, unter der Klausel CFR zu verkaufen bzw. zu kaufen. Der Käufer sollte ebenfalls bedenken, dass der Verkäufer unter der Klausel CIF der Incoterms 2020 nur für einen eingeschränkten Versicherungsschutz sorgen muss, um die Bedingungen der Klausel (C) der Institute Cargo Clauses oder einer ähnlichen Klausel zu erfüllen, wohingegen die Klausel (A) der Institute Cargo Clauses einen umfassenderen Versicherungsschutz vorsieht. Den Parteien steht jedoch auch die Möglichkeit offen, einen höheren Versicherungsschutz zu vereinbaren. **642**

Der Verkäufer hat den *Beförderungsvertrag* abzuschließen und die Kosten und die Fracht, die für die Beförderung der Ware zum benannten Bestimmungshafen erforderlich sind, zu tragen. **643**

CIF verpflichtet den Verkäufer, die Ware gegebenenfalls zur *Ausfuhr freizumachen*. Jedoch hat der Verkäufer keine Verpflichtung, die Ware zur Einfuhr oder Durchfuhr durch Drittländer freizumachen, Einfuhrzölle zu zahlen oder Einfuhrzollformalitäten zu erledigen.

Fall 79: Richtige Versicherung?

Das norddeutsche Kieswerk V will Kies und Sand für den Bau eines Autotunnels an den Abnehmer K in Norwegen liefern. Der Schiffstransport ist ab Bremerhaven vorgesehen; für den Liefervertrag beabsichtigt V, mit K die Incoterms-Klausel „CIF Oslo Incoterms 2020" zu vereinbaren. V ist sich unsicher, ob diese Klausel für sein Schüttgut geeignet ist. **644**

Lösungsweg

1. Eignung der CIF-Klausel für Schüttgut

Die Klausel „CIF Incoterms 2020" bedeutet, dass V auf seine Kosten die Ware an **645** Bord eines Schiffes liefern muss, welches er zur Beförderung der Ware zum benannten Bestimmungshafen ausgewählt hat. V muss den Warentransport auch versichern. Gefahren- und Kostenübergang erfolgen bei CIF an verschiedenen Orten.

Die Klausel CIF kann für Schüttgut angewendet werden, also für eine Warenliefe- **646** rung, die nicht in Containern erfolgt, wobei das Schüttgut vom Transportmittel des Verkäufers oder aus Anlagen des Abgangshafens direkt auf das Schiff verladen und vom Käufer im Entladehafen direkt vom Schiff entgegengenommen wird.

Bei in Containern versandter Ware würde ohnehin eine Bereitstellung der Ware **647** üblicherweise nicht an Bord eines Schiffes, sondern es würde eine Übergabe an einem Hafenterminal erfolgen. Daher wäre bei in Containern versandter Ware die Klausel CIF nicht geeignet, sondern es wäre besser, in diesen Fällen CFR zu vereinbaren.

2. Versicherungspflicht des Verkäufers

CIF A5 verpflichtet V, einen Versicherungsvertrag abzuschließen, der K vor der Ge- **648** fahr des Verlusts oder der Beschädigung der Ware während des Transports schützt. Dabei ist V nur verpflichtet, eine Versicherung mit Mindestdeckung abzuschließen.

CIF A5 regelt dies wie folgt: „Sofern nicht anders vereinbart oder handelsüblich, **649** hat der Verkäufer auf eigene Kosten eine Transportversicherung abzuschließen, die der vorgeschriebenen Deckungshöhe gemäß den Klauseln (C) der Institute Cargo Clauses (LMA/IUA) oder ähnlichen Klauseln entspricht. Die Versicherung ist bei Einzelversicherern oder Versicherungsgesellschaften mit einwandfreiem Leumund abzuschließen und muss den Käufer oder jede andere Person mit einem versicherbaren Interesse an der Ware berechtigen, Ansprüche direkt bei dem Versicherer geltend zu machen".

650 Der Verkäufer muss also auf seine Kosten eine Transportversicherung abschließen, die den Käufer oder eine andere Person mit versichertem Interesse an den Gütern berechtigt, direkt beim Versicherer Ansprüche geltend zu machen. Die Versicherung muss bei *zulässigen* und *zuverlässigen* Versicherern oder Versicherungsgesellschaften mit einwandfreiem Ruf abgeschlossen werden.

651 Grundsätzlich haben die Parteien die Möglichkeit, den Umfang der Versicherung vertraglich zu vereinbaren. Fehlt eine solche Absprache, gibt die Incoterms-Klausel CIF A5 Absatz 1 Satz 2 vor, dass eine Mindestdeckung gemäß Klausel C der „Institute Cargo Clauses" oder einem ähnlichen Bedingungswerk erforderlich ist.

652 Die sogenannten „Institute Cargo Clauses" sind die von der „International Underwriting Association of London" (IUA) herausgegebenen Versicherungsbedingungen, Police Formen und Transportversicherungsverträge, die vor allem im Seetransport und Landtransport nutzbar sind.

Die „Institute Cargo Clauses" haben drei Kategorien:

- *Klauseltyp „A"* gewährt den umfangreichsten Versicherungsschutz („all risks"),
- *Klauseltyp „B"* versichert nur die in der Versicherungspolice ausdrücklich genannten Risiken („named perils", zum Beispiel Überbordspülen, Seewasserschäden, Totalverluste ganzer Kolli beim Laden und Löschen)
- und *Klauseltyp „C"* bietet" einen nur eingeschränkten Mindestschutz für bestimmte Schadensereignisse wie etwa Große Havarie, Feuer, Strandung, Seebeben usw.

653 Zusätzlich – und zuvor einzelvertraglich unter den Parteien ausbedungen – können vereinbart werden:

- „Institute War Clauses" (Kriegsklausel),
- „Institute Strike Clauses" (Streikklausel),
- „Malicious Damage Clauses" (für mutwillige Beschädigung oder Zerstörung),
- „Institute Commodity Trade Clauses" usw.

3. Problematik des Versicherungsvertrages

654 Wenn der Verkäufer – ohne eigentliche Verpflichtung dazu – trotzdem daran interessiert ist, die Verantwortung für den Abschluss eines Versicherungsvertrags zu übernehmen, ist es für ihn möglicherweise vorteilhaft, dass sein Spediteur, mit dem er ja einen Transportvertrag schließt, sich zugleich auch um die Versicherung kümmert.

655 So lassen sich die Daten, die mit dem Transport zusammenhängen (Transportweg, Termine usw.) unmittelbar in Einklang mit den Grundlagen des Versicherungsvertrages bringen, was sich auf die Klarheit hinsichtlich der versicherten Sachverhalte wie auch der entstehenden Kosten positiv auswirken kann. Ein solches Vorgehen bietet sich immer dann an, wenn es um eine einzelne Lieferung geht, nicht jedoch, wenn eine Police viele Lieferungen umfassen soll.

Geprüft werden muss, ob es im Zielland des Transports rechtliche / gesetzliche Besonderheiten hinsichtlich der Versicherung und des Abschlusses von Versicherungsverträgen gibt. So kann im Ausland die Vorschrift bestehen, dass Beratungs- und Dienstleistungen (bis hin zu Vertragsabschlüssen) rund um das Versicherungswesen besonderen Kriterien unterliegen oder dass nur besonders qualifizierte Personen tätig werden dürfen, oder dass Verbote bestehen, die möglicherweise dazu führen können, dass die Vereinbarung der Versicherungspflicht über die CIF-Klausel gänzlich ungeeignet sein kann. **656**

4. Umfang der Versicherungspflicht

Die Incoterms-Klausel CIF sieht in der Regel A5 Absatz 2 vor, dass es *auf Verlangen des Käufers und auf dessen Kosten* möglich ist, den weitergehenden Versicherungsschutz nach Klauseltyp A oder B der „International Cargo Clauses" (oder ähnlicher Bedingungswerke) zu verabreden, sodass der Käufer einen weitreichenden Versicherungsschutz erreichen kann, *wenn er dies möchte.* **657**

Die Versicherung muss zumindest den im Vertrag genannten Preis zuzüglich zehn Prozent (d. h. 110 %) decken und in der Währung des Vertrags ausgestellt sein, CIF A5 Absatz 3. **658**

Werden Versicherungsverträge nicht auf der Basis der „Institute Cargo Clauses" geschlossen, sieht CIF A5 Absatz 1 die Möglichkeit vor, „any similar clauses" für den Abschluss eines Versicherungsvertrages zugrunde zu legen.

Ein ähnliches Bedingungswerk sind beispielsweise die von deutschen Transportversicherern genutzten DTV-Güterversicherungsbedingungen. Bei den „DTV-Güter 2000/2011" handelt es sich um eine unverbindliche Bekanntgabe von Versicherungsbedingungen des Gesamtverbandes der Deutschen Versicherungswirtschaft e.V.

Schließlich muss der Verkäufer dem Käufer die Versicherungspolice oder einen sonstigen Nachweis über den Versicherungsschutz übermitteln, und er muss dem Käufer jegliche Information über den Versicherungsschutz zugänglich machen, sodass der Käufer entscheiden kann, ob er zusätzlichen Versicherungsschutz wünscht oder sich eigenständig eindeckt. **659**

Fall 80: Versicherung des Beförderers

660 *Abwandlung des vorhergehenden Fallbeispiels: V möchte wissen, ob „CIF Oslo Incoterms 2020" ausschließlich ihn als Auftraggeber einer Versicherung verpflichte, oder ob es genüge, dass sein Transporteur versichert sei. Es müsse doch möglich sein, „zusätzliche" Kosten für ihn, V, zu vermeiden, wenn doch der Beförderer sowieso schon versichert sei.*

Ist diese Ansicht richtig?

Lösungsweg

1. Reichweite der Versicherung des Frachtführers

661 Frachtführer sind „versichert". Fraglich ist nur, was darunter zu verstehen ist. Hier sind „Frachtführer-Versicherung" und „Transportversicherung" zu trennen.

Unter der *Frachtführer-Versicherung* versteht man üblicherweise nur die Haftpflichtversicherung des Frachtführers für die Beförderung fremder Waren. In Deutschland ist die Frachtführerversicherung in § 7a GüKG (für Be- und Entladeort im Inland) geregelt. Danach besteht eine Versicherungspflicht, wenn Unternehmen gewerbsmäßig für Dritte Waren transportieren und dabei Fahrzeuge mit einem höheren zulässigen Gesamtgewicht als 3,5 Tonnen einsetzen. Wenn der Frachtführer also eine „Versicherung" hat, bedeutet dies nur, dass eine Haftpflichtversicherung nach anwendbarem Transportübereinkommen oder anwendbarem Transportrecht (in Deutschland also z.B. nach § 7a GüKG) besteht. Diese Versicherung bedeutet aber nicht, dass stets der volle Warenwert versichert ist oder dass auch Schäden versichert sind, für die der Frachtführer keine Haftung trägt.

662 Die Frachtführer-Haftungsversicherung übernimmt auch die Haftung als Straßenfrachtführer innerhalb Europas nach den nationalen Rechtsvorschriften der einzelnen europäischen Staaten, den marktüblichen und gesetzlich zulässigen allgemeinen Geschäftsbedingungen und dem Übereinkommen über den Beförderungsvertrag im internationalen Straßengüterverkehr (CMR). Der Haftpflichtschutz lässt sich bei Bedarf (und je nach Anbieter) auch auf Staaten außerhalb Europas ausweiten.

2. CIF-Versicherung

663 Bei der CIF-Klausel geht es daher nicht um die Frachtführer-Versicherung, sondern um die *Transportversicherung*. Sie wird von Unternehmen abgeschlossen, welche ihre eigenen Waren und Güter befördern möchten. Dabei ist es unerheblich, ob der Transport selbst oder von einem fremden Unternehmen durchgeführt wird. Zur *Haftung des Frachtführers* vergleiche im Übrigen auch den nachfolgenden Fall.

3. Ergebnis

Im Ergebnis erfordert daher die CIF-Klausel, dass V eine Versicherung mit einer Mindestdeckung abschließt, die unabhängig von der Haftpflichtversicherung des Frachtführers eingegangen wird. **664**

Fall 81: Haftung des Frachtführers

665 *Exporteur V und der spanische Importeur K schließen einen Warenliefervertrag, der die Lieferbedingung „CIF Barcelona Incoterms 2020" beinhaltet. Der Transportweg der Waren schließt Straßen- und Schiffstransport zur See mit ein.*

Es stellt sich bei beiden Geschäftspartnern die Frage, in welcher Weise, in welchem Umfang und innerhalb welchen Zeitraums der Frachtführer für Schäden aufzukommen hat und ob bestimmte Haftungsbeschränkungen zu beachten sind.

Lösungsweg

666 Es ist im vorangehenden Fall bereits auf die grundlegende Problematik der Incoterms-Klausel CIF hingewiesen worden. Wer eine Unterdeckung vermeiden möchte, muss über die Vereinbarung der „CIF"-Klausel hinausgehende Vereinbarungen zum Umfang der Versicherung treffen. Es stellt sich dann die Frage nach der Haftung des Frachtführers.

1. Haftung des Frachtführers

667 Der Warentransport wird häufig von mehreren Personen durchgeführt und die Ware geht durch mehrere Hände: So können Frachtführer nacheinander in den Warentransport eingebunden sein, und es sind (z.B. an Terminals) weitere Mitarbeiter, Helfer, Stauer, Tallymänner (Ladungskontrolleure) usw. tätig. Erreicht das Transportgut den Bestimmungshafen mit Beschädigungen, ist die Bestimmung des Schadensverursachers und seines Haftungsumfangs innerhalb der Lieferkette schwierig.

1.1 Vorbehalt im Transportdokument

668 Hat der Frachtführer bei Übernahme des Transportgutes einen Vorbehalt im Transportdokument vermerkt, weil beispielsweise die Verpackung nicht erscheint (z.B. nicht seefest), ist dieses Transportdokument „unrein". Bekanntestes Beispiel dafür ist das „unreine Konnossement" (unclean B/L): Ein solches wird mit einem Vermerk des Reeders über Ladungs- bzw. Verpackungsmängel ausgestellt. Soll der Reeder von Aufnahme eines Ladungsmangels im B/L absehen, kann er ein Revers des Abladers verlangen, der den Reeder von seiner Verantwortung befreit (letter of indemnity).

1.2 Sonstiger Haftungsausschluss

669 Neben einer unzureichenden Verpackung kann der Frachtführer Vorbehalte aussprechen wegen anderer Unzulänglichkeiten, die seine Haftung begrenzen oder ausschließen. Diese können besondere Umstände (z.B. die Ladung an Deck), die

Art des Schadens (z.B. Verspätung wegen Streiks, Unruhen, kriegerischen Konflikten usw.) oder auch andere Ursachen betreffen (z.B. ein durch Dritte verursachter Unfall). Treten derartige Umstände dann ein, kann der Frachtführer oder seine um Schadensregulierung gebetene Versicherung die Haftung verweigern.

2. Internationale Abkommen und Verkehrsart

Je nach Verkehrsart sind im Übrigen internationale Übereinkommen zu berücksichtigen, die Haftungsregelungen enthalten, die *Rechte und Pflichten der Vertragsparteien eines Beförderungsvertrages* festlegen und die Haftung des Frachtführers betragsmäßig begrenzen. Die jeweiligen Details sind abhängig von der Beförderungsart des in Frage stehenden Gütertransports, wie nachstehend am Beispiel von Straßen- und Seetransport dargestellt wird. **670**

2.1 Straßentransport

Anwendbar ist das CMR, Art 17 bis 31, 34 und 40. Die Haftungsbeschränkung für den Verlust und Schäden am Transportgut ist auf 8,33 SZR/kg beschränkt. Das Sonderziehungsrecht, abgekürzt SZR, ist eine Recheneinheit des Internationalen Währungsfonds (= IWF bzw. IMF = International Monetary Fund). Es enthält feste Beträge der vier wichtigsten Weltwährungen US Dollar, Euro, Yen und britisches Pfund; der Kurs wird täglich neu festgesetzt. Manche Haftungslimits werden auf der Basis von SZR angegeben. 1 Sonderziehungsrecht entsprach beispielsweise am 15.04.2020 einem Betrag von 1,2534 EUR (8,33 SZR = 10,44 EUR). So ist die Haftung des Frachtführers bei Güterschäden sowohl nach dem HGB für den nationalen Verkehr als auch nach den CMR im internationalen Verkehr grundsätzlich auf 8,33 Sonderziehungsrechte pro Kilogramm des Rohgewichts der Sendung begrenzt. **671**

672

Haftungsdauer:	Ab Übernahme bis zur Auslieferung
Haftungsumfang:	• Güterschäden (Verlust, Beschädigung) • Verspätungsschäden • Reine Vermögensschäden
Haftungsgrenzen:	• Güterschäden: Wert des Gutes, max. 8,33 SZR pro kg • Lieferfristüberschreitung: Bis zur Höhe der Fracht • Nachnahmefehler: Bis zur Höhe der Nachnahme • Sonstige Vermögensschäden: nur unter der Voraussetzung der Art. 24, 26 und 29 CMR
Änderung der Haftungsgrenzen:	• Deklaration des Wertes • Deklaration des Interesses
Aufhebung der Haftungsgrenzen:	• Vorsatz, Verweis auf nationales Recht • Bewusste Leichtfertigkeit (im Bewusstsein, dass der Schaden mit Wahrscheinlichkeit eintreten werde)

Wichtigste Haftungsausschlüsse	• Unabwendbares Ereignis • Verpackungs-/Kennzeichnungsfehler, Be- und Entladefehler des Auftraggebers
Mängelrügefristen:	• Äußerlich erkennbare Mängel: Sofort bei Ablieferung • Nicht erkennbare Mängel: 7 Tage nach Ablieferung • Lieferfristüberschreitung: 21 Tage nach Ablieferung
Verjährung:	• 1 Jahr im Regelfall • 3 Jahre bei Vorsatz/bewusster Leichtfertigkeit • Die schriftliche Geltendmachung des Anspruchs hemmt die Verjährung
Besonderheiten:	• Keine Abdingbarkeit durch Vereinbarungen • Keine Versicherungspflicht • Ersatzwert ist der Wert des Gutes am Ort und zur Zeit der Übernahme zur Beförderung (Börsen-, Marktpreis, gemeiner Wert)

2.2 Seetransport

673 Hier sind meist die Hague-Visby Regeln anzuwenden. Die Haftungsbeschränkung für Verlust und Schäden beträgt 666,67 SZR pro Einheit oder 2 SZR pro kg. Die Benachrichtigung über den Verlust des Transportguts muss unverzüglich, die Benachrichtigung über Schäden innerhalb von 3 Tagen erfolgen. Die Verjährung beträgt 1 Jahr.

Anhang

Glossar A–Z

A

Akkreditiv 674

siehe unter: **Dokumentenakkreditiv**

Aktive Veredelung 675

Die aktive Veredelung ist ein Zollverfahren mit wirtschaftlicher Bedeutung, welches es ermöglicht, Nichtgemeinschaftswaren ohne Abgabenbelastung zum Zwecke der Veredelung in das Zollgebiet der Gemeinschaft einzuführen. Voraussetzung ist u.a., dass die aus den eingeführten Waren hergestellten Erzeugnisse grundsätzlich in ein Drittland exportiert werden müssen.

Akzept 676

Durch das Akzept des Importeurs (oder aber durch dessen Bank) wird ein Handelswechsel, den der Exporteur seiner Exportrechnung beifügt und dem Importeur zur Unterschrift (das „Akzept") vorlegt, zu einem eigenständigen, abstrakten Zahlungsversprechen, das der Exporteur beschleunigt und vereinfacht durchsetzen kann.

Alternative Streitbeilegung 677

Verfahren, bei dem Streitigkeiten zwischen den Außenhandelspartnern nicht vor einem ordentlichen (staatlichen Gericht), sondern stattdessen entweder vor einem (privaten) Schiedsgericht oder aber im Wege der Mediation gelöst werden.

Anwendbares Recht 678

Im grenzüberschreitenden Geschäftsverkehr stellt sich immer die Frage, nach welchem nationalen Recht sich die gegenseitigen Verpflichtungen der Geschäftspartner bestimmen. Es kann ein Recht gewählt werden („es gilt deutsches Recht"). Falls dies versäumt wird, gilt in der Regel das Recht des Exporteurs.

ATLAS (Automatisiertes Tarif- und Lokales Zoll-Abwicklungs-System) 679

Das Bundesministerium der Finanzen stellt für die deutsche Zollverwaltung mit dem IT-Verfahren ATLAS die Voraussetzungen für die weitgehend automatisierte Abfertigung und Überwachung des grenzüberschreitenden Warenverkehrs zur Verfügung.

A.TR. 680

Präferenznachweis im Warenverkehr mit der Türkei, Nachweis der Freiverkehrseigenschaft einer Ware (kein Ursprungsnachweis!).

681 **Ausfuhr**

Körperliches Verbringen einer Ware in ein Land außerhalb des Europäischen Binnenmarktes.

682 **Ausreichende Be- oder Verarbeitung**

Eine Be- oder Verarbeitung ist immer dann ausreichend, also ursprungsbegründend, wenn die genau definierten Ursprungsregeln der Verarbeitungsliste eingehalten werden. Eine Minimalbehandlung kann nie eine ausreichende Be- oder Verarbeitung sein.

B

683 **Bankgarantie**

siehe **Garantie**

684 **Be- oder Verarbeitung**

Ohne Be- oder Verarbeitung in der EU kann grundsätzlich kein Präferenzursprung EU eines Erzeugnisses erreicht werden. Der reine Handel mit einer Ware ohne Ursprung, und sei die Wertsteigerung in der EU noch so hoch, führt nie zum Präferenzursprung der Ware. Ebenso verleiht die Überführung in den zoll- und steuerrechtlich freien Verkehr (d.h. die Zahlung der Zölle und anderen Einfuhrabgaben) nie dazu, dass die Präferenzursprungseigenschaft einer Ware begründet wird. Es handelt sich in diesem Fall nur um eine Ware des zollrechtlich freien Verkehrs (sog. Gemeinschaftsware), für die ggf. eine Präferenz im Rahmen einer Zollunion in Anspruch genommen werden könnte (z.B. Ausfuhr mit A.TR. in die Türkei).

685 **Beförderungsvertrag**

Nach Art. 32 Abs. 2 CISG hat der Verkäufer die Beförderungsverträge abzuschließen, wenn er nach den Bestimmungen des Kaufvertrages dazu verpflichtet ist. Bei CIF und CFR (ausnahmsweise auch FCA und FOB) sehen die Bestimmungen in A4 vor, dass der Verkäufer die Versendung an einen bestimmten Ort zu veranlassen hat. Damit stellt Art. 32 Abs. 2 CISG klar, dass immer dann, wenn der Verkäufer auch für die Beförderung der Ware zu sorgen hat, der Abschluss des Beförderungsvertrages noch Teil seiner Lieferpflicht ist, und zwar immer auch unabhängig davon, wer die Kosten der Beförderung zu tragen hat. Da der Verkäufer zumindest für den Beförderungsvertrag „zu sorgen" hat („...procure a contract..."), liegt die Durchführung des Transports nicht in seinem Verantwortungsbereich. – Der Vertrag soll zu „üblichen" Bedingungen geschlossen werden, was sich vor allem auf das gewählte Beförderungsmittel und die Haftung bezieht.

Der Verkäufer darf Dritte einschalten, trägt aber die Verantwortung noch solange, wie der Dritte (z.B. ein Spediteur) Pflichten wahrnimmt, die eigentlich den Verkäufer treffen (z.B. Organisation der Verschiffung einer Ware, wenn CIF vereinbart wurde). Anders ist es nur, wenn der Spediteur „erster Beförderer" im Sinne des

Art. 31a und Art. 67 Abs. 1 Satz 1 CISG ist und dann mit Übergabe an diesen Beförderer die Lieferpflicht erfüllt ist.

Befreiung vom Präferenznachweis 686

Grundsätzlich ist der Präferenzursprung einer Ware förmlich nachzuweisen (siehe Nachweisprinzip). Ausnahmen von diesem Ursprungsnachweis bestehen nur für Kleinsendungen und persönliches Reisegepäck nichtkommerzieller Art bis zu bestimmten Wertgrenzen.

Bietungsgarantie 687

Wird bei ausländischen öffentlichen Ausschreibungen von der ausschreibenden Stelle verlangt, zur Absicherung von etwaigen Schäden, falls der Bietende – nach Zuschlag – sein Gebot nicht erfüllt.

C

C-Gruppe 688

In der Praxis genutzter Begriff zur Kategorisierung der Incoterms-Klauseln (CIF, CIP, CFR, CPT). Diese Gruppe nennt man auch die Gruppe der „Zweipunktklauseln“, da der Kostenübergang und der Gefahrübergang zu unterschiedlichen Zeiten erfolgen. Zuerst muss der Verkäufer den Beförderungsvertrag auf seine Kosten abschließen; der Gefahrübergang erfolgt, sobald die Ware an den Frachtführer übergeben wurde.

Die Klauseln der C-Gruppe betreffen den Haupttransport, aber nur, wenn er vom Verkäufer bezahlt wird. Der Verkäufer wird ein Interesse am Einsatz einer Klausel der C-Gruppe haben, wenn er den Transport deutlich günstiger in Auftrag geben kann (z.B. Ausnutzen von Mengenrabatt), es die Devisenbestimmungen erfordern oder er den Einsatz von Transportmitteln des Exportlandes einfach nur bevorzugt (sog. „cif- Exportieren“).

Der Verkäufer zahlt entweder nur Kosten und Fracht (CFR) bis zum benannten Bestimmungshafen oder Kosten, Versicherung und Fracht (CIF) bis zum benannten Bestimmungshafen. Mit Klausel CPT („frachtfrei“) übernimmt der Verkäufer die Bezahlung des Haupttransports sogar bis zu einem benannten Bestimmungsort, wobei hier eventuell zusätzlich auch noch die Versicherungsprämie vom Verkäufer getragen wird (CIP), also „frachtfrei versichert“.

Gefahr- und Kostenübergang fallen bei allen C-Klauseln auseinander, weshalb sie auch Zweipunktklauseln genannt werden. Zuerst muss der Verkäufer den Beförderungsvertrag auf seine Kosten abschließen; der Gefahrübergang erfolgt, sobald die Ware an den Frachtführer übergeben wurde. Die Klauseln der C-Gruppe sind Absende-Verträge, da der Verkäufer seine vertraglichen Verpflichtungen im Versand- oder Verschiffungsland erfüllt.

689

CFR

Die Incoterms-Klausel CFR Kosten und Fracht ist ausschließlich für den Transport mit Seeschiffen oder Binnenschiffen geeignet. Sie wird im *herkömmlichen* Seetransport oder Binnenschiffstransport eingesetzt und eignet sich für den Containerverkehr per Schiff nur ausnahmsweise. Die Klausel CFR entspricht – mit Ausnahme des Bestandteils zur Versicherung in CIF – der Klausel CIF. – „Kosten und Fracht" bedeutet, dass der Verkäufer die Ware an Bord des Schiffs liefert oder die Ware in einem bereits für den Bestimmungsort verschiffungsbereiten Zustand besorgt. Dabei hat der Verkäufer seine *Lieferpflicht* erfüllt, wenn er die Ware dem Frachtführer in der gemäß CFR bestimmten Weise übergibt und nicht erst, wenn die Ware den Käufer am Bestimmungsort erreicht.

Die Gefahr des Verlusts oder der Beschädigung der Ware geht über, wenn die Ware an Bord des Schiffs im Verschiffungshafen gelangt. Es kommt daher nur auf die Verladung an Bord (Abstellen auf dem Deck) an. Der Verkäufer hat den Beförderungsvertrag abzuschließen oder zu „besorgen". Das „Besorgen" eines Beförderungsvertrages ist auf hintereinander geschaltete Käufe in einer Geschäftskette abgestellt („string sales"), wie sie vor allem im Rohstoffhandel vorkommen. Der Verkäufer muss die Kosten und die Fracht, die für die Beförderung der Ware zum benannten Bestimmungshafen erforderlich sind, tragen.

690

CIF

Die Incoterms-Klausel CIF Kosten, Versicherung und Fracht ist ausschließlich für den Transport mit Seeschiffen oder Binnenschiffen geeignet. Sie wird im *herkömmlichen* Seetransport oder Binnenschiffstransport eingesetzt und eignet sich für den Containerverkehr per Schiff nur ausnahmsweise. Die Klausel CIF entspricht – zuzüglich des in CIF enthaltenen Bestandteils zur Versicherung – der Klausel CFR. Soll eine Lieferbedingung gefunden werden, bei der die Grundsätze der Klausel FOB um die vom Verkäufer zu tragenden Fracht- und Versicherungskosten ergänzt werden, erreicht man den Regelungsinhalt der Klausel CIF. Also ist die Klausel CIF dann richtig eingesetzt, wenn der Verkäufer die Ware an Bord des Schiffs liefert oder die bereits derart gelieferte Ware besorgt. Zudem geht die Gefahr des Verlusts oder der Beschädigung der Ware über, wenn die Ware *an Bord* des Schiffs gelangt. Der Verkäufer hat den Beförderungsvertrag abzuschließen und die Kosten und die Fracht, die für die Beförderung der Ware zum benannten Bestimmungshafen erforderlich sind, zu tragen.

Zusätzlich muss der Verkäufer einen Versicherungsvertrag abschließen, der den Käufer vor der Gefahr des Verlusts oder der Beschädigung der Ware während des Transports schützt. Der Verkäufer ist verpflichtet, eine *Versicherung mit Mindestdeckung* abzuschließen. Sollte der Käufer einen höheren Versicherungsschutz wünschen, müsste er dieses entweder ausdrücklich mit dem Verkäufer vereinbaren oder eigene zusätzliche Versicherungsvorkehrungen treffen.

691

CIP

Die Incoterms-Klausel CIP Frachtfrei Versichert eignet sich für Geschäfte, bei denen die Ware auf Gefahr des Käufers, aber auf Kosten des Verkäufers zum benannten

Bestimmungsort transportiert werden soll. Der Lieferort ist nicht fest bestimmt, sondern er befindet sich dort, wo das Transportgut dem (ersten) Frachtführer übergeben wird. Anders als die Klausel CPT legt die Klausel CIP zusätzlich noch fest, dass den Verkäufer die Pflicht zur Versicherung der Transportware trifft. Eine weitergehende Regelung insbesondere bezogen auf den Umfang der Versicherungsdeckung trifft die Klausel aber nicht, da nur eine Minimumdeckung (beispielsweise nach Klausel C der „Institute Cargo Clauses" o.ä.) erforderlich ist. Mit Ausnahme der Versicherungspflicht sind die beiden Klauseln CIP und CPT hinsichtlich der Verpflichtungen der Parteien in A1 bis A10 und B1 bis B10 weitgehend identisch.

Die Klausel CIP ist dann die richtige Lieferbedingung für die Parteien, wenn *zusätzlich* zur in der Klausel CPT getroffenen Liefervereinbarung auch eine Regelung hinsichtlich der Versicherung getroffen werden soll und der Verkäufer dafür verantwortlich ist, auch die Transportversicherung gegen die vom Käufer getragene Gefahr des Verlusts oder der Beschädigung der Ware während der Beförderung zu beschaffen. Der Verkäufer ist bei CIP zur Versicherung mit einer Maximalabdeckung verpflichtet, solange die Parteien es in ihrem Vertrag nicht ausdrücklich anders vereinbart haben. Wenn der Käufer einen Versicherungsschutz mit niedrigerer Deckung wünscht, muss er dies entweder ausdrücklich mit dem Verkäufer vereinbaren oder aber eigene zusätzliche Versicherungen abschließen.

CISG **692**

UN-Convention on the International Sale of Goods. Gleichzeitig die Abkürzung für ein seit 1991 in Deutschland geltendes Gesetz („Gesetz zum internationalen Warenkauf"), das auf die UN-Konvention zum internationalen Warenkauf zurückgeht und derzeit in 91 Staaten weltweit Geltung hat. Sie ist heute die wesentliche Grundlage des internationalen Kaufgeschäftsverkehrs.

Nach Art. 1 Abs. 1 CISG gilt: „Dieses Übereinkommen ist auf Kaufverträge über Waren zwischen Parteien anzuwenden, die *ihre Niederlassung in verschiedenen Staaten* haben." Es kommt also darauf an, dass die Vertragsparteien ihre Niederlassung in verschiedenen Staaten haben (internationaler Aspekt); hinsichtlich der Ware genügt dagegen ein einfacher Kaufvertrag (also auch ein nationaler Kauf, sodass die Ware keine Ländergrenze überschreiten muss).

Artikel 2 CISG: „Dieses Übereinkommen findet keine Anwendung auf den Kauf (a) von Ware für den persönlichen Gebrauch oder den Gebrauch in der Familie oder im Haushalt, es sei denn, dass der Verkäufer vor oder bei Vertragsabschluss weder wusste noch wissen musste, dass die Ware für einen solchen Gebrauch gekauft wurde, (b) bei Versteigerungen, (c) aufgrund von Zwangsvollstreckung – oder anderen gerichtlichen Maßnahmen, (d) von Wertpapieren oder Zahlungsmitteln, (e) von Seeschiffen, Binnenschiffen, Luftkissenfahrzeugen oder Luftfahrzeugen, (f) von elektrischer Energie." Schließlich stellt Art. 3 Abs. 2 CISG klar: „Dieses Übereinkommen ist auf Verträge nicht anzuwenden, bei denen der überwiegende Teil der Pflichten der Partei, welche die Ware liefert, in der Ausführung von Arbeiten oder anderen Dienstleistungen besteht."

693 **CPT**

Die Incoterms-Klausel CPT Frachtfrei bedeutet, dass der Verkäufer die Ware dem von ihm benannten Frachtführer oder einer anderen Person an einem Lieferort, sofern ein solcher vereinbart wurde, liefert und ihm die Ware übergibt, wobei der Verkäufer jedoch zusätzlich die Frachtkosten zu tragen hat, die erforderlich sind, um die Ware bis zum benannten Bestimmungsort zu befördern. – „Frachtführer" ist, wer sich durch einen Beförderungsvertrag verpflichtet, die Beförderung auf der Schiene, Straße, in der Luft, zur See, mit einem Binnenschiff oder in einer Kombination von Transportarten durchzuführen oder durchführen zu lassen. Werden mehrere aufeinander folgende Frachtführer für die Beförderung zum benannten Bestimmungsort eingesetzt, geht die Gefahr auf den Käufer über, sobald die Ware dem ersten Frachtführer übergeben worden ist. Erster Frachtführer ist derjenige, der die Ware selbst oder durch einen Subunternehmer als erster übernimmt. Aufeinander folgende Frachtführer sind im internationalen Rechtsverkehr geläufig. – Die Klausel CPT weist zwei kritische Punkte auf, da der Gefahrübergang vom Verkäufer auf den Käufer einerseits und die Kostentragungspflicht andererseits an verschiedenen Orten stattfinden, beziehungsweise übergehen. Daher muss bei Einsatz der Klausel CPT unbedingt darauf geachtet werden, dass bei Abschluss der Lieferbedingung der Lieferort genau bestimmt wird, da dies der Platz ist, an dem die Ware dem (ersten) Frachtführer übergeben wird und zugleich der Gefahrübergang vom Verkäufer auf den Käufer stattfindet, und der Bestimmungsort genau bestimmt wird, da der Verkäufer diese präzise Angabe für den Abschluss des Beförderungsvertrages benötigt. Außerdem entscheidet der Bestimmungsort über den Kostenübergang zwischen den Parteien.

694 **Codenummer**

11-stellige Zahl im Elektronischen Zolltarif (siehe auch „Position", „Harmonisiertes System", „Kapitel").

D

695 **D-Gruppe**

In der Praxis genutzter Begriff zur Kategorisierung der Incoterms-Klauseln (DAP, DPU, DDP). Hier verbleiben Kosten und Risiken aufseiten des Verkäufers, bis die Ware im benannten Bestimmungsland bzw. an einem benannten Bestimmungsort eintrifft. D-Klauseln nennt man daher auch „Ankunftsklauseln". Die drei Klauseln der D-Gruppe sind Ankunftsklauseln, denen Ankunftsverträge zugrunde liegen, da der Verkäufer seine Verpflichtungen erst im Ankunftsland erfüllt hat. Der Verkäufer liefert entweder an einem bestimmten Platz (DAP) oder ab Terminal in einem benannten Bestimmungshafen oder an einem Bestimmungsort (DPU) oder aber „geliefert verzollt" an einem benannten Ort (DDP). Damit trägt der Verkäufer die gesamten Transportkosten (und Versicherungskosten) und die Risiken (Gefahrtragung) bis zum Bestimmungsort.

DAP 696

Die Incoterms-Klausel DAP Geliefert Benannter Ort eignet sich für Geschäfte, in denen der Verkäufer die Ware dem Käufer an einem benannten Bestimmungsort bereit zur Abladung zur Verfügung stellt. Bis zu diesem Moment trägt der Verkäufer die Kosten und Gefahren, und er muss die Ware – soweit anwendbar – für den Export freimachen, jedoch keine Verantwortung hinsichtlich der Importabwicklung und -verzollung tragen. – Die Klausel DAP sieht in A4 vor, dass der Verkäufer die Ware ohne Abladung zu liefern hat. Trotzdem kann es nach den Bestimmungen des Beförderungsvertrages vorgesehen sein, dass die Beförderung erst mit dem Abladen endet und die durch die Erfüllung des gesamten Beförderungsvertrages (Transport und Abladung) entstehenden Kosten durch den Verkäufer (als Vertragspartner des Frachtunternehmers) zu tragen sind. Die Kosten der Abladung sind dann vom Verkäufer zu tragen; sie können vom Grundsatz her nur dann an den Käufer weitergegeben werden, wenn dies schon in der Lieferbedingung des Grundvertrages (des Kaufvertrages) entsprechend vereinbart wurde.

Die Klausel DAP ist immer dann die richtige Lieferbedingung, wenn eigentlich auch die Klauseln FCA oder CPT anwendbar wären, der Käufer jedoch weder Gefahr und Kosten des Transports (wie bei FCA) noch die Gefahr allein (wie bei CPT) tragen will, sondern die gesamten Gefahren und Kosten bis zum Bestimmungsort zulasten des Verkäufers gehen sollen. Der Kosten- und Gefahrübergang mit Erreichen eines Platzes am Bestimmungsort werden diesem Wunsch des Käufers gerecht. – Wenn die Parteien erreichen wollen, dass der Verkäufer die Kosten und Gefahren nur solange tragen soll, bis die Ware ein Terminal (zum Beispiel zur Umladung) erreicht hat, bevor Sie an einen anderen Platz / Ort weiter transportiert wird, sollte anstelle von DAP die Klausel DPU vereinbart werden. Alternativ kann DAT Incoterms 2010 gewählt werden.

DPU 697

Die Incoterms-Klausel DPU Geliefert benannter Ort eignet sich für Geschäfte, in denen der Verkäufer die Ware nach Abladung vom Transportmittel dem Käufer an einem benannten Ort in einem benannten Bestimmungshafen oder an einem benannten Bestimmungsort zur Verfügung stellt. Er muss die Ware auch abladen. Bis zu diesem Moment trägt der Verkäufer die Kosten und Gefahren, und er muss die Ware – soweit anwendbar – für den Export freimachen, jedoch keine Verantwortung hinsichtlich der Importabwicklung und -verzollung tragen.

Die Klausel DPU ist immer dann die richtige Lieferbedingung, wenn eigentlich auch die Klausel FCA oder CPT anwendbar wäre, der Käufer jedoch weder Gefahr und Kosten des Transports (wie bei FCA) noch die Gefahr allein (wie bei CPT) tragen will, sondern die gesamten Gefahren und Kosten bis zum Bestimmungsort zulasten des Verkäufers gehen sollen. Der Kosten- und Gefahrübergang am benannten Ort im Bestimmungsland wird diesem Begehr des Käufers gerecht. – Wenn die Parteien erreichen wollen, dass der Verkäufer auch die Kosten und Gefahren tragen soll, bis die *Ware vom Terminal aus noch zu einem anderen Platz/Ort transportiert* wurde, sollte die Klausel DAP oder DDP vereinbart werden.

698
DDP

Die Incoterms-Klausel DDP Geliefert Verzollt eignet sich für Geschäfte, in denen der Verkäufer die Ware auf eigene Gefahr und Kosten dem Käufer an einem benannten Bestimmungsort zur Verfügung stellt und die Ausfuhr- und Einfuhrformalitäten zu erledigen und Ausfuhr- und Einfuhrabgaben zu zahlen hat, sofern diese entstehen. Die Klausel DDP geht davon aus, dass den Verkäufer hinsichtlich der Gefahr- und Kostentragung die Maximalanforderung trifft. Sie ist daher für den Verkäufer besonders nachteilig, für den Käufer dagegen besonders vorteilhaft. – DDP sieht in A2 vor, dass der Verkäufer die Ware ohne Entladung zu liefern hat. Trotzdem kann es nach den Bestimmungen des Beförderungsvertrages vorgesehen sein, dass die Beförderung erst mit dem Abladen endet und die durch die Erfüllung des gesamten Beförderungsvertrages (Transport und Abladung) entstehenden Kosten durch den Verkäufer als Vertragspartner des Frachtunternehmers zu tragen sind. Die Kosten der Abladung sind dann vom Verkäufer zu tragen; sie können vom Grundsatz her nur dann an den Käufer weitergegeben werden, wenn dies schon in der Lieferbedingung des Grundvertrages (des Kaufvertrages) entsprechend vereinbart wurde. Schwierigkeiten in der praktischen Anwendung kann das Erhalten einer Einfuhrbewilligung (zum Beispiel für Nichtgebietsansässige) sein. Ebenfalls für Nichtansässige stellt sich die Frage, ob hinsichtlich der Einfuhrabgaben Erstattungen möglich sind (wie beispielsweise bei der Einfuhrumsatzsteuer). Es empfiehlt sich daher, auch bei Verwendung der weit reichenden Klausel DDP zusätzliche Vereinbarungen zwischen den Parteien zu treffen, wenn diese Punkte eine Rolle spielen und damit eine zusätzliche Vereinbarung sinnvoll erscheint. Sofern es für die Abwicklung des Geschäfts praktikabler ist, wenn der Käufer die Einfuhrformalitäten vornimmt, kommt eine Anwendung der Klausel DAP in Betracht.

699
Dokumentenakkreditiv

Unbedingtes, abstraktes Zahlungsversprechen der Bank des ausländischen Importeurs, gerichtet an den Exporteur als dem Begünstigten des Akkreditivs. Versprochen wird die Bezahlung des Kaufpreises lediglich unter der Voraussetzung, dass der Exporteur über seine Bank akkreditivgerechte Exportdokumente vorlegt. Der Exporteur weiß also, dass er auf jeden Fall sein Geld (den Exporterlös) erhalten wird, wenn er die abgesprochenen Exportdokumente ordnungsgemäß anfertigt und der Bank vorlegt.

700
Dokumenteninkasso

Verfahrensweg ähnlich wie beim Dokumentenakkreditiv, mit dem Unterschied, dass es kein eigenständiges abstraktes Zahlungsversprechen der Bank gibt. Stattdessen wird lediglich zugesichert, dass die Bank die Exportdokumente nur Zug um Zug gegen Zahlung des Kaufpreises aushändigt.

701
Dokumentationsprinzip (auch Nachweisprinzip)

Der günstige Präferenzzollsatz wird nur bei Vorlage des vorgeschriebenen Präferenznachweises (Dokuments) gewährt. Andere Nachweise, z.B. Ursprungszeugnisse der Handelskammern, sind nicht zugelassen.

E

E-Gruppe 702

In der Praxis genutzter Begriff zur Kategorisierung von Incoterms-Klauseln. Dieser „Gruppe" gehört nur „EXW / Ex Works" (*nachstehend*) an. Hier sind die Pflichten des Verkäufers darauf beschränkt, dass er die Ware am benannten Ort zur Abholung zur Verfügung stellt; diese „Abholklausel" ist für ihn besonders vorteilhaft, weil im Rahmen der Geschäftsabwicklung der Kosten- und Gefahrübergang recht früh erfolgt. Die Auswahl der E-Gruppe mit der Klausel EXW ist dann zu treffen, wenn der Käufer die Risiken und Kosten des Gesamttransports der Ware ab Werk des Verkäufers zu tragen und sich auch um öffentliche Abgaben wie Zölle zu kümmern hat. Bei „ex works" handelt es sich um eine reine Abholklausel.

Ex Works 703

Die Klausel EXW („Ab Werk" ... benannter Lieferort) bedeutet, dass der Verkäufer seiner Lieferpflicht dadurch nachkommt, dass er die Ware dem Käufer auf dem Gelände des Verkäufers oder an einem anderen benannten Lieferort (also beispielsweise einem Werk, einer Fabrikationsstätte, einem Lager usw.) zur Verfügung stellt, ohne dass er die Ware zur Ausfuhr freigemacht hat und die Ware bereits auf ein abholendes Beförderungsmittel verladen worden ist.

Die Klausel ist völlig unabhängig von der Transportart und dem Transportmittel einsetzbar und sogar im multimodalen Transport verwendbar. Die Klausel setzt keinen grenzüberschreitenden Handel voraus, sodass sie auch im Inlandsgeschäft Verwendung findet.

Die Vertragsparteien sollten den „Lieferort" so präzise wie möglich festlegen und benennen, da mit dem benannten Lieferort zugleich festgelegt wird, an welcher Stelle der Kosten- und Gefahrübergang vom Verkäufer auf den Käufer stattfindet. Hat der Verkäufer mehrere Fertigungsstätten oder Auslieferungslager, sollte die Festlegung des Lieferortes so genau wie möglich erfolgen.

Die Klausel EXW stellt eine Minimalverpflichtung für den Verkäufer dar, da der Verkäufer sich lediglich um die vereinbarte Zurverfügungstellung der Ware kümmern muss. Er hat noch bestimmte Nebenpflichten (wie etwa die Pflicht zur Anzeige der Bereitstellung (A10), zur transportgerechten Verpackung (A8) sowie zur Dokumentenverschaffung (A6).

EFTA-Staaten (European Free Trade Association) 704

Staaten der Europäischen Freihandelszone (Schweiz, Liechtenstein, Norwegen, Island). Die EFTA-Regelungen werden größtenteils durch EWR-Regelungen überlagert.

Einfuhrabgaben 705

Zölle, Einfuhrumsatzsteuer, Verbrauchsteuern

706 **Einfuhr**

Körperliches Verbringen von Waren aus einem Drittland in die EU.

707 **Eigentumsvorbehalt**

Zahlungssicherung des Exporteurs. Der Exporteur verabredet mit dem ausländischen Abnehmer, dass die Ware an den Importeur unter der aufschiebenden Bedingung des Eigentumsvorbehalts steht, bis der Kaufpreis endgültig bezahlt wird. Sehr problematische Form der Zahlungssicherung, da sie im Ausland häufig wie ein Pfandrecht registriert werden muss und oft auch – zum Beispiel bei Insolvenz des Importeurs – kein Aussonderungsrecht gewährt.

708 **Einheitliche Richtlinien**

Der Begriff wird meist pauschal genutzt, wenn es um das Regelwerk der Internationalen Handelskammer (siehe dort) zur Abwicklung von Dokumentenakkreditiven (siehe dort) oder Dokumenteninkassi geht.

709 **Einheitspapier**

EU-einheitlicher Vordruck, der grundsätzlich in allen Fällen des Warenverkehrs zwischen der Gemeinschaft und Drittländern zu verwenden ist (z.B. als Einfuhrzollanmeldung, Versandanmeldung, Ausfuhranmeldung etc.).

710 **Electronic Commerce**

Neue Form der Abwicklung internationaler Geschäfte. In der Regel werden Geschäfte anstelle des Austauschs von Geschäftsbriefen oder Faxformularen im Wege elektronischer Nachrichtenübermittlung (z.B. durch E-Mail) abgesprochen und abgewickelt.

711 **EMCS**

Das EMCS (Excise Movement and Control System) ist ein EDV-gestütztes Beförderungs- und Kontrollsystem für verbrauchsteuerpflichtige Waren. EMCS hat das frühere ausschließlich papiergestützte Verfahren zur Beförderung verbrauchsteuerpflichtiger Waren unter Steueraussetzung zwischen mehreren Mitgliedstaaten durch ein elektronisches Verfahren mit eVD (elektronisches Verwaltungsdokument) ersetzt.

712 **Erfüllungsort**

Der Erfüllungsort hat u.a. Bedeutung für den Gerichtsstand, wenn es um Klagen auf Erfüllung oder Schadensersatz geht.

Erfüllungsort ist der Ort, an dem der Schuldner seine Leistungen zu erbringen hat und durch rechtzeitige und mangelfreie Lieferung bzw. durch Zahlung von seinen vertraglichen Verpflichtungen frei wird. Gesetzlicher Erfüllungsort ist der Wohn- bzw. Geschäftssitz des jeweiligen Schuldners (Ware: Ort des Verkäufers; Geld: Ort des Käufers, § 269 BGB). *Vertraglicher* Erfüllungsort (frei im Kaufvertrag bestimmbar). Fraglich ist, ob Lieferklauseln auch den Erfüllungsort festlegen. Wenn eine klare Vereinbarung der Vertragsparteien fehlt, kann die Lösung durch Auslegung ermittelt werden.

Ermächtigter Ausführer 713

Bewilligungsbedürftiges Verfahren, welches die Erstellung von Ursprungserklärungen auf der Rechnung ohne Wertbegrenzung im Warenverkehr mit bestimmten Ländern erlaubt. Diese Ursprungserklärungen werden dann anstelle der Warenverkehrsbescheinigung EUR.1 von den Zollbehörden im Rahmen der Einfuhrabfertigung anerkannt. Anträge sind beim örtlich zuständigen Hauptzollamt zu stellen. Im Warenverkehr der EG mit Tunesien und Marokko besteht die Bewilligung jedoch nicht in der Form einer Ursprungserklärung auf der Rechnung ohne Wertgrenze, sondern in Form vorausbehandelter Warenverkehrsbescheinigungen EUR.1.

Erzeugnis 714

Die hergestellte Ware, auch wenn sie zur späteren Verwendung in einem anderen Herstellungsvorgang bestimmt ist.

Europäische Union (EU) 715

Am 1. Mai 1999 trat der Vertrag von Amsterdam zur Änderung des Vertrags über die Europäische Union (Vertrag von Maastricht) in Kraft. Danach gründet die EU auf drei Säulen, die mit unterschiedlichen Regeln und Verfahren ausgestattet sind: Die „Europäischen Gemeinschaften" (Europäische Gemeinschaft als EG, Europäische Gemeinschaft für Kohle und Stahl als EGKS, Europäische Atomgemeinschaft als EAG), die „Gemeinsame Außen- und Sicherheitspolitik" und die „Zusammenarbeit der Justiz- und Innenminister". Im Gegensatz zur EG ist die EU keine „juristische Person". Internationale Verträge werden daher weiter von der EG unterzeichnet. Folglich ist auch der Begriff EG oder Europäische Gemeinschaft bei der Erstellung von Lieferantenerklärungen, Ursprungserklärungen auf der Rechnung und Warenverkehrsbescheinigungen EUR.1 zu verwenden.

EUR.1 716

Die Warenverkehrsbescheinigung EUR.1 ist ein vorgeschriebener Vordruck und wird von den Zollbehörden für Ursprungswaren ausgestellt. Der Zollbehörde ist dazu ein Antrag vorzulegen, der Bestandteil des Vordrucks ist.

EUR.2 717

Formblatt für den Nachweis der Präferenzursprungseigenschaft im Warenverkehr mit bestimmten Ländern. Es wird eigenverantwortlich durch den Exporteur ohne zollamtliche Mitwirkung erstellt und ersetzt die EUR.1. Im Exportbereich aus der Sicht der EU ist es nicht mehr zu verwenden.

EWR 718

Europäischer Wirtschaftsraum (EU-Mitgliedstaaten und Island, Norwegen und Liechtenstein) mit besonderen Präferenzregelungen und der Möglichkeit der sogenannten vollen Kumulierung. Die Schweiz gehört nicht zum EWR.

Export 719

Körperliches Verbringen einer Ware in ein Land außerhalb der EU.

F

720 **F-Gruppe**

In der Praxis genutzter Begriff zur Kategorisierung der Incoterms-Klauseln. Diese Gruppe (FAS, FCA, FOB) ist für den Verkäufer günstig, weil Kosten- und Gefahrübergang noch recht nahe an seiner Sphäre auf den Käufer übergehen: Der Verkäufer braucht lediglich die Ware an einen vom Käufer beauftragten Frachtführer zu übergeben, um zu erreichen, dass Kosten- und Gefahrübergang an den Käufer erfolgen.

Die drei Klauseln der F-Gruppe (FCA, FAS und FOB) sind dann die richtige Auswahl, wenn der Verkäufer den Haupttransport nicht bezahlt. Stattdessen liefert er die Ware entweder nur frei an den Frachtführer (FCA), frei an die Längsseite des Schiffes (FAS) oder frei an Bord des Schiffes (FOB), wobei „frei" bedeutet, dass der Verkäufer die Kosten der Anlieferung bis zu diesem benannten Punkt zu tragen hat.

Gefahr- und Kostenübergang vom Verkäufer auf den Käufer treten jeweils bei Übergabe am Lieferort im Exportland ein. Da der Verkäufer seine vertraglichen Verpflichtungen damit noch im Exportland erfüllt, zählen die Klauseln der F-Gruppe zu den Absende-Verträgen.

Der Käufer kann ein Interesse an der Übernahme des Transports haben, weil er entweder die Auswahl der Transportmittel (Schiffe unter bestimmter Flagge, Transportmittel des Importlandes, sog. „fob-Importieren" usw.) selber bestimmen und einsetzen möchte, etwaige Devisenbestimmungen nutzen möchte, mit dem Selbstaussuchen der Transportmittel Mengenrabatte oder besondere Vergünstigungen (vergünstigte Frachtraten) nutzen möchte usw.

Bei F-Klauseln trägt der Käufer die Kosten des Haupttransports. Das verhindert nicht die grundsätzlich mögliche Vereinbarung mit dem Verkäufer, dass dieser sich um die Beauftragung des Transports kümmert, z.B. weil er bessere Konditionen erzielen kann, solange nur sichergestellt ist, dass der Käufer die entstehenden Kosten trägt.

721 **FAS**

Bei der Klausel FAS muss der Verkäufer die Ware im Verschiffungshafen längsseits an einem Transportschiff anliefern, was von der Uferseite her gesehen ein Abliefern am Kai sein kann, an dem das Schiff liegt und von der Wasserseite her gesehen beispielsweise durch ein Feeder Schiff oder ein sonstiges Zubringerschiff geschehen kann, das sich wasserseitig längsseits des Transportschiffes befindet. Diese Klausel eignet sich für Geschäfte, in denen der Verkäufer die Ware dem Käufer auf eigene Gefahr und Kosten längsseits eines Schiffes in einem benannten Verschiffungshafen zur Verfügung stellt und Ausfuhrformalitäten zu erledigen und Ausfuhrabgaben zu zahlen hat, sofern diese entstehen. Der Gefahrübergabe findet in dem Moment statt, in dem entweder die Lieferung „längsseits des Schiffes" im Verschiffungshafen erfolgt oder die derart gelieferte Ware für die Beschaffung besorgt wurde. Dies bezieht sich auf mehrere hintereinander geschaltete Verkäufe in einer Verkaufskette („string sales“).

FCA 722

Die Incoterms-Klausel FCA Frei Frachtführer bedeutet, dass der Verkäufer die zur Ausfuhr freigemachte Ware an einen vom Käufer benannten Frachtführer oder einen sonstigen Dritten am Geschäftssitz des Verkäufers oder einen anderen benannten Ort liefert. Es muss dabei beachtet werden, dass der ausgewählte Ort der Lieferung, der so präzise wie nur irgend möglich festgelegt werden sollte, Folgen für die Verpflichtung zur Be- und Entladung an diesem Ort sowie für den Gefahrübergang mit sich zieht. Benennt der Käufer für die Entgegennahme der Ware eine andere Person als den Frachtführer, hat der Verkäufer seine Lieferverpflichtung erfüllt, wenn er die Ware an diese Person liefert. – Frachtführer im Sinne dieser Klausel ist, wer sich durch einen Beförderungsvertrag verpflichtet, die Beförderung auf der Schiene, Straße, in der Luft, zur See oder auf einem Binnenschiff, eventuell sogar in einer Kombination mehrerer Transportarten (multimodal) durchzuführen oder durchführen zu lassen. Schließlich verlangt die Klausel FCA vom Verkäufer, dass er die Ware für den Export vorbereitet, soweit dies möglich ist; er hat aber keinerlei Verpflichtung hinsichtlich des Imports oder der Importformalitäten bzw. Zollvorschriften.

FOB 723

Die Incoterms-Klausel FOB Frei an Bord ist eine traditionelle Lieferbedingung. Im Grunde ist sie vergleichbar mit einer FCA-Klausel, die sich speziell und eigenständig für den Schiffstransport entwickelt hat. Sie wird unverändert im herkömmlichen Seetransport oder Binnenschiffstransport eingesetzt, eignet sich jedoch nicht für den Containerverkehr per Schiff (wenn die Ware dem Frachtführer übergeben wird, bevor sie sich auf dem Schiff befindet, z.B. bei Containern, die üblicherweise am Terminal angeliefert werden), sodass in diesen Fällen die Klausel FCA zu bevorzugen ist. Wird die Klausel FOB trotz dieser Schwierigkeiten dennoch für den Transport eines Containers genutzt, kann der Gefahrübergang auf den Käufer erst stattfinden, wenn der Container *an Bord eines Schiffes verladen* wurde. Es ist dann das Risiko des Verkäufers, der den Container bereits früher (nämlich bei Abnahme am Terminal) an den Frachtführer übergibt und damit die unmittelbare Sachherrschaft über den Container aufgibt und die Kontrolle über die im Container beförderte Ware verliert. Damit ist der richtige Anwendungsbereich für die Klausel FOB auf Seefracht, die *nicht* in Containern transportiert wird, beschränkt, also ausgerichtet auf Stückgut oder Massengüter, die auf normalen Frachtschiffen transportiert werden.

FOB eignet sich für Geschäfte, in denen der Verkäufer die von ihm für den Export freigemachte Ware (sofern anwendbar) *an Bord* des vom Käufer benannten Schiffs im benannten Verschiffungshafen *liefert* oder er die bereits derart für die Verschiffung gelieferte Ware besorgt oder bereitstellt. Der Hinweis „bereitstellen“ bezieht sich hier auf mehrere hintereinander geschaltete Verkäufe in einer Verkaufskette („string sales“, siehe unter „*Lieferkette*“), die insbesondere im Rohstoffhandel vorkommen. Die Gefahr des Verlusts oder der Beschädigung der Ware geht vom Verkäufer auf den Käufer über, wenn die Ware an Bord des Schiffs gelangt. Ab dem Moment der Lieferung trägt der Käufer auch die Kosten. Der Verkäufer trägt keine Pflicht, die Ware zur Einfuhr freizumachen, Einfuhrzölle zu zahlen oder Einfuhrzollformalitäten zu erledigen.

724

Force Majeure

Bei „höherer Gewalt" handelt es sich um von außen kommende Ereignisse, die keinen betrieblichen Zusammenhang aufweisen und die auch mit äußerster Sorgfalt nicht zu verhindern sind (z.B. Vulkanausbruch legt Flugverkehr lahm). Gemeint sind allerdings nicht Streiks oder ähnliches, die zu typischen Betriebsrisiken eines Unternehmers gehören. Die Force Majeure-Klausel stellt den Leistungspflichtigen leistungsfrei, wenn ihm wie auch einem Dritten die geschuldete Leistung unmöglich geworden ist. Die ICC hat ihre Musterklausel in 2020 neu vorgelegt.

725

Formblatt A

Das Ursprungszeugnis nach Formblatt A ist der vorgeschriebene Präferenznachweis für die Gewährung von Präferenzzollsätzen im Rahmen des APS. Das Formblatt A wird grundsätzlich nur für die Einfuhr von Waren aus Entwicklungsländern in die EG verwendet. Für die vorübergehende Ausfuhr von Waren in Entwicklungsländer wird ggf. nur eine EUR.1 für Kumulierungszwecke ausgestellt.

726

Förmlicher Präferenznachweis

Vorgeschriebener Präferenznachweis (z.B. Warenverkehrsbescheinigung EUR.1 oder Ursprungserklärung auf der Rechnung), der nur in der im jeweiligen Ursprungsprotokoll vorgeschriebenen Form als ordnungsgemäßer Präferenznachweis zu einer Zollsatzvergünstigung führt. Ausnahme siehe unter Befreiungen vom Präferenznachweis.

727

Frachtführer

Die Incoterms 2020 verwenden verschiedentlich den Begriff des Frachtführers und verstehen darunter die Person, mit der der Frachtvertrag abgeschlossen wird. Der Frachtvertrag ist die Grundlage des Warentransports. Danach wird der Frachtführer verpflichtet, das Frachtgut zum Bestimmungsort zu befördern und dort an den Empfänger auszuliefern (vgl. in Deutschland dazu § 407 Abs. 1 HGB). Im Gegenzug ist der Absender verpflichtet, die vereinbarte Fracht (also das Entgelt für die Beförderung) zu bezahlen. Der Empfänger des Transportguts ist nicht Vertragspartei, sondern er ist als „Dritter" anzusehen, zu dessen Gunsten der Vertrag von Absender und Frachtführer abgeschlossen wird. – Der Frachtvertrag bedarf keiner besonderen Form, sondern bedarf zu seiner Wirksamkeit lediglich zweier übereinstimmender Willenserklärungen zwischen Absender und Frachtführer – ein Frachtbrief dient dann nur als Beweisurkunde.

G

Gefahrtragung 728

Die Incoterms legen in den Incoterms-Regeln (A3/B3) fest, welche der Parteien *„alle Gefahren des Verlustes oder der Beschädigung der Ware…"* zu tragen hat. Ein schädigendes Ereignis muss bei Abschluss des Beförderungsvertrages völlig außerhalb der Reichweite und Kenntnis des Verkäufers sowie seiner Beeinflussbarkeit gelegen haben. Die Gefahr umfasst den Verlust der Ware durch Diebstahl, eine Notentladung durch den Transporteur, Fehlleistungen des Transporteurs wie etwa die Auslieferung an den falschen Empfänger, einen Gewichtsschwund, diverse Beeinträchtigungen der Ware, wie etwa Unfall, Vandalismus und sonstige Schäden und unvorhersehbare hoheitliche Eingriffe.

Garantien 729

werden im Auslandsgeschäft meist als Bankgarantien eingesetzt, wobei sich die Bank des jeweiligen Schuldners verpflichtet, einem Begünstigten gegenüber eine Geldzahlung zu erbringen, falls eine bestimmte Bedingung nicht eintritt. – So ist die meist gebrauchte sogenannte „Zahlungsgarantie" ein Zahlungsversprechen der Bank des Importeurs an den Exporteur, diesem die Exportforderung zu bezahlen, falls der Importeur nicht zahlt.

Gemeinschaftswaren 730

Waren, die sich im zollrechtlich freien Verkehr der EU befinden. Sie können sowohl Ursprungswaren als auch Nichtursprungswaren der EU sein.

Gerichtsstand Vereinbarung 731

Verabredung eines Gerichtsortes, an dem geklagt werden muss, falls ein Streit zwischen den Geschäftspartnern nur noch mit gerichtlicher Hilfe entschieden werden kann.

Gültigkeitsfrist für Präferenzursprungsnachweise 732

Es ist zu unterscheiden zwischen Vorlagefrist und Gültigkeitsfrist. Präferenzursprungsnachweise bleiben nach dem Datum der Ausstellung im Ausfuhrland für die in den Ursprungsprotokollen bzw. den anderen Ursprungsregelungen vorgeschriebene Zeit (in der Paneuropäischen Freihandelszone vier Monate, sonst teilweise fünf oder zehn Monate) gültig und sind innerhalb dieser Frist den Zollbehörden des Einfuhrlandes vorzulegen.

H

Handelsbrauch 733

Die Incoterms-Regeln der Klauseln FOB und FAS nehmen in A2 Ziffer 4 Bezug auf einen bestimmten Handelsbrauch: „…in the manner customary at the port." Damit wird unterstellt, dass es nicht immer möglich ist, die Pflichten des Verkäufers und die von ihm zu tragenden Kosten präzise und auf der Grundlage einer langen

Geschäftsverbindung mit entsprechender Vertragspraxis festzulegen. Daher müssen die Incoterms 2020 zumindest in einigen wenigen Bereichen eine Bezugnahme auf Handelsbräuche zulassen („...dem Hafenbrauch entsprechend...") und damit eröffnen, dass die Art und Weise, in der Ware unter den Klauseln FAS und FOB zum Weitertransport (z.B. im Rohstoffhandel) angeliefert wird, je nach Seehafen nach unterschiedlicher Übung gehandhabt wird.

Ob ein Handelsbrauch vorliegt und damit zur Auslegung und Ergänzung der vertraglichen Pflichten der Parteien herangezogen werden kann, wird dem nationalen Recht überlassen (vgl. Art. 4 Buchstabe a CISG). Soweit ein Handelsbrauch sich auf Geschäfte bezieht, die stets an einem bestimmten Ort geschlossen werden (z.B. an Warenbörsen oder Messen), entscheidet das nationale Recht des Ortes über die Anerkennung des Handelsbrauchs. Gleiches gilt für Handelsbräuche, die nur das Verhalten an bestimmten Orten betreffen, z.B. an Seehäfen oder bei institutionalisierten Schiedsgerichten. Stets ist es aber ausgeschlossen, dass sich ein Handelsbrauch gegen zwingende Vorschriften des maßgebenden Ortsrechts bildet. Ein Handelsbrauch steht also grundsätzlich nicht geltenden Bestimmungen entgegen, und er verliert seine Anerkennung, wenn neue, zwingende Vorschriften entgegenstehen.

Im Einzelfall ist daher bei Verwendung der Klauseln FAS oder FOB zu prüfen, ob am tatsächlich genutzten Bestimmungshafen ein besonderer Handelsbrauch herrscht, den es zu berücksichtigen gilt.

734 **Harmonisiertes System (HS)**

Weltweit angewandtes System zur Bezeichnung und Codierung von Waren (= die ersten sechs Stellen der Codenummer).

735 **Herstellen**

Jede Be- oder Verarbeitung einschließlich Zusammenbau oder besondere Vorgänge.

I

736 **Identitätsprinzip**

Gleichartige Vormaterialien mit und ohne Ursprungseigenschaft sind getrennt zu lagern. In Ausnahmefällen kann auf die physische Trennung dieser Vormaterialien verzichtet werden. Die Hauptzollämter können dafür die sog. buchmäßige Trennung bewilligen.

737 **Import**

Körperliches Verbringen von Waren aus einem Drittland in die EU.

738 **Incoterms**

Die Incoterms 2020 betreffen immer nur das Rechtsverhältnis zwischen Käufer und Verkäufer, für deren Kaufvertrag bzw. Liefervertrag sie als standardisierte „Lieferbedingung" ein Vertragsbestandteil werden können. Sie ersetzen damit auch nicht etwa den ganzen Kaufvertrag oder wesentliche Teile davon, sondern befassen sich ausdrücklich nur mit bestimmten Punkten daraus, die sich auf Käufer- und Verkäuferrechte und -pflichten, auf den Gefahrübergang, die Risiko- und die Kostenteilung beziehen. Andere im Vertrag wichtige Aspekte wie etwa die sonstigen Vertragspflichten, Gewährleistungsfragen, Haftungsausschlüsse, das für den Vertrag geltende Recht usw. werden von den Incoterms 2020 nicht erfasst und bedürfen daher – sofern benötigt – einer besonderen vertraglichen Berücksichtigung.

Die Vereinbarung zwischen Vertragsparteien, eine bestimmte Klausel der Incoterms 2020 anzuwenden, kann sich allerdings auch auf andere Verträge (Beförderungsvertrag, Versicherungsvertrag, Finanzierungsvertrag) auswirken. Wenn beispielsweise ein Verkäufer eine CFR- oder CIF-Klausel als Lieferbedingung in seinem Kaufvertrag akzeptiert hat, kann er den Kaufvertrag nur ordnungsgemäß erfüllen, wenn er als Transport den Seetransport wählt, da er unter CFR und CIF dem Käufer ein Konnossement oder ein anderes maritimes Seetransportpapier präsentieren muss und andere Transportmittel und Transportverträge damit ausgeschlossen sind. Die Klausel schlägt sogar durch bis zur Bankabwicklung, die unter dem Akkreditiv und einer eventuellen Finanzierung unter dem Akkreditiv dann das Seetransportpapier zur Honorierung der Zahlungsforderung voraussetzt.

Die Incoterms 2020 sind keine (staatlichen) Rechtsnormen; nur ausnahmsweise können sie wie ein Handelsbrauch im Sinne des § 346 HGB gewertet werden. Incoterms 2020 gelten daher grundsätzlich nur dann, wenn die Vertragsparteien auf sie Bezug nehmen und sie in ihren Vertrag einbeziehen.

Internationale Handelskammer 739

Auch „ICC" (für „International Chamber of Commerce") abgekürzt. Private Organisation, die verschiedene Schriften publiziert hat, die für internationale Geschäfte zugrunde gelegt werden können. Am bekanntesten sind die Incoterms (siehe dort), die ICC Schiedsverfahrensregeln und die Einheitlichen Richtlinien für Dokumentenakkreditive und Inkassi.

Internationales Privatrecht 740

Summe aller nationalen Rechtsregeln eines Staates, die zur Klärung von Rechtsfragen in grenzüberschreitenden Sachverhalten und Fragestellungen heranzuziehen sind.

K

Kapitel 741

Kapitel der Nomenklatur des Harmonisierten Systems (HS) zur Bezeichnung und Codierung der Waren (die ersten zwei Ziffern der Position bzw. der Codenummer).

L

742 **Lieferantenerklärung (LE)**

Grundsätzlich eine Erklärung eines Lieferanten in der EG über den Präferenzursprung einer Ware oder über bereits durchgeführte, aber noch nicht ursprungsbegründende Be- oder Verarbeitungen. Seit 1.1.1999 können auch für türkische Ursprungswaren Lieferantenerklärungen in der Türkei erstellt werden, um für Zwecke der Kumulierung in der Paneuropäischen Freihandelszone verwendet zu werden.

743 **Lieferbedingungen**

Wesentliche Vertragsbedingung im Kaufvertrag von Ex- und Importeur, die festlegt, welche Partei in welchem Umfang die Kosten der Warenlieferung trägt und ab welchem Moment die Sachgefahr (Risiko des Verlusts der Ware, der Beschädigung usw.) vom Verkäufer auf den Käufer übergeht. Üblicherweise nutzt man im Außenhandel wegen der weltweiten Bekanntheit und Interpretation die so genannten „Incoterms" (siehe dort) der Internationalen Handelskammer.

744 **Liefergarantie**

Die Liefer- (und Leistungs-) Garantie ist eine Variante der normalen Zahlungsgarantie der Bank des Exporteurs. Erbringt der Exporteur seine Lieferung nämlich nicht oder jedenfalls nicht vertragsgemäß, kann der Importeur, der die Liefergarantie zu seinen Gunsten erhalten hat, die Bank des Exporteurs auf Zahlung einer versprochenen Geldsumme in Anspruch nehmen.

745 **Lieferkette**

Insbesondere im Rohstoffhandel kommt es vor, dass Ware erst während des Transports auf See gekauft und oder weiter verkauft wird. Wo es mehrere Verkäufer oder Käufer während einer laufenden Warenauslieferung gibt, kann eine Person, die mitten in der Abwicklung auftritt, das Transportgut nicht mehr „verschiffen", da dies bereits durch den allerersten Verkäufer innerhalb einer Lieferkette veranlasst wurde.

Die Incoterms 2020 tragen diesem Umstand dadurch Rechnung, dass sie dort, wo es angebracht ist, ein „procurement" (also ein weiteres Veranlassen von Handlungen oder einem bestimmten Vorgehen) vorsehen („...the seller must contract or procure a contract ...").

746 **Lieferort**

Der Ort, an dem eine Lieferverpflichtung zu erfüllen ist. Dieser Ort [auch: „Bestimmungsort"] soll *möglichst konkret benannt* werden. Wird kein Bestimmungsort festgelegt, gilt die Niederlassung des Käufers als Lieferort. Als Lieferortvereinbarung kommen *sämtliche Bestimmungen eines Vertrages* in Betracht, die einen bestimmten Willen der Parteien hinsichtlich des Lieferortes erkennen lassen.

Ergänzend sind auch im internationalen Handelsverkehr übliche Regelungen und Klauseln wie die *Incoterms* heranzuziehen, *sofern diese eine eindeutige Bestimmung des Lieferortes zulassen*. Es ist dann aber sorgfältig zu prüfen, ob Incoterms *lediglich Regelungen über die Gefahr- bzw. Kostentragung enthalten* oder ob durch sie auch der Lieferort der Waren festgelegt werden soll.

Lieferung 747

Zentrale Verkäuferpflicht nach Incoterms-Regel A2 aller Incoterms-Klauseln. Leistungs*handlung* des Verkäufers, um dem Käufer Besitz an der Ware zu verschaffen. Der Leistungs*erfolg* (tatsächlicher Besitzerwerb des Käufers) wird nicht geschuldet.

M

Made in Germany 748

Diese Herkunftsbezeichnung hat nichts mit dem Ursprung einer Ware zu tun.

Maßgebende Einheit 749

Maßgebende Einheit für die Anwendung eines Ursprungsprotokolls oder einer ähnlichen Regelung ist die für die Einreihung in die Position des Harmonisierten Systems maßgebende Einheit jedes Erzeugnisses.

N

Nichtgemeinschaftswaren 750

Waren, die in das Zollgebiet der EU eingeführt worden sind und für die die Zollformalitäten noch nicht erfüllt worden sind. Die Waren sind noch nicht „verzollt".

P

Parteiautonomie 751

Innerhalb schuldrechtlicher Verpflichtungsgeschäfte steht es den Parteien frei, „autonom" alles das vertraglich zu regeln, was sie möchten, soweit sie nicht gegen bestehende Rechtsregeln verstoßen. Der Begriff der Parteiautonomie steht meist in Verbindung mit der sogenannten „Rechtswahl": danach steht es den Geschäftspartnern frei, festzulegen, welches nationale Recht für ihr Geschäft gelten soll. Dieser Grundsatz findet sich niedergelegt in Art. 3 ROM I VO.

Passive Veredelung 752

Im passiven Veredelungsverkehr können Gemeinschaftswaren, die zur Durchführung von Veredelungsvorgängen vorübergehend aus dem Zollgebiet der EU ausgeführt worden sind und die aus diesen Veredelungsvorgängen entstandenen Erzeugnisse unter vollständiger oder teilweiser Befreiung von Einfuhrabgaben in den zollrechtlich freien Verkehr übergeführt werden. Bei der Inanspruchnahme der Ausnahme vom Territorialitätsprinzip in Höhe von 10 % ist dieses Verfahren anzuwenden.

753 **Präferenzberechtigte Waren**

Nur für präferenzberechtigte Waren wird bei der Einfuhr eine Vergünstigung in Form des Präferenzzollsatzes gewährt. Die Präferenzberechtigung ist abhängig von der nachgewiesenen präferenzrechtlichen Eigenschaft einer Ware (z.B. Ursprungseigenschaft bei Freihandelszonen oder Freiverkehrseigenschaft bei Zollunionen).

754 **Präferenznachweis**

Urkunde, die eine zollbegünstigte Überführung der Waren in den zollrechtlich freien Verkehr ermöglicht (z.B. EUR.1, A.TR., Formblatt A).

755 **Präferenzsysteme**

Die WTO bietet als Ausnahme von der Meistbegünstigungsklausel drei Systeme für Zollsatzpräferenzen an: die Zollunion, die Freihandelszone oder die einseitige Gewährung von Präferenzen zugunsten bestimmter Entwicklungsländer.

756 **Präferenzursprung**

Ursprung eines Erzeugnisses nach den vorgeschriebenen Präferenzursprungsregeln. Sind diese Regeln nicht erfüllt, hat das betreffende Erzeugnis keinen Präferenzursprung. Gleichwohl kann es exportiert werden, wenn andere Vorschriften (z.B. Außenwirtschaftsrecht) dem nicht entgegenstehen. Es kommt lediglich nicht zu einer Zollsatzvergünstigung im Einfuhrland.

757 **Präferenzzollsatz**

Begünstigter Zollsatz im Vergleich zum Drittlandzollsatz, teilweise auch auf 0 % reduziert. Der Präferenzzollsatz wird nur gewährt, wenn alle Voraussetzungen der jeweiligen Präferenzregelungen erfüllt sind.

758 **Prüfungspflicht**

Die Incoterms-Regeln enthalten in den Abschnitten A9 und B9 bestimmte Prüfungs- und Sorgfaltspflichten der Parteien (A9 für den Verkäufer: „checking" und für den Käufer: „inspection of goods"). Damit wird beiden Parteien eine Prüfungspflicht auferlegt, die sich begrifflich zwar ähnelt, aber inhaltlich unterschiedlich ausgeprägt ist. – Das Überprüfen („checking operations") durch den Verkäufer ist eine Obliegenheit, die im Zusammenhang mit der Lieferpflicht nach A2 zu sehen ist. Hierzu gehört auch die Aufgabe, das Beförderungsgut auf notwendige und geeignete Weise zu verpacken und gegebenenfalls zu markieren oder markieren zu lassen. Diese besondere Sorgfaltspflicht besteht aufseiten des Verkäufers.

Die „inspection" als Überprüfungspflicht ist im Zusammenhang mit einer Warenkontrolle vor der Verladung („pre-shipment inspection") zu verstehen, deren Kosten den Verkäufer wie den Käufer treffen können. Eine Warenkontrolle kommt nur dann in Betracht, wenn der Käufer oder die Behörden des Export- oder des Importlandes mit ihr sicherstellen wollen, dass das Beförderungsgut den Vertragsbestimmungen oder aber den Rechtsvorschriften vor der Verschiffung entspricht.

R

Rechtswahl 759

Wahl eines bestimmten nationalen Rechts für das grenzüberschreitende Geschäft.

S

Schiedsgerichtsverfahren 760

Alternatives Verfahren zur Streitentscheidung, das im Auslandsgeschäft besondere Vorzüge hat. Während sich nämlich Urteile von staatlichen Gerichten weltweit kaum vollstrecken lassen, können Schiedsgerichtsentscheidungen weltweit in der Regel problemlos auch vollstreckt werden.

Sendung 761

Erzeugnisse, die entweder gleichzeitig von einem Ausführer an einen Empfänger oder mit einem einzigen Frachtpapier oder – bei Fehlen eines solchen Papiers – mit einer einzigen Rechnung vom Ausführer an den Empfänger versandt werden.

T

TARIC 762

Integrierter Zolltarif der EG, auf dem der national Elektronische Zolltarif beruht. Im Internet zu finden unter http://www.zoll.de/ > Links > TARIC.

Trade Terms 763

Im internationalen Handel bildete sich vor etwa einhundert Jahren das Bedürfnis heraus, typische und für die Praxis leicht nutzbare Standardklauseln nutzen zu können, deren Interpretation im Hinblick auf wichtige Belange des internationalen Geschäfts außer Zweifel stand. In dieser Situation gelang es der Internationalen Handelskammer erstmals im Jahre 1923, eine Zusammenstellung von damals üblichen „trade terms" zu entwickeln, die man heute durchaus als Vorläufer der erst später entwickelten Incoterms verstehen kann. Die Internationale Handelskammer („International Chamber of Commerce", kurz: ICC), die im Juni 1920 auf Initiative der Internationalen Handelskonferenz (die in 1919 in Atlantic City stattfand) gegründet wurde, ist heute ein Zusammenschluss von Unternehmen und Verbänden aus mehr als 130 Staaten weltweit und in mehr als 60 Staaten durch nationale Komitees vertreten. Die Aufgaben der ICC bestehen in der Förderung und Verbesserung des Welthandels sowie der Harmonisierung und Liberalisierung von internationalen Usancen und Geschäftsgebräuchen.

Transportpapier 764

Die Incoterms-Klauseln nennen in der Incoterms-Regel A6 die Anforderungen, die an das „Transportdokument" gestellt werden. Dabei ist die Ausgestaltung der Regel A6 bei den Incoterms-Klauseln unterschiedlich und fordert entweder nur einen „Nachweis der Lieferung" (z.B. FCA A6) oder aber die Ausgestaltung des Transportdokuments als Traditions- und Inhaberpapier (z.B. CPT A6). Nach der Auslegungsregel soll es für das Transportdokument nach A6 ausreichend sein, *dass das Dokument beweist, dass die Lieferung stattgefunden hat.* Es ist notwendig, dass das Nachweisdokument auch *formgültig* ist. Sobald ein Konnossement als Transportpapier verwendet wird, sind alle Anforderungen zu beachten, die an dieses Papier gestellt werden.

Eine Heilung des *Formmangels* ist, wenn sie rechtzeitig erfolgt, nach Maßgabe von Art. 34 CISG möglich. Wenn ein Transportdokument weitergehende Wirkung hat, als nur einen Transport nachzuweisen, sondern darüber hinaus spezifische Funktionen wie etwa unter einem Akkreditiv zu erfüllen hat, muss darauf geachtet werden, dass das Transportpapier auch (unter dem Akkreditiv) aufnahmefähig ist, also „clean" sein muss.

765 **Transportversicherung**

Die Incoterms-Regeln sehen nur in wenigen Fällen vor, dass eine Versicherungspflicht besteht. Dies ist der Fall bei den Klauseln CIF und CIP in den Incoterms-Regeln A5. Bei der Transportversicherung handelt es sich regelmäßig um eine Güterversicherung, auf die nach den Bedingungen der deutschen Seeversicherer die ADS Güterversicherung 1994 Anwendung finden. Muss der Versicherer einen Schaden regulieren, tritt ein Übergang der Ansprüche des Versicherungsnehmers/Versicherten gegen einen zum Ersatz verpflichteten Dritten auf den Versicherer ein, § 45 Abs. 1 ADS, unabhängig davon, ob der Versicherer nach dem Versicherungsvertrag zur Deckung des Schadens verpflichtet ist.

Hiervon zu trennen ist die Deckung der Risiken, die die Schiffsreise mit sich bringt. Diese werden durch Versicherungsverträge des Verfrachters bzw. der Reederei durch die so genannte P & I-Versicherung („Protection and Indemnity") abgedeckt. Die P & I-Clubs in Großbritannien und Skandinavien decken das Transportrisiko des Verfrachters als eine Haftpflichtversicherung ab und bietet Schutz gegen Ladungsschäden aus kommerziellem Verschulden, mitverschuldeten Kollisionen, Personenschäden an Bord, Quarantänekosten usw.

U

766 **Übernahme**

Verpflichtung des Käufers, die Ware zu übernehmen (vgl. B2, „taking delivery"): Unterlässt der Käufer die Entgegennahme des Transportgutes, verletzt er seine Pflicht und macht sich schadensersatzpflichtig. Übernahme der Ware und/oder der Dokumente bedeutet, dass der Käufer die Ware körperlich entgegennehmen (übernehmen) muss, was als rein tatsächliche Handlung und keinesfalls als „Abnahme oder Billigung als vertragsgemäß" zu verstehen ist. Der Käufer kann daher Ansprüche wegen Vertragswidrigkeit *auch noch nach Übernahme* geltend machen, solange er innerhalb einer angemessenen Frist rügt.

Übertragbares Akkreditiv 767

Besonders geeignete Finanzierungsform im Außenhandel, die keine neue Kreditaufnahme bei einer Bank erfordert. Der Einsatz eignet sich aber nur besonders gut aus Sicht von Exporthändlern, die sich zum Einkauf einer Ware im Ausland (ohne Inanspruchnahme eines Kredits bei ihrer eigenen Bank) einfach ein Akkreditiv, das ihnen aus dem Weiterverlauf der Ware an einen Endabnehmer gestellt wurde, übertragen lassen.

Umschlaggebühren 768

In Häfen fällt beim Umschlag von FCL-Containern („Full Container Load", die von einem Absender an einen Empfänger gesandt werden) eine Containerumschlagsgebühr („terminal handling charge", auch „port service charge" oder „container service charge") an. Die Containerumschlagsgebühr fällt bei Exporten für den Empfang am Terminal sowie bei Anlieferung an einem Schiff und bei Importen für die Entgegennahme vom Schiff sowie für die Auslieferung an einem Terminal an.

UNCITRAL 769

UNO-Ausschuss für internationales Handelsrecht in Wien, der wesentliche Arbeiten für den Außenhandel erstellt hat, u.a. das sogenannte UN-Kaufrecht, das in vielen Staaten der Welt (auch Deutschland) als Gesetz gilt.

Unmittelbare Beförderung 770

Die Gewährung von Präferenzen setzt u.a. voraus, dass grundsätzlich das Erzeugnis unmittelbar zwischen der EU und dem Partnerstaat befördert wird. Wird die unmittelbare Beförderung nicht nachgewiesen, entfällt die Präferenz und es kommt zur Erhebung der Einfuhrabgaben nach dem Drittlandzollsatz. Ausnahmen für Zwischenlagerungen oder untypische Transportwege können unter den in den Ursprungsprotokollen oder den anderen Rechtsgrundlagen vorgeschriebenen Möglichkeiten gewährt werden.

Ursprung 771

Einen Ursprung einer Ware an sich gibt es nicht. Es gibt immer nur einen Ursprung im Sinne einer bestimmten Regelung. Zu unterscheiden ist zwischen dem nichtpräferenziellen Ursprung und dem präferenziellen Ursprung. Der nichtpräferenzielle Ursprung bestimmt sich nach den Ursprungsregeln des Unions-Zollkodex. Sind diese erfüllt, kann bei den Industrie- und Handelskammern ein allgemeines Ursprungszeugnis beantragt werden. Die präferenziellen Ursprungsregeln sind grundsätzlich in Ursprungsprotokollen zu zwischenstaatlichen Abkommen niedergelegt. Sind diese erfüllt, kann bei den Zollstellen eine Warenverkehrsbescheinigung EUR.1 beantragt werden oder seitens des Exporteurs ggf. eine Ursprungserklärung auf der Rechnung erstellt werden oder durch den Lieferanten eine Lieferantenerklärung ausgestellt werden.

Ursprungsland 772

Land, in dem die letzte ursprungsbegründende Be- oder Verarbeitung im Sinne der Ursprungsregeln stattgefunden hat. Dabei können das Ursprungsland im präferenziellen Sinne vom Ursprungsland im nichtpräferenziellen Sinne für ein und dieselbe Ware voneinander abweichen. Beide Ursprungsbegriffe haben nichts mit Qualitätsmerkmalen (Made in ... etc.) zu tun.

773 **Ursprungsregeln**

Die Ursprungsregeln legen fest, unter welchen Bedingungen ein Erzeugnis seinen Ursprung in dem jeweiligen Land erhält. Man unterscheidet dabei die Ursprungsbegründung durch vollständiges Gewinnen oder Herstellen bzw. durch ausreichendes Be- oder Verarbeiten. Welche Be- oder Verarbeitungen als ausreichend anzusehen sind, ist für den präferenziellen Bereich verbindlich in den jeweiligen Verarbeitungslisten festgeschrieben.

V

774 **Verpackungspflicht**

Zu den weiteren Pflichten des Verkäufers gehört nach Incoterms Regeln (jeweils in A8) das „packaging and marking", also die Verpackung und Kennzeichnung der Ware. Derartige Pflichten finden sich auch in anderen Regelungen wie etwa dem allgemeinen Transportrecht in § 411 HGB, in Ziff. 6 ADSp usw. Die richtige Verpackung bestimmt sich nach den Eigenschaften des Transportgutes, die der Absender am besten beurteilen kann, und nach der Art des Transports. So ist beispielsweise eine besondere Verpackung (auf Kosten des Absenders) notwendig, wenn die Ware eines besonderen Schutzes bedarf (gegen Sonneneinstrahlung, Kälte, Feuchtigkeit usw.). Die Verpackung bestimmt sich deshalb nach den Umständen des Einzelfalls, nach Handelsbräuchen und Verkehrssitte. Der Absender hat das Transportgut so zu verpacken, dass es unter normalen Transportbedingungen nicht beschädigt werden kann und auch nicht andere Güter beschädigt.

Die Kennzeichnungspflicht des Gutes wird bestimmt durch die Art des Transportgutes (z.B. besondere Gefährdung) und durch die Art des durchzuführenden Transports (multimodaler Transport, Transport ins Ausland usw.). Hierzu werden die Transportgüter mit Nummern, Zeichen oder Barcode versehen.

775 **Versendungskauf**

Beim Versendungskauf geht die Preisgefahr nach § 447 Abs. 1 BGB schon dann auf den Käufer über, wenn der Verkäufer die Kaufsache an die Transportperson ausgeliefert hat, obwohl die Sache dem Käufer zu diesem Zeitpunkt weder zu Eigentum übertragen wurde, noch ihm Besitz daran verschafft wurde. Diese Vorschrift verlegt damit den Zeitpunkt des Gefahrübergangs weiter nach vorne; der Käufer wird damit im Versendungskauf hinsichtlich des Gefahrübergangs grundsätzlich etwas schlechter gestellt. Gleich vier Voraussetzungen müssen dabei beachtet werden.

Zunächst muss die Kaufsache an einen anderen Ort als an den Erfüllungsort versendet werden. Erfüllungsort ist der Ort, an dem die Leistung eines Schuldners (hier also des Verkäufers) erbracht werden soll. Die Versendung muss auf Verlangen (ausdrücklich oder stillschweigend) des Käufers erfolgen. Es ist dafür ausreichend, dass der Käufer seinen entsprechenden Wunsch erst nach Vertragsschluss äußert. Der Gefahrübergang tritt mit der Auslieferung der Kaufsache an die Transportperson ein. Dazu muss die Kaufsache dem Spediteur oder Frachtführer übergeben werden und der Käufer muss alles Erforderliche getan haben, damit die Ablieferung beim Käufer erfolgen kann. Damit reicht es nicht aus, bloß einen Frachtvertrag zu schließen. Schließlich geht die Preisgefahr nur auf den Käufer über, wenn die Kaufsache zufällig untergeht, also den Verkäufer kein Verschulden trifft. Dies hat Bedeutung für die Fälle, in denen der Verkäufer den Versand der Kaufsache durch eigene Leute durchführt und diese den Untergang oder die Beschädigung der Kaufsache schuldhaft verursachen. Dieses Verschulden wird dann nämlich dem Verkäufer (nach § 278 BGB) zugerechnet, sodass es in diesen Fällen dann keinen „zufälligen" Untergang im Sinne des § 447 BGB und damit keinen Gefahrübergang auf den Käufer gibt.

Versicherung 776

Die Incoterms-Regeln enthalten jeweils in A5/B5 eine Bestimmung zum Versicherungsvertrag. Entweder hat der „Verkäufer gegenüber dem Käufer keine Verpflichtung, einen Versicherungsvertrag abzuschließen (EXW, FCA, CPT, DPU, DAP, DDP, FAS, FOB, CFR), oder aber der Verkäufer hat auf eigene Kosten eine Transportversicherung abzuschließen, die zumindest der Mindestdeckung gemäß den Klauseln C der Institute Cargo Clauses … entspricht" (CIF) oder volle Deckung verlangt (CIP).

Bei der *Versicherung* im Zusammenhang mit den Incoterms 2020 ist zu beachten, dass in der Praxis auf die neueste Fassung der „Institute Cargo Clauses" Bezug genommen wird.

Im Rahmen der Güterversicherung werden im internationalen Geschäft meist die sogenannten „Institute Cargo Clauses" genutzt, die – verwirrend genug – in der Praxis oft mit „ICC" abgekürzt werden. Diese „ICC" bezeichnen die vom „Institute of London Underwriters" und der „London Underwriters Association" publizierten Versicherungsbedingungen, Policeformen und Musterklauseln für Transportversicherungsverträge, die im See- und Landtransport verwendet werden können. Derartige Klauseln sind auch Bestandteil von Bedingungen in Dokumentenakkreditiven, Versicherungspolicen und Versicherungszertifikaten.

Werden „ICC" eingesetzt, kann zwischen drei Kategorien unterschieden werden: die ICC (A) entsprechen den früher „all risks clauses" genannten Bedingungen und gewähren den umfangreichsten Versicherungsschutz mit voller Indeckungnahme aller Risiken; die ICC (B) dagegen nehmen nur diejenigen Schadensereignisse in Deckung, die in der Versicherungspolice aufgeführt sind und die ICC (C) bieten nur einen Mindestschutz bei Elementarereignissen (zum Beispiel bei Naturkatastrophen, großer Havarie, Feuer usw.).

W

777
Ware

Vormaterialien wie auch Erzeugnisse. *Ware* ist Gegenstand des Kaufgeschäfts, der Incoterms-Klauseln und der Incoterms-Regeln. Eine Definition des Begriffs „Ware" fehlt, auch im CISG. Unter Waren sind daher grundsätzlich nur zur Zeit der *Lieferung* bestehende körperliche Sachen zu verstehen. Auf die Form der Ware kommt es nicht an, auch nicht darauf, ob sie im Moment des Vertragsschlusses schon existiert oder erst noch hergestellt werden muss. *Standardsoftware* kann Ware sein, wenn sie dauerhaft überlassen wird.

778
Warenverkehrsbescheinigung EUR.1

Dokument zum Nachweis der Präferenzursprungseigenschaft einer Ware und damit zur Erlangung einer Zollpräferenz (Präferenznachweis).

779
WTO

(World Trade Organisation, ehemals GATT) Welthandelsorganisation, der zurzeit 164 Staaten der Welt angehören. Ziele: Abbau von Handelshemmnissen wie Zölle, Dumpingmaßnahmen, Exportsubventionen und nichttarifären Handelshemmnissen.

Z

780
Zahlungsbedingung

Wesentliche vertragliche Absprache zwischen Im- und Exporteur. Unterschieden werden „reine Bedingungen" (Vorkasse, Zahlung bei Lieferung oder Zahlung nach Lieferung) und „dokumentäre Zahlungsbedingungen" wie: Lieferung nur, wenn der Importeur durch seine Bank ein Dokumentenakkreditiv (siehe dort) oder Dokumenteninkasso (siehe dort) eröffnen lässt.

781
Zahlungsgarantie

Typische und häufigste Form der Bankgarantie (siehe unter: **Garantie**).

782
Zollanmeldung

Eine Handlung, mit der eine Person in der vorgeschriebenen Form und nach den vorgeschriebenen Bestimmungen die Absicht bekundet, eine Ware in ein bestimmtes Zollverfahren überführen zu lassen.

783
Zölle

Abgaben, die aufgrund des Elektronischen Zolltarifs auf in die EU eingeführte Waren erhoben werden. Die heutigen Zölle werden zum Schutz der Wirtschaft gegen Auslandswettbewerb erhoben (Schutzzölle). Die Zölle fließen grundsätzlich in voller Höhe der EG zu. Die Verwaltung der Zölle in der Bundesrepublik Deutschland obliegt der Bundeszollverwaltung. Mittelbehörden sind die Bundesfinanzdirektionen, örtliche Behörden sind die Hauptzollämter mit ihren Zollämtern und Abfertigungsstellen.

Zollschuld 784

Verpflichtung einer Person, die für eine bestimmte Ware im geltenden Gemeinschaftsrecht vorgesehene Einfuhrzollschuld zu entrichten.

Zolltarif 785

Der Gemeinsame Zolltarif der EU umfasst u.a. die Kombinierte Nomenklatur, die Regelzollsätze, die Zollpräferenzmaßnahmen aufgrund von Abkommen und die Zollpräferenzmaßnahmen, die von der EU einseitig zugunsten bestimmter Länder, Ländergruppen oder Gebiete erlassen worden sind.

Zollwert 786

Unter Zollwert versteht man den Wert einer Ware, der für die Berechnung der Zollschuld zugrunde gelegt wird. Das ist grundsätzlich der Wert der eingeführten Waren frei EU-Grenze.

Zollwertermittlung 787

Dazu wird grundsätzlich vom Rechnungspreis, der ggf. durch Aufschläge oder Abzüge berichtigt wird, ausgegangen. – *Aufschläge* sind Kosten, die dem Käufer zusätzlich entstanden sind oder die gesondert berechnet werden, z.B. Provisionen, Verpackungskosten, Lizenz- oder Nutzungsgebühren, die in direktem Zusammenhang mit der eingeführten Ware stehen, Beförderungskosten (auch anteilig zu tragende) bis zum Ort des Verbringens in das Zollgebiet der EU – hierunter fallen die Kosten für die Beförderung, Lade-, Entlade- und Umlade-Kosten, Versicherungskosten. – Zu den *Abzügen* zählen u.a. Beförderungskosten für die Waren nach deren Ankunft am Ort des Verbringens, Kreditzinsen aus einem Lieferantenkredit, den der Verkäufer dem Käufer gewährt, Montage- und Einrichtungskosten im Land des Käufers, wenn sie in der Rechnung gesondert ausgewiesen sind.

Zubehör, Ersatzteile und Werkzeuge 788

Zubehör, Ersatzteile und Werkzeuge, die mit Geräten, Maschinen oder Fahrzeugen geliefert werden, werden mit diesen zusammen als Einheit angesehen, wenn sie als Bestandteil der Normalausrüstung in deren Preis enthalten sind oder nicht gesondert in Rechnung gestellt werden.

Stichwortverzeichnis

A

Ab Werk 161
Abnahme 99
Aus- und Einfuhrverbote 33

B

Beförderungskosten 2
Benachrichtigung 4
– Checkliste 16
Bestimmungsort 51

C

CFR 598, 689
– Anwendung 599
– Fallbeispiele 604
– Gefahrtragung 621
– Gefahrübergang 624
– Konnossement 630
– Seefrachtbrief 632
– Verkäuferpflichten 605
– Verladung 606
– Verpackung 610
– Verschiffungshafen 618
– Versicherung 636
CIF 8, 639, 690
– Anwendung 640
– Fallbeispiele 644
– Frachtführer-Haftung 667
– Transportversicherung 661
– Versicherung 648
– Versicherung Frachtführer 661
CIP 313
– Anwendung 314
– Beförderungsvertrag 325
– Deckungshöhe 333
– Fallbeispiele 319
– Transportdokument 320, 328
CISG 6
CMR 347
Container Security Initiative 394
CPT 245
– Anwendung 246
– Bestimmungsort 267
– Fallbeispiele 252
– Lieferverzögerung 289
– Transportdokument 274, 304
– Transportkosten 263
– Versicherung 298
C-TPAT 396

D

DAP 358
– Anwendung 359
– Ausfuhrabfertigung 391
– Benachrichtigung 370
– Bestimmungsort 385
– Entladung 387
– Fallbeispiele 366
– Kosten 367, 381
– Zurverfügungstellen 369, 373
DDP 449
– Anwendung 450
– Ausfuhr-/Einfuhrabfertigung 471
– Fallbeispiele 455
– Lieferung entladebereit 476
– Pflichten des Verkäufers 499
– Transportpapier 457
– Übernahme 502
– Warenkontrolle 472
DPU 400
– Anwendung 401
– Containertransport 425
– Entladeplatz 421
– Fallbeispiele 408
– Lieferung 438
– Transport 410
– Übergabe 441
– Übernahme 430, 445
DTV Güter 341

E

Eingangsanmeldung, summarische 253
Erfüllungsort 17
– Checkliste 27
– Gerichtsstand 18
EuGVVO 20
EXW 160
– Abholung 177
– Anwendung 161
– Fallbeispiele 164
– Gefahrübergang 171
– Kosten 174
– Pflichten, zollrechtliche 184
– Rechte und Pflichten des Verkäufers 165
– Verladung 179
– Verpackung 180, 191
– Zollwert 196

F

FAS 507
- Anwendung 508
- Beförderungsvertrag 525
- Fallbeispiele 513
- Gefahrübergang 520
- Kaiempfangsschein 538
- Versicherung 531

FCA 204
- Anwendung 205
- Ausfuhrabfertigung 226
- Ausfuhrformalitäten 210
- Fallbeispiele 209
- Frachtführer 220
- Liefernachweis 214
- Spediteur 221

FOB 540

f.o.b. 587

FOB 723
- Anwendung 541
- Ausfuhr- und Einfuhrabfertigung 580
- Fallbeispiele 546
- Gefahrübergang 572
- Kosten 555, 585
- Lieferung 565
- Lieferzeit 549
- Transportschäden 590
- Verkäuferpflichten 547, 554, 561
- Verladen 564

Force Majeure 235

Frachtführer 249, 693

Frei an Bord 723

G

Gefahrtragung 28
- Checkliste 47

Gefahrübergang 29, 43

Gerichtsstandsvereinbarung 21

H

hoheitliche Eingriffe 31

I

Incoterms
- C-Gruppe 688
- D-Gruppe 695
- E-Gruppe 702

Institute Cargo Clauses 331, 337, 651, 691

Institute Commodity Trade Clauses 651

Institute Strike Clauses 651

Institute War Clauses 651

International Cargo Clauses 657

K

Konnossement 83
- Unrein-Vermerk 95
- Unterschrift 87

Kosten und Fracht 689

Kosten, Versicherung und Fracht 690

L

Lieferort 48, 55
- Abweichung, unwesentliche 62
- Abweichung, wesentliche 59
- Checkliste 71
- Gerichtsstand 63
- Zollwert 53

Lieferung 72
- Checkliste 82

Lieferungskosten 2

M

Malicious Damage Clauses 651

Mängelrüge 102

O

Ort des Verbringens 2

P

pre-shipment inspection 397

S

Sea Waybill 466

Sicherheitsfreigabe 392

T

Transport 124
- Käufer 125
- Verkäufer 126

Transportdokument 273
- Orderkonnossement 6

Transportpapier 83
- Checkliste 97
- Formmangel 91
- Voraussetzungen 90

Transportversicherung 129
- Checkliste 143

U

Übereinkommen über den Beförderungsvertrag im internationalen Straßengüterverkehr 347

Übernahme 98
- Checkliste 110
- Mängelrüge 102

UN-Kaufrecht 6

V

Verladung 111
- fehlerhafte 115

Verladung/Entladung
- Checkliste 128

Verpackungspflicht 120

Versendungsanzeige 5, 11

Versendungskauf 19
- Erfüllungsort 19

Versicherungskosten
- Zollwert 133

Versicherungspflicht 132

Versicherungsvertrag 129

Verzögerungsschaden 37

W

Ware 144
- Checkliste 159
- Sache, bewegliche 144
- Software 151
- Zollwert 147, 152

Z

Zollwert 2

Zusatzkosten 34
- Zollwert 36